ECO-IMAGINATION

SELECTED PAPERS OF THE AFRICAN LITERATURE ASSOCIATION (ALA)

36th Annual Meeting of the African Literature Association (ALA)
held at the University of Arizona, Tucson, Arizona
March 10-14, 2010

Series Editor: Maureen N. Eke

The ALA is an independent professional society founded in 1974. Membership is open to scholars, teachers and writers from every country. The ALA exists primarily to facilitate the attempts of a worldwide audience to appreciate the creative efforts of African writers and authors. The organization welcomes the participation of all who are interested in and concerned with African literature. While we hope for a constructive interaction between scholars and artists, the ALA as an organization recognizes the primacy of African peoples in shaping the future of African literature.

The ALA bi-annually publishes The *Journal of African Literature Association* (JALA) for its members. Membership is for the year and available on the following terms (U.S. funds): African students studying in Africa, $5; Income under $20, 000, $20; Income from $20,001 to $45,000, $50; Income from $45,001 to $75,000, $75; Income $75,001 and over, $100; Sponsor $120; Life Member (May be paid over five years in payments of $300) $1500; Institutional Member $100. ALA Headquarters: Contact Prof. George Joseph, Hobart & William Smith Colleges, 300 Pulteney Street, Geneva, NY 14456; Telephone 315.781.3794; Fax 315.781.3822; email: joseph@hws.edu

ECO-IMAGINATION

African and Diasporan Literatures and Sustainability

EDITED BY
Irène Assiba d'Almeida
Lucie Viakinnou-Brinson
Thelma Pinto

African Literature Association Annual Series
Volume 16
Maureen N. Eke, Series Editor

AFRICA WORLD PRESS
TRENTON | LONDON | CAPE TOWN | NAIROBI | ADDIS ABABA | ASMARA | IBADAN | NEW DELHI

AFRICA WORLD PRESS
541 West Ingham Avenue | Suite B
Trenton, New Jersey 08638

First Printing 2014

Book and Cover design: Saverance Publishing Services

Library of Congress Cataloging-in-Publication Data

Eco-Imagination : African and Diasporan Literatures and Sustainability / edited by Irène Assiba d'Almeida, Thelma Pinto, Lucie Viakinnou-Brinson.

pages cm

Includes bibliographical references and index.

ISBN 978-1-59221-940-7 (hard cover) -- ISBN 978-1-59221-941-4 (pbk.) 1. African literature--History and criticism. 2. Ecology in literature. 3. African diaspora. 4. Environmental literature--Africa. I. d'Almeida, Irène Assiba d' editor of compilation. II. Ravell-Pinto, Thelma, editor of compilation. III. Viakinnou-Brinson, Lucie, editor of compilation.

PL8010.E27 2013

809'.896--dc23

2013028245

TABLE OF CONTENTS

ACKNOWLEDGEMENTS

We would like to thank the institutions, organizations and departments that made the 2010 ALA Conference possible. Our thanks go to the University of Arizona, especially, the Offices of the President, the Provost, the Vice President for Research, the Dean of the College of Humanities. Many departments, programs and schools of the University of Arizona helped us achieve our goals. We would like to thank the Africana Studies Program, the Center for Middle Eastern Studies, the Center for Educational Resources in Culture, Language and Literacy, the Departments of East Asian Studies, English, French & Italian, German Studies, History, Spanish; International Affairs; School of Anthropology. We would also like to express our gratitude to the Arizona Humanities Council for the grant they offered us for the ALA Conference. Thanks also must go to all the colleagues, staff and students who devoted considerable time for the preparation and the running of the Conference. For the final manuscript, we would like to thank Maureen Eke, the ALA Series Editor who spent many hours of precious time reviewing the whole volume. Thanks must also go to Lee Van Demarr, our local editor and Raymond G. Hounfodji who acted as consultant and assistant editor for this book project. Thank you to all.

SECTION 1

—

INTRODUCTION

INTRODUCTION

Irène Assiba d'Almeida, Lucie Viakinnou-Brinson and Thelma Pinto

The 36th Annual African Literature Association (ALA) Conference met from March 10 to March 14, 2010 at the University of Arizona in Tucson. The Conference was attended by nearly 300 participants, including scholars, writers, local teachers, graduate students, and interested members of the community. They traveled to Tucson from twenty-six countries around the world and forty-two states within the United States, taking part in eighty-one separate panel discussions and two teachers' workshops, and presenting 267 papers. The paper presentations, the vigorous panel discussions and the reactions to them, film screenings, readings of poetry, and the "Soundings in African Languages" served to bring the participants together for spirited and educational exchanges. Such meetings and interactions represent some of the most valuable functions of any conference, and particularly, in the ALA, which draws people from diverse geographies and backgrounds. We hope conference participants and also other readers of this collection of essays will continue to draw inspiration for their own work from this conference.

Over the years, the conveners of the ALA annual conference have found very imaginative and relevant themes around which to organize the conference's discussions. These themes often engage and reflect important and new directions in African literary Studies. We believe the theme of the 2010 Conference, "Eco-Imagination: African and Diasporan Literatures and Sustainability," follows this excellent tradition. If the world's environmental concerns are still mainly a subject for scientists, economists, and politicians, there is also a growing sense of the need to "spread the word," to make everyone around the world aware of what is already in many locales and many particular situations a seriou crisis. Of course, "spreading the word" is generally what literature and the related arts (films, media arts, journalism) always want to do. The scientific community is needed to warn us; but, it should be the work of writers and artists of every kind to make sure that the warning is heard, and to move people to act on that knowledge. The attention our conference theme gives to these matters works toward that necessary end.

As with past conferences, there were also good papers and discussions on various topics less directly connected to the Eco-imagination—as always—we did not wish to make our theme an exclusive one. The majority of the papers and panels in the 2010 convention, however, were concerned with questions of ecology, sustainability, pollution, and how these issues increasingly enter into the literature of our time. The opening keynote address, a plenary presentation, and two screenings of documentary films focused on environmental matters. Our first speaker, Tanella Boni, poet, novelist and essayist from Côte d'Ivoire, offered a serious challenge in her address, "La pollution du monde et le silence des écrivains africains," ("The Polluting of the World and the Silence of African Writers"). She spoke passionately about the extent of ecological danger the world faces, and lamented that the danger is not given more attention in the work of most African writers. Her address was a call for a new sphere of engagement, an attention to problems that must not be ignored. The second speaker, Jean-Gilles Quenum, an Afro-European artist born in France, spoke on "A la source de l'arbre, l'alternative sculptée: reflexions sur l'art et la durabilité écologique" ("At the Source of the Tree, the Sculpted Alternative: Reflections on Art and Sustainability"). An artist who often works with wood, Quenum's plenary presentation addressed how closely a sculptor is engaged with the material of his work, his sense of its origins, and the responsibility that arises from that connection. The artist can therefore be someone who recognizes acutely the need for conservation, and that awareness has led him to an aesthetics of recycling, re-using the material of his sculptures to create different forms.

The second set of conference addresses introduced two award-winning scriptwriters and filmmakers Jean-Marie Teno (Cameroon) and Joseph Gai Ramaka (Senegal). Teno screened his documentary film *Lieux saints* (*Sacred Places*), an exploration of the place of African cinema in Africa. The film was made in Burkina Faso's capital, Ouagadougou, the site of the Pan-African Festival of Cinema (FESPACO), held every other year. The film engages questions of identity and globalization in relation to art, popular culture, and business. It also addresses the difficulty of "spreading the word" for an African filmmaker. Like Teno, Joseph Gai Ramaka showed his documentary *Plan Jaxaay (The*

Jaxaay Project), which looks closely at an environmental disaster in one of Dakar's suburbs, where torrential rains destroyed the homes of thousands of people. The film also examines the subsequent failure of a reconstruction project aimed at addressing the disaster. The project sponsored by Malaysia was begun but never completed and Ramaka's film examines the consequences for the people left homeless. The filmmaker attempts to investigate the missing funds by visiting the devastated area, speaking to the survivors of the disaster, documenting their stories, and making their experiences the center of the larger story.

Although many excellent papers were presented in the four days of the conference, our volume includes only eighteen. These essays are representative of the conference's thematic scope and the diversity of the participants' interests. We have selected papers in both English and French. The collection of essays is divided into three general categories on the basis of their subject matter and geographical focus. (I) The African Environment: Eco-criticism on the Continent; (II) The World's Environment: Eco-criticism and the Diaspora; (III) Other Perspective: From Translation to Pedagogy.

I.
The African Environment: Ecocriticism on the Continent

Elizabeth Applegate and Judith Miller's paper "Recuperations at the Crossroads" discusses the Togolese playwright Kossi Efoui, situating him among other transnational African playwrights who move between Europe, Africa, and various sites of the Diaspora. Applegate and Miller see Efoui as a "kind of literary ecologist" who uses the narratives, images, and symbols of many cultures to create a patchwork representation of contemporary Africa.

Ada Azodo's study examines global power structures by setting H.J. de Blij and Peter O. Muller's negative viewpoint in their book *Geography: Realms, Regions, and Concepts* against Tess Osonye Onwueme's optimism in her novel *Why the Elephant Has No Butt.* As Azodo sees it, Onwueme's novel draws out the global implications of a traditional Igbo folktale and points out the necessity of offering hope in any effort made to change those power structures.

Like Azodo, Sule Egya focuses on Nigerian literature, examining the works of two poets in "Not Oil, But Blood: the Wounded Earth in the Poetry of Nnimmo Bassey and Ogaga Ifowodo." He shows that while older Nigerian poets have explored the relationship between human beings and the environment, the poetry of Ifowodo and Bassey makes a more direct connection between art and activism by confronting the destructive exploitation of crude oil in the Niger Delta.

In "Conscience écologique dans *Matins de couvre-feu,* roman de Tanella Boni", Raymond G.Hounfodji examines Boni's environmental awareness in a single novel. Hounfodji argues that though the novel is overtly political, it includes a multiplicity of discourses, and the environmental discourse is one of the most important. He suggests that the novel represents, on the one hand, nature and the environment as positive and harmonious sources of rejuvenation for human beings, while on the other, unplanned urbanization as representative of the ills of Africa.

Syned Mthatiwa's paper "Chromosome Cousins and Familiar Strangers: Relational Selfhood in Chris Mann's Ecopoetry" examines Chris Mann's imagined relationship with animals in the poems of his collection *Lifelines*. He posits that the persona presented in the poetry is one intimately connected to the animals of the world around him, forming a symbiotic web which, however, is not only pacific but also fraught with violence and conflict.

In "Eco-féminisme au cœur de la forêt africaine: *Vénus de Khalakanti* d'Angèle Kingué," Marie Chantale Mofin Noussi argues that Kingué's novel is an example of eco-feminism anchored particularly in African realities. She shows how Kingué's women restore their sense of personal worth and identity by their work resisting the thread of environmental degradation.

II.
The World's Environment: Ecocriticism in the Diaspora

Yvette Balana, in "Enjeux et déterminants du développement durable dans le roman de l'émigration africaine: esquisse d'une écocritique," looks at several African contemporary novelists living outside the Continent to find connections between their literature and questions of politics, sustainable development, and migration. Novels by Mongo Beti, Jean-Marie Adiaffi, Calixte Beyala, Kossi Efoui's, Alain Mabanckou and Daniel Biyaoula are all considered from an eco-critical perspective.

In "L'analyse du rapport entre l'Homme et l'environnement dans *Gouverneurs de la rosée*, le récit de Jacques Roumain," Obrillant Damus analyzes the ecological discourse contained in Roumain's novel in light of today's Haiti and the problems of severe deforestation. He suggests that *Gouverneurs de la rosée* gives a realistic prediction of what has happened to Haiti's environment and offers ecological lessons that are still relevant.

Rita Dandridge's essay "Ecofeminism and Sarah E. Wright's *This Child's Gonna Live*" examines how the local environmental crisis in a poor southern United States town underlies other problems manifested in race, class, and gender relations. She finds that while the novel cannot offer many solutions, its narrative presents an early example of proto-feminist ecological engagement.

Brandy N. Kelly's review essay on Alice Walker in "Self-Love, Language and Nature: An Ecofeminist Book Review" looks at how Walker's *Now is the Time to Open your Heart* re-imagines nature in terms of race, gender, and sexuality. Offering a way to a new balance between the individual and the material world, Kelly connects Gretchen Legler's seven emancipatory strategies of ecofeminist literary criticism to Walker's reimagining of nature and human relationships within the African Diaspora and the natural world.

In his paper "Re-Visioning a Poetics of Landscape: Resistance and Continuum in the Poetry of Kamau Brathwaite and Derek Walcott," James McCorkle points out that though often set in opposition, Derek Walcott and Kamau Brathwaite are alike in condemning as ahistorical and destructive the intertwined human and natural environments, consumerism, and touristic development in the Caribbean. Both see language and landscape as palimpsests of histories as well as spiritually interconnected, and their long poems *Omeros* (Walcott) and *Ancestors* (Braithwaite) are re-mappings of Caribbean histories, topographies, and ecologies.

Uchenna Pamela Vasser's paper "The Double Bind: Women and the Environment in Manuel Zapata Olivella's *Chambacú Black Slum* and *A Saint is born in Chimá*" describes the eco-critical and eco-feminist approaches she sees as necessary for understanding the Afro-Colombian novelist's historical setting. Vasser argues that while Olivella's novels powerfully depict the oppression of Blacks and indigenous peoples and the effects of the nationalist ideology of Africanidad in rehabilitating their cultural identity, he finally cannot imagine women outside their traditional roles in a patriarchal system. Women in the novels remain trapped in the familiar "double bind."

III.
Other Perspectives: From Translation to Pedagogy

Ashaolu in "Power and Resistance: Reading the Colonized African Transcripts in Khobio's *Le Grand Blanc de Lambaréné* draws on theories such as Foucault's dialectics of power and resistance and James C. Scott's public and hidden transcripts of resistance to explain the colonized's cultural performance. She demonstrates how Khobio employs the character of the saintly colonizer Dr. Albert Schweitzer to depict colonialism as an unjust process. The rhetoric of indirection, seen especially in public transcripts, allows the supposedly powerless colonized to surmount the colonizer's violence and disprove the Eurocentric discourse of the passive Orient.

Ernest Cole in "Violence, the text, and the Child Soldier: A Pedagogy of Transcendence " offers an alternative methodology to the teaching of violence in African Literature by exploring pedagogy of transcendence that focuses on violence not essentially as suffering, but as an ethical moment of recognition and acceptance that would pave the way for transformation. He examined *A long Way Gone* and *The Bite of the Mango* to argue that a reflective classroom community in post-conflict societies that uses its own war literature to address the past, teaches its students new ways to write and tell their own stories. Such pedagogy uses the theater as a vehicle of restitution and transformation, creates conducive classroom environment for dialog, and develops classroom activities that foster understanding of violence in using a pedagogy of transcendence.

Eve Eisenberg's essay investigates the way J.M. Coetzee's novel, *Foe*, employs two different modes of intertextual referencing in order to put Defoe's *Robinson Crusoe* into conversation with Conrad's *Heart of Darkness*. By inscribing his rewriting of *Robinson Crusoe* on top of *Heart of Darkness* as a palimpsest, Coetzee forces two canonical English texts to cancel out each other, to silence each other, potentially making a place on the literary stage for other speakers. Via this mixture of rewriting of the palimpsest as intertextuality, Coetzee indicts the metaphorization of wilderness for its role in the imbrications of literature with imperial ontology, and in doing so, offers the space of the canceled out metaphor as a newly empty location for literary intervention and creation.

George Joseph's "An 'Unintended' Reader Writes Back: Linguistic and Ecological Considerations of the Evangelical Translation of the

Bible into Wolof" examines the reception of the Evangelical translation of the Bible into Wolof, based on a commissioned critique written by a Protestant church worker, Jean-Bapiste Mende. Although Joseph is not the type of reader for whom the translation was intended, his reactions raise critical questions that can best be understood from the perspective of language ecology. According to an old cliché, "books are like children: after all the love and attention, they fly the coop and have independent lives." The evangelical translation of the Bible is no exception to this rule.

Assiata Sidikou's paper "Death, Language and Space in *Moolaade*" examines Ousmane Sembène's 2004 film. While critical commentary at the film's release focused on a violent scene of excision, Sidikou points out that Sembène's concerns are both subtle and extensive in the movie and are situated within the social, historical, and geographical contexts of the sexual and hierarchical tensions between women and men.

Janice Spleth's paper, "Gendering the War Story in Marjorie Oludhe Macgoye's *The Present Moment,*" looks at how Macgoye explores the lives and memories of seven elderly Kenyan women in the eighties who have taken refuge in a Nairobi shelter managed by a Christian charity. Central to the novel are events surrounding the State of Emergency in the fifties conventionally referred to as "Mau Mau." Macgoye's sharply focused version of the insurgency deals almost exclusively with women's involvement and sacrifices. This reading of the novel analyzes the way that the war story is regendered in the narrative by looking at women's participation in the Mau Mau revolt, how violence destabilizes women's lives, and finally how Macgoye offers a critique of war's destruction and divisiveness that reflects feminist theories about the very nature of war.

SECTION 2

—

KEYNOTE SPEECHES

LA POLLUTION DU MONDE ET LE SILENCE DES ECRIVAINS AFRICAINS

TANELLA BONI

Je voudrais d'abord remercier les organisateurs de m'avoir invité à prendre la parole au cours du Congrès de l'ALA, autour d'une question qui me tient à cœur depuis longtemps, celle de la protection de l'environnement.

Quand j'ai reçu l'invitation à participer à ce débat autour de « littérature et développement durable », je me suis demandé quel serait le point pertinent à partir duquel je pourrais tenir mon discours. En effet, je ne suis ni économiste, ni écologiste, ni experte en développement durable, mais j'apprends à être une écrivaine et j'apprends aussi à réfléchir aux problèmes de notre temps et à la « diversité du monde ».[1]

Je prends la parole en tant que personne inquiète de l'avenir de l'humanité, « notre avenir à tous, » comme le dit si bien le titre du Rapport Brundtland rédigé par la commission mondiale de l'ONU sur l'environnement, en 1987. De nombreux spécialistes rattachent l'idée de « développement durable » au texte de ce rapport dans lequel, dès l'introduction, une vision alarmiste du futur est écartée : « Notre démarche n'est pas de prévoir une dégradation constante de l'environnement ni une progression de la pauvreté et des difficultés dans un monde de plus en plus pollué où les ressources seraient de moins en moins nombreuses. » Ce texte n'écarte pas l'idée de croissance économique, il préconise de tenir compte de la satisfaction de nos besoins en mettant dans la balance non seulement les conséquences des activités productives mais aussi les besoins des générations futures. Ainsi, l'idée de durabilité apparaît comme souci des générations présentes et des générations futures. Vingt-trois ans après ce rapport, nous nous demandons quel type de monde nous laisserons aux générations futures. Car le rapport Brundtland ne prévoyait pas explicitement la situation que nous vivons aujourd'hui à l'échelle mondiale : dégradation de l'environnement, pollution avec, en prévision, des changements climatiques importants, progression de la pauvreté et inégalités flagrantes entre le Nord et le Sud mais aussi, entre riches et pauvres.

Aujourd'hui, tout se passe comme si, dans ce monde d'inégalités croissantes, les régions les plus pauvres servaient de dépotoir pour les régions du monde qui consomment le plus. Certains scandales récents, comme celui du Probo-Koala[2] à Abidjan, montrent à quel point les règles juridiques de l'environnement sont bafouées. Mais y a-t-il des écrivains pour en parler ? Dans la mesure où de nombreux écrivains, surtout francophones, ont envie que leurs livres soient intégrés dans une « littérature-monde, » qui ne semble pas être cette littérature qui se préoccupe de la pollution de l'Afrique. L'engagement de type écologique reste en marge des grands débats autour des littératures africaines. La question que je me pose est donc celle-ci : quel rôle les écrivains africains peuvent-ils jouer dans la protection de l'environnement, eux qui prennent volontiers la parole, de manière ponctuelle, à propos des situations d'extrême urgence, comme on vient de le voir à propos du séisme à Haïti ? Depuis longtemps déjà, dès mon premier recueil de poèmes,[3] je parlais des bidonvilles qui peuvent être pensés comme ces périphéries des villes où habitent les exclus et les plus pauvres, les indésirables et les laissés-pour-compte du développement qui semble avoir fait faillite dans les pays africains. J'ai donc pris conscience, au fil de mes textes, que la Planète Terre, loin d'être une abstraction, commence à nos portes et fenêtres, où que nous habitions, dans quelque *localité* que ce soit. Car aucune localité n'échappe aujourd'hui aux problèmes que posent les relations de domination/exclusion et de marchandisation du monde à l'ère de la globalisation.

I.
De la pollution comme menace qui pèse sur toute vie

La pollution peut être pensée comme une menace pesant sur le fragile équilibre de tous les vivants, tous les organismes qui ont la vie en partage, à quelque niveau que ce soit, sur la planète Terre : des minéraux aux humains en passant par les êtres intermédiaires ainsi que les végétaux et les animaux. Mais commençons par le mot lui-même. Pollution est un mot plurivoque. Il fait d'abord partie d'un vocabulaire moral et religieux dans lequel la distinction entre le pur et l'impur est de mise, de même que la séparation entre le bien et le mal. Il indique par ailleurs le moment de la contamination, l'atteinte par un mal sournois dont on ignore sans doute les causes. Il renvoie, aussi, au mal-être de l'individu en proie à la perturbation de son propre équilibre, celui de son corps et de son esprit. En ce sens, la pollution est pensée comme souillure ou saleté par opposition à propreté et pureté.

Je ne m'attarderai pas sur ce registre dans lequel la pollution est pensée comme un déséquilibre involontaire aux conséquences ayant trait à la vie morale ou religieuse d'un individu. Parlons plutôt de la pollution de l'environnement qui atteint non pas un individu mais des milliers de personnes, phénomène dont on peut établir les causes, constater les conséquences et réparer les dégâts s'il y a lieu et chercher des solutions afin que cela ne se reproduise plus. Des règles internationales existent, des déclarations et des conventions. Mais l'action, pour éviter que notre environnement soit pollué, dépend des décisions politiques. La pollution de l'environnement est donc un phénomène qui peut être pensé scientifiquement donc rationnellement. Elle est loin d'être de l'ordre du mythe ou de la représentation imaginaire. Toute pollution est un fait historique datable ayant des conséquences catastrophiques mesurables ou, à long terme, incalculables. D'un point de vue philosophique, on pourrait penser les phénomènes de pollution environnementale comme conséquences de la modernité en tant que « maîtrise et possession » de la nature, idée exprimée par Descartes au 17ème siècle.[4] L'on sait combien, en Europe, à partir du milieu du 17ème siècle et surtout durant le siècle des Lumières, la rupture de l'harmonie entre l'homme et la nature est consommée. L'humain veut utiliser la puissance de la raison. Il va habiter autrement la nature. Le temps ne sera plus ce qu'il était, la notion de distance ne sera plus la même avec l'invention de la machine à vapeur. Une autre conception du travail et de la production apparaît. L'homme fabrique et il consomme. Ainsi, la pollution est liée en grande partie à l'empreinte écologique de l'homme sur la nature. Celle-ci n'est plus la nature respectable, elle est le monde construit, fabriqué selon les désirs et la volonté de puissance des hommes. Mais l'on sait que certaines régions du monde ont résisté, longtemps, à l'idée de possession de la nature par la technique. Le continent africain fait partie de ces régions où les humains essayaient encore de vivre en symbiose avec la nature, en la respectant dans la mesure du possible. Mais la rupture semble aujourd'hui consommée avec la colonisation, les

Indépendances, le développement et toutes les idéologies mal comprises ou mal appliquées en Afrique. Ce continent fait désormais partie du monde en pleine mutation et n'échappe nullement à la pollution de la planète quelles que soient les causes de cette pollution.

Car il y a plusieurs types de pollution. Phénomène naturels, ou catastrophes dues aux activités humaines, au mauvais fonctionnement de la technique, à une technologie inadaptée, à la surexploitation de ressources naturelles. Donnons deux exemples de pollution qui ne sont pas de même nature. La catastrophe nucléaire de Tchernobyl le 26 avril 1986 a été largement médiatisée et est parfois citée comme catastrophe nucléaire de grande ampleur. La catastrophe naturelle du lac Nyos le 21 août 1986, au Cameroun, médiatisée dans une certaine mesure, est en passe d'être oubliée sauf localement et pour ceux qui s'y intéressent de près. Une équipe de scientifiques y a fait des installations afin de prévenir d'autres explosions catastrophiques. Si, par exemple, le rapport Brundtland cite Tchernobyl dès les premières lignes parmi les crises environnementales survenues entre 1984 et 1987 dans le monde, le lac Nyos situé à 1200 mètres d'altitude, au Nord -Ouest du Cameroun, qui, sans raison apparente, a explosé, libérant un kilomètre cube de dioxyde de carbone, gaz mortel et provoquant la mort mais aussi le déplacement de milliers de personnes, est absent de cette énumération. L'Afrique pourrait donc être, si l'on n'y prend garde, la grande oubliée en matière de pollution environnementale. On attend toujours que des solutions soient proposées, de l'Occident par exemple, comme si nous n'étions pas capables ni de penser, ni de prévoir ou de réparer les dégâts environnementaux causés à nos portes. De nombreux experts viennent d'ailleurs. De temps en temps, des écrivains laissent des traces littéraires. D'autres livres existent, expliquant ce phénomène de pollution par les gaz mortels pour les humains et les animaux. Cela ne semble pas être un cas isolé, ni en Afrique, ni ailleurs dans le monde.[5]

Ces catastrophes, naturelles ou provoquées par les activités humaines, révèlent à quel point notre environnement est fragile, et notre vie humaine liée à celle des animaux et des végétaux. Et la gestion, à tout point de vue, humanitaire, médical, économique ou politique de ces catastrophes est d'une importance capitale non seulement pour situer les responsabilités mais aussi pour réparer les dégâts et prendre des décisions afin que cela ne se reproduise plus.

Cependant, si notre conscience écologique s'exprime par le souci de protection de notre environnement local, celui-ci est désormais inclus dans le monde global. Ainsi, prendre conscience du fragile équilibre d'un seul lieu dans un monde globalisé ne suffirait pas à le protéger de mille autres formes de pollution. C'est ici aussi que l'on attend les textes des écrivains afin que personne n'oublie que nous ne devons pas nous contenter de chanter en poésie ou sous d'autres formes littéraires les beautés de la *nature*. Notre rôle consiste à mettre en scène, à imaginer, à raconter des histoires autour de ces pollutions multiples naturelles ou non auxquelles le continent africain semble désormais abonné. Car un texte littéraire constitue aussi la mémoire des événements marquants que nous vivons, ceux qui nous touchent de près, désorganisant ainsi notre existence en tant qu'être humain. Et la pollution est l'un de ces problèmes contemporains qui pourraient faire de nous des « survivants » si nous ne prenons pas les devants pour être des « résistants » et raconter, de notre point de vue d'écrivain, les phénomènes naturels et les catastrophes provoquées de toutes pièces. Poursuivons donc cette forme d'engagement au long cours par-delà les modes littéraires, en défendant notre maison à tous, notre lieu d'habitation et, pour le dire en d'autres termes, *l'habitabilité* du monde.

II.
La pollution du continent et l'idéologie du développement

Nous prenons conscience, tous les jours, que le monde ne nous appartient pas, qu'il est trop vaste pour nous, d'autant plus que d'autres, plus puissants, depuis des siècles, le pillent à leur manière, gaspillent ses ressources, les consomment. Nous avons du mal à reconnaître que le monde de la globalisation est aussi le nôtre. Ce monde, comme on le sait, se caractérise entre autres par la circulation des marchandises par-delà les frontières et la difficulté pour les humains venant du Sud de faire usage de leur droit à la mobilité en franchissant les frontières d'un pays voisin ou d'un pays lointain, sur un autre continent. C'est cela l'un des paradoxes de ce que j'appelle l'*habitabilité* du monde. En effet, on pourrait montrer comment les problèmes contemporains, comme ceux de la pollution qui dépassent largement la responsabilité individuelle sont imputables, dans une certaine mesure, aux mutations sociales que nous ne pouvons penser, aujourd'hui, qu'en rapport avec ce concept fourre-tout de « développement » qui est lui-même lié à l'ordre *inégal* du monde.

Si, depuis le début du 20ème.siècle, les écrivains africains se sont emparés de leur propre histoire coloniale d'abord puis néocoloniale ensuite, on pourrait s'attendre à ce que la pollution comme rupture d'un équilibre écologique puisse entrer aussi comme thématique majeure dans leurs productions littéraires. Pour l'instant, il semble qu'elle reste encore peu répandue ou sous-jacente à des préoccupations politiques et sociales. Et pourtant, ici aussi, pour la défense de la Planète comme lieu de notre propre habitation et celle des générations futures, les voix des écrivains ne seraient pas de trop. Seulement, ce modèle de progrès auquel nous continuons de croire, que l'on appelle « développement » quel que soit le qualificatif que l'on lui attribue, humain ou durable, pourrait poser problème. Car les inégalités perdurent dans ce monde dans lequel nous habitons, et il n'y a pas de « développement » sans consommation et sans prédation. Et, de toute évidence, lorsqu'on consomme, on jette des résidus. Ainsi, la pollution, d'un autre point de vue, est un problème de développement. Mais qu'est-ce que l'Afrique en développement ?

L'idée de développement appliquée à l'habitat, en Afrique, est aussi source de pollution et de nuisance pour la santé. Si l'on prend en compte les changements sociaux, l'habitat dans les villes africaines est un exemple parlant susceptible de provoquer la pollution de l'environnement. Les matériaux de construction sont souvent inadaptés au climat (tôle, béton, vitres et toutes sortes de matériaux peu adaptés au climat tropical). Pour couronner le tout, on essaie de remédier, par l'utilisation du « climatiseur, » à cette inadaptation mais cela n'est pas sans conséquence sur la santé des individus mais aussi sur la couche d'ozone qui protège la vie sur terre.

Par ailleurs, ne soyons pas étonnés qu'il y ait tant de poubelles aujourd'hui, de décharges gigantesques qui encerclent la plupart des grandes villes africaines. C'est ici aussi que nous retrouvons les problèmes de pollution liés à l'exclusion sociale, dans la mesure où, dans les villes africaines, la pauvreté va de pair avec l'insalubrité, le manque d'eau potable, l'utilisation à outrance du plastique[6] car les plus riches adoptent le système de consommation à l'instar des sociétés occidentales et cela génère des montagnes d'ordures. Les plus pauvres recyclent régulièrement ces ordures ménagères parmi lesquelles peuvent se glisser des déchets toxiques qui, souvent, ne sont ni traitées, ni même déposées loin des villes. Ces poubelles servent de lieu d'habitation pour les démunis. La construction d'habitats précaires ou bidonvilles est aussi une conséquence directe de l'échec du développement. Tout se passe comme s'il y avait des zones réservées pour les humains exclus de l'habitation. Ces zones de lutte pour la vie nous permettent de mieux comprendre l'idée de poubelle, lieu pollué dans les marges de la société où peuvent être jetés, au propre comme au figuré, toutes sortes de déchets.

L'insalubrité de l'environnement, la poubelle des riches comme lieu d'habitation et les sous-humains qui y vivent sont parfois transposés en littérature mais qui lit ces livres et ces univers décrits ? Et fait-on attention à cette réalité dramatique mais aujourd'hui banale dans la plupart des grandes villes africaines ? Le roman d'Adame Ba Konaré, *Quand l'ail se frotte à l'encens*[7], met en scène une famille vivant sur un tas d'immondices et gagnant sa vie à partir de la décharge, à Bamako, dans les années 90. Ils se nourrissent dans la poubelle que fréquentent aussi les chiens et d'autres animaux. Mais à qui appartient-il de les voir et de protéger la vie de ces humains qui n'ont pas le choix ? Le vrai problème de la pollution c'est cela : comment enrayer le phénomène qui frappe de plein fouet les plus démunis même si, dans certains cas, même les riches peuvent souffrir des effets de la pollution ? Parmi les règles internationales, il existe le principe du pollueur-payeur mais, si les pollueurs sont prêts à payer pour réparer des dégâts causés dans un lieu, ils sont aussi prêts à recommencer à polluer le lendemain.

Cela devrait faire partie des sources d'inspiration des écrivains africains.[8] Disons-le sans détour, les poubelles de l'Occident se moquent bien des écrivains africains ! Dans les poubelles venues de l'Occident et jetées en Afrique, il y a non seulement des déchets toxiques dont le transport est interdit par des conventions internationales[9] mais aussi des tonnes de voitures d'occasion, ainsi que des ordinateurs usagés[10] sans compter, pour l'alimentation des plus pauvres, des ailes de poulet, des croupions de dinde et toutes sortes de bas morceaux de viande ou d'aliments susceptibles de détruire la santé de ceux qui les consomment. Nos villes sont donc polluées par le nombre incalculable de voitures et de deux roues d'occasion, utilisant parfois de l'essence de mauvaise qualité. Et le coût humain de la réception et de la consommation de ces poubelles est très lourd notamment du point de vue de la santé des individus.

Certains prédisent la ruine du concept de développement mais l'on sait qu'il survit, pour les plus démunis, dans les pays du sud. « Développement » fait partie des concepts dont l'Afrique a hérité, comme Indépendance, ajustement structurel, bonne gouvernance etc., venus de l'Occident au cours des cinquante dernières années. Ces concepts font leur temps puis s'épuisent d'eux-mêmes. Cependant, celui de développement semble être incrusté dans les imaginaires à tel point qu'il est souvent conçu comme un point fixe déjà atteint par les pays riches et que chaque pays africain devrait s'efforcer d'atteindre à son tour. L'économiste allemand Wolfgang Sachs nous rappelle l'histoire du concept et les circonstances dans lesquelles il a été utilisé par opposition à « sous-développement » en 1949. Dans son discours inaugural devant le Congrès, comme le dit Sachs, « Truman qualifia la majeure partie du monde de régions sous-développées. »[11] On se rend compte à quel point le développement est une vision du monde qui classe, d'emblée, l'Afrique hors course parce qu'elle n'atteindra jamais le pôle ultime dans lequel les besoins, ainsi que les aspirations des individus seront satisfaits.

Mais l'Afrique reste le lieu producteur de ressources que l'on peut polluer sans états d'âme. En effet, dans les campagnes, les sols sont de plus en plus pollués par des engrais et des pesticides qui, parfois, sont interdits dans les pays européens. Les écosystèmes sont grandement perturbés. La santé des ouvriers agricoles est mise en danger (exemple les ouvriers du café et du cacao). Ainsi, les pays africains se voient condamnés, indéfiniment, à courir en prenant le risque de gaspiller leurs forces, leurs énergies (sources d'énergies, eau, pétrole, gaz etc.) et ressources naturelles. Ils sont, dans le même temps, pris dans les filets de la globalisation où la finance continue de gouverner le monde par multinationales interposées.

Si le développement, en Afrique, conduit à la construction de zones non habitables, insalubres et pollués, on peut aller plus loin et montrer que la globalisation, avec la présence de nombreuses multinationales occidentales et aujourd'hui orientales a ajouté aux causes de pollution existantes d'autres causes, d'autres raisons de polluer le sol, l'eau, et l'air. Le roman *Petroleum*[12] de Bessora décrit avec minutie la mainmise de Total–Fina-Elf, sur le pétrole, au Gabon. Mais les œuvres littéraires qui traitent de pollution et d'autres problèmes de survie liés à l'avenir de la planète, sont-ils lus et compris par le grand public et par les décideurs ?

III.
La pollution du continent dans la mémoire des écrivains

A propos de la pollution de l'Afrique et des menaces qui pèsent sur la vie des humains, les mots et les concepts s'inscrivent dans notre mémoire quand ils sont liés à des circonstances et à des situations précises. De cette manière, nous avons du mal à les oublier. Ils nous servent de fil d'Ariane pour construire nos propres réflexions. Ainsi, le mot « pollution » est entré par la grande porte dans l'imaginaire des écrivains africains et dans le mien à propos de la mort de l'écrivain et activiste nigérian, Ken Saro-Wiwa, le 10 novembre 1995. Ce jour-là, nous étions à Lille, dans le cadre du Festival de littérature Fest-Africa. Nous avions rédigé une motion de protestation qui fut lue devant la presse et quelques chaînes de télévision françaises mais le même jour, en soirée, la terrible nouvelle de l'exécution tomba. Et personne ne sut si nos mots étaient arrivés jusqu'au premier responsable de l'Etat nigérian de l'époque, le général Sani Abacha. Je me rappelle aussi qu'avant mon voyage à Lille, à Abidjan, l'Association des écrivains de Côte d'Ivoire que je présidais avait également écrit une motion de protestation, comme de nombreuses associations d'écrivains, comme des organisations de défense des droits humains. Mais rien n'y fit : l'écrivain Ken Saro-Wiwa, militant du MOSOP (Mouvement pour la survie du peuple Ogoni) fut pendu le 10 novembre 1995 à Port Harcourt, ainsi que huit de ses camarades. Le monde entier sut qu'un écrivain africain fut pendu pour ses idées et pour la dépense des intérêts de son peuple en matière d'environnement. Il s'agissait de la défense du peuple Ogoni et de son droit de vivre sur une portion de terre non polluée par les hydrocarbures[13]. La multinationale Shell était en cause.

En août 2006, une histoire de pollution a également pris place dans ma mémoire. Une affaire dans laquelle s'est trouvée impliquée une multinationale du nom de Trafigura, ses filiales à Abidjan, ainsi que l'Etat de Côte d'Ivoire. Des déchets toxiques furent déversés sur dix-sept sites en pleine ville, dans les quartiers périphériques et en bordure de lagune. Il y a eu des morts, des milliers de personnes intoxiquées et d'autres conséquences dont on ne mesure pas encore l'ampleur. Des sites pollués n'ont toujours pas été décontaminés. Un procès rapide eut lieu, sans que les victimes et les ayants-droits puissent avoir gain de cause. Ils attendent toujours[14]. L'Etat de Côte d'Ivoire reçut 152 millions d'euros (100 milliards de franc CFA) versés par la multinationale. Cet exemple montre à quel point l'Afrique est réellement devenue une poubelle dans laquelle les pays occidentaux déversent tous leurs déchets toxiques au mépris des conventions internationales en particulier celles de Bâle et de Bamako. On pourrait multiplier les exemples de circonstances plus ou moins tragiques dans lesquelles une partie de l'Afrique, une ville, une région, une île, des personnes sont menacées par la pollution de l'eau, de la terre, de l'air ou d'autres éléments de l'environnement. La question qui reste posée est celle-ci : que peuvent les écrivains et leurs mots pour la protection et la sauvegarde de l'environnement en Afrique ? A supposer qu'ils fassent entendre leurs voix, seront-ils entendus ? Et par qui ?

Or il en est de la littérature comme de toute autre forme d'expression de la pensée et de la sensibilité ; elle ne peut exister en dehors de son temps. Avec les autres disciplines, la littérature, qu'elle le veuille ou non, emprunte à l'air du temps l'inquiétude, les bonheurs et les aspirations du moment. Elle est produite et reçue, comme nous le savons, en accord ou en désaccord avec les idées dominantes, le système médiatique et tous les moyens de production et de diffusion utilisés à une époque donnée. Seulement, aussi paradoxal que cela puisse paraître, au moment où les rencontres au sommet se multiplient par exemple depuis 1992 (sommet de Rio) jusqu'à aujourd'hui (Copenhague, décembre 2009) concernant les problèmes environnementaux, le réchauffement climatique et toutes les menaces qui pèsent sur l'avenir de l'humanité, on ne voit pas poindre dans les productions littéraires africaines comme un grand mouvement écologique qui viendrait relayer, dans les textes, les inquiétudes qui se manifestent à la fois chez les scientifiques, les experts et les décideurs.

De plus en plus, ce sont des individualités qui s'affirment dans leur écriture, se donnant la liberté de traiter de toutes sortes de sujets y compris ceux qui n'ont pas réellement trait à l'Afrique. Cette liberté de ton et cette diversité d'univers mettent en scène des personnages qui se cherchent par exemple entre l'Afrique et l'Europe ou entre l'Afrique et le reste du monde comme on le voit aujourd'hui chez des écrivains francophones vivant hors du continent. On voit aussi des personnages écrasés par la violence dans des pays imaginaires. Les problèmes sociaux peuvent être omniprésents, les problèmes politiques également. Néanmoins, *l'habitabilité du monde* est en question et la pollution de l'Afrique me semble être un point crucial qui reste encore à penser.

IV.
La survie de l'humanité et la rupture de l'équilibre écologique

En 1992, j'avais écrit un livre pour les préadolescents qui avait pour titre *La fugue d'Ozone*.[15] Ozone était une fille qui, comme la Couche d'ozone, pouvait disparaître et aller en voyage. Elle pouvait visiter des régions lacustres, une île déserte et faire la différence entre une zone désertique et une zone verte et apprendre, in situ, la diversité du monde. En 1999, j'avais participé à un projet de publication de l'UNESCO initié par Federico Mayor, ancien directeur dont le mandat prenait fin à ce moment-là à la tête de l'Organisation. *Qu'avez-vous à dire à ceux qui vivront en 2050 ?* Telle était la question. Le livre avait pour titre

Lettres aux générations futures.[16] Des personnalités de marque, des scientifiques, des philosophes et quelques écrivains proposèrent des textes dans lesquels la notion de responsabilité apparaissait clairement. En effet, des penseurs du vingtième siècle, venant des cinq continents, reconnaissaient qu'ils laissaient après eux un monde sur lequel pesaient toutes sortes de menaces. Ils disaient que les inégalités entre Nord et Sud étaient flagrantes, les progrès scientifiques ne permettaient pas de résoudre tous les problèmes, les guerres n'avaient pas disparu, le dialogue interculturel n'était pas encore une réalité et la protection de l'environnement était une priorité. Dans le cadre de ce projet, j'avais été invitée à m'exprimer en tant que philosophe et j'avais choisi d'écrire une lettre qui avait pour titre « chaque humain est la source du temps » dans laquelle je mettais en scène un jeune, passant à l'âge adulte et qui devait apprendre, en sept jours, l'essentiel pour rester humain au 21ème siècle. Je représentais son monde comme une boule irréelle, transparente, dans laquelle il vivait seul et, peu à peu, il réapprenait tout le reste : l'histoire et la géographie, les sciences humaines, l'histoire du marché, la place de l'Afrique dans la mondialisation et les relations humaines. Chaque jour de la semaine, il devait apprendre quelque chose d'important du monde des humains en cliquant sur son outil préféré, l'ordinateur. Mais, dès le début de cette lettre, je rappelais que les conditions climatiques n'étaient plus les mêmes, d'un siècle à l'autre, les inondations et la sécheresse étant devenues une réalité incontournable. Dix ans après, en 2009, c'est un dromadaire[17] que je mettais en scène afin qu'il raconte ses rêves de dromadaire vivant dans un désert à un enfant de la ville et de l'espace vert. Tout compte fait, on pourrait se demander si l'inquiétude ne grandit pas, déjà, dans l'esprit du jeune citadin rencontrant un dromadaire venu du désert avec ses histoires de dunes, de sel et de sable...

V.
Conclusion

Parler de « pollution du monde » c'est sous-entendre que pèse sur la vie des enfants, des femmes et des hommes un certain nombre de menaces, clairement exprimées ou parfois voilées. Ces menaces, me semble-t-il, sont liées aux situations locales et aux systèmes globaux. Elles sont liées aux choix qui, la plupart du temps, ne dépendent pas des individus et des groupes. Nous savons que rien, à une échelle locale, n'est figé et que des mutations sociales en Afrique sont en cours, que les choses changent peut-être plus vite que l'on ne le pense mais que, dans le même temps, il y a des constantes, par exemple du point de vue des représentations imaginaires. Nous avons besoin de notre imagination pour reconstruire le monde. Voilà pourquoi le terme « durabilité » peut être pris en compte, non pas comme qualificatif d'un « développement » mais peut-être, à une échelle locale, comme mode de vie raisonnable, protégeant l'environnement en prenant appui sur des savoirs et savoir-faire locaux, un cadre juridique, un projet de société incluant les générations futures, sans rejeter, toutefois, les outils techniques et les connaissances scientifiques et médicales. Mais que peuvent les textes littéraires pour protéger l'environnement de toutes sortes de pollutions et de crises ? J'ai tenté de répondre à cette question en disant un mot de quelques-uns de mes textes témoignant de cette inquiétude qui ne semble pas me quitter, celle de voir la Terre protégée de toute menace, de la rendre habitable et de la léguer, ainsi, aux générations à venir.

Je vous remercie.

Notes

1. *La diversité du monde, Réflexions sur l'écriture et les questions de notre temps* est le titre du recueil de textes (1998-2008), publiés dans la revue *Africultures* et ailleurs. Il paraît ce mois-ci. Paris, l'Harmattan, Collection Bibliothèque d'Africultures, 2010.
2. On parle ces jours-ci d'un autre scandale au Gabon : « Vraie pollution ou coup politique ? » Après l'annonce de la découverte de « produits toxiques » dans une décharge d'une filiale d'AREVA à Mounana (sud-est), les protagonistes de cette affaire faisant grand bruit au Gabon clament leur bonne foi. » Dépêche de l'*AFP*, 20 février 2010.
3. *Labyrinthe*, éditions Akpagnon, 1984.
4. « Car elles m'ont fait voir qu'il est possible de parvenir à des connaissances qui soient fort utiles à la vie, et qu'au lieu de cette philosophie spéculative qu'on enseigne dans les écoles, on en peut trouver une pratique, par laquelle connaissant la force et les actions du feu, de l'eau, de l'air, des astres, des cieux et de tous les autres corps qui nous environnent, aussi distinctement que nous connaissons les divers métiers de nos artisans, nous les pourrions employer de même façon à tous les usages auxquels ils sont propres, et ainsi nous rendre comme maîtres et possesseurs de la nature », Descartes, *Discours de la méthode*, sixième partie.
5. Voir, entre autres, Olivier Leenhardt, *La catastrophe du lac Nyos au Cameroun, 21 août 1986*, Paris, l'Harmattan, 1995.

6. Dans certains films de Djibril Diop Mambety, on voit comment les terrains vagues, en pleine ville, sont pollués par le plastique (Voir : *Le franc* et *La petite vendeuse de Soleil*)
7. Adame Bâ Konaré, *Quand l'ail se frotte à l'encens*, Paris, Présence Africaine, 2006.
8. Le nouveau roman de Yasmina Khadra, *L'Olympe des infortunes*, Paris, Julliard 2010, campe ses personnages entre une décharge et la mer.
9. La *Convention de Bâle* et la *Convention de Bamako*. *La Convention de Bâle sur le contrôle des mouvements transfrontières de déchets dangereux et de leur élimination* ouverte à la signature le 22 mars 1989 et entrée en vigueur le 5 mai 1992 entend réduire la circulation des déchets toxiques mais aussi éviter leur transfert des pays développés vers les pays en développement. Cette convention, dans son Préambule, insiste sur les menaces encourues par les mouvements transfrontières de déchets toxiques. *La Convention de Bamako sur l'interdiction d'importer des déchets dangereux et le contrôle de leurs mouvements transfrontières en Afrique*, adoptée sous l'égide de l'OUA et entrée en vigueur le 22 mars 1996 mérite aussi d'être citée. Voir notre article publié sur africultures.com à propos du Probo-Koala ; article repris dans *La diversité du monde*, livre à paraître en mars 2010.
10. « L'enquête de Consumers International révèle ainsi que chaque mois, sur les 500000 ordinateurs usagés qui débarquent au port de Lagos, 75% d'entre eux finissent dans les décharges, exposant entre autre les enfants qui y travaillent à des substances comme le mercure et à des teneurs en plomb cent fois supérieures aux normes tolérées. Avec à terme autant de conséquences sur le système reproductif que nerveux, » comme le dit Jean-Cristophe Servant dans « Malgré la Convention de Bâle, l'Afrique reste un dépotoir, » Les blogs du *Monde diplomatique*, 22 octobre 2008.
11. Wolfgang Sachs, Gustavo Esteva, *Des ruines du développement*, Montréal, Ecosociété, 1996, p.14.
12. Bessora, *Petroleum*, Paris, Denoël, 2004.
13. Aujourd'hui, cette portion de terre reste encore polluée par les hydrocarbures et ceux qui y habitent continuent de défendre leurs droits.
14. « A la suite d'accord avec le gouvernement ivoirien, Trafigura a versé 100 milliards de FCFA à l'Etat. Selon certaines dispositions de cet accord, les victimes qui avaient la latitude de continuer les poursuites hors de la Côte d'Ivoire, ont donc porté plainte devant la Haute Cour de Justice de Londres. A ce niveau, un accord est conclu entre le cabinet d'avocats londonien Leigh Day and Co. qui défendait les 31 000 victimes qu'il a recensées et Trafigura, qui aurait proposé d'indemniser les victimes à hauteur de 23 milliards de francs CFA », Cheikna D. Salif, *Fraternité Matin* du 25.1. 2010.
15. *La fugue d'Ozone*, NEA-EDICEF, 1992.

16. *Lettres aux générations futures*, Paris, UNESCO, Cultures de la paix, 1999 (existe également en traduction anglaise)
17. *Le rêve du dromadaire*, poème illustré par Muriel Diallo, Cotonou, Ruisseaux d'Afrique, 2009.

THE POLLUTING OF THE WORLD AND THE SILENCE OF AFRICAN WRITERS

TANELLA BONI

I would first of all like to thank the organizers for inviting me to the ALA Conference to speak on an issue that has been very dear to me for a longtime—environmental protection.

When I received the invitation to participate in this discussion on "literature and sustainable development," I wondered what the relevant starting point of my speech would be. I am not an economist or ecologist, neither am I an expert on sustainable development, but I am learning to be a writer and I am also learning to think about the problems of our times and the "diversity of the world."[1]

I speak today as a person who is concerned about the future of humanity, "our common future," as was expressed so well in the title of the Brundtland Report published by the UN World Commission on Environment and Development in 1987. Many experts relate the idea of "sustainable development" to the text of this report. In fact, in its introduction, without giving an alarming view of the future, the report stresses that: "Our approach is not a prediction of ever increasing environmental decay, poverty, and hardship in an ever more polluted world among ever decreasing resources." The report recommends that when trying to satisfy our needs, we should consider not only the consequences of production activities, but also the needs of future generations. Considering time, today and tomorrow, is one of the key ideas of sustainability. Twenty-three years after this report was published, we wonder what kind of world we are leaving to future generations. In fact, we can say that the Brundtland report did not explicitly predict the situation in which we are living in the world today: Degradation of the environment, pollution which foreshadows serious climate changes, increasing poverty and glaring inequalities between the North and the South as well as the between the rich and the poor.

It seems as if in this world of ever-increasing inequalities, the poorest regions are also the most polluted and they also serve as a dumping ground for the regions in the world that consume the most. Recent scandals such as the one of Probo-Koala,[2] in Abidjan show to what extent environmental laws are flouted. However, are there writers who would speak about such scandals? As long as many writers, especially the Francophone ones, mainly worry about having their books accepted by a "world literature," which does not appear to be the kind of literature concerned with the pollution of Africa, it seems as if all types of ecological commitments through literature will be relegated to the background. My question is therefore the following: What role can African writers play in the protection of the environment since they are accustomed to speaking specifically on extremely urgent situations such as we have just seen in the case of the recent earthquake in Haiti. For a longtime, starting with my first collection of poems,[3] I have spoken about slums which can be defined as places on the outskirts of cities inhabited by the marginalized and the poorest people, and probably where the unwanted or the scraps of development which have failed in African countries are found. I, therefore, became aware, as I wrote my texts, that the Planet Earth is far from being an abstraction and that it starts from our very own backyards, the places in which we live, regardless of where they are located. No place in the world today can escape from the problems caused by the domination/exclusion relationship and by the commercialization of the globalization era.

I. Pollution as a Threat on Every Type of Life

Pollution might be thought of as a threat that looms on the fragile equilibrium of the living. In other words, all organisms that have life partake in it at every level on Planet Earth: From human minerals to intermediary beings to plants and animals. Let us start by looking at the word itself. Pollution is an ambiguous word. First of all, it is part of a moral and religious vocabulary in which the difference between pure and impure are common place, just like the separation between good and evil. The word is also a sign of the moment of contamination by a cunning evil, the cause of which is probably unknown. It also refers to the malaise of the individual being preyed on by the disturbance of his very own balance, the one between his body and mind. In this sense, pollution is thought of as uncleanliness or blemish as opposed to cleanliness and purity.

I will not dwell on the context in which pollution is thought of as an involuntary imbalance with consequences on the moral and religious aspect of an individual. Rather, let us talk about environmental pollution, which affects not just one individual, but thousands of people. It can be considered a phenomenon for which we can find causes and consequences, establish responsibility and offer solutions so that it never reoccurs. There are international rules, declarations and agreements to this effect. However, to avoid polluting our environment, action depends on political decisions. Here, I am referring to the type of pollution that is not only imaginary or a myth, but also one that can be thought about rationally like a dateable historical fact that has quantifiable and disastrous consequences which may be unquantifiable in the long run. From a philosophical point of view, one may think about environmental pollution phenomena as consequences of modern life as viewed as a way of "taking control and possession" of nature an idea expressed by Descartes in the XVIIth Century.[4] In Europe, it is well known that, from the middle of the XVIIth Century and mainly during the Century of the Enlightment, the breakdown of harmony between man and nature found itself completed. Man wanted to use the power of reasoning. He was going to dwell in nature in a different way. Time would never be what it was; the concept of distance would not be the same with the invention of the steam engine. A new concept of work and production came to light, man manufactured and consumed. Thus pollution is, to a large extent, linked to ecological marks left by man on nature which is no longer respectable. It has become what is being built, manufactured according to the desires and the lust for power of men. However, it is well known that some regions in the world resisted for a long time the idea of letting technology rule nature. The African continent is one of such where human beings still tried to live in symbiosis with nature, striving to respect it as much as possible. Yet, today, the breakdown seems to be complete, with colonization, independence, development and all kind of mis-understood or ill-applied ideologies in Africa. Henceforth, in full gear, the continent is part of a fast changing world which cannot escape the pollution of Planet Earth regardless of its causes.

For, there are various types of pollution: Natural phenomena or disasters due to human activities or wrong utilization of technical equipment, ill-adapted technology, and overexploitation of natural resources. Let us give two examples of pollution which are not similar in nature. The nuclear disaster in Chernobyl on April 26, 1986, was extensively covered in the media, and is often cited as a large-scale nuclear disaster. The natural disaster which occurred in Lake Nyos, Cameroon on August 21, 2006, was somewhat reported in the Cameroonian media and is about to be forgotten by all except for the local people and those who take a keen interested in it. A team of scientists have installed equipment in the lake to prevent other catastrophic explosions. In its first few lines, the Brundtland Report lists the Chernobyl disaster as one of the environmental crises that occurred between 1984 and 1987. Lake Nyos is missing from this list... This lake, which is located at an altitude of 1200 meters in the north-western region of Cameroon, exploded without any apparent reason, releasing a cubic kilometer of carbon dioxide, a deadly gas, which caused the death and also the displacement of thousands of people. If care is not taken, Africa could become the long forgotten continent in terms of environmental pollution. We are always waiting for others to find solutions for us, from the West, for instance, as if we are not capable of thinking or foreseeing or repairing those environmental damages occurring at our doorsteps. Many experts come from elsewhere. From time to time, some writers leave some literary marks. Other books are published explaining this pollution phenomenon by deadly gas for humans and animals alike and this does not seem to be an isolated case in Africa or elsewhere in the world.[5]

These disasters, natural or artificially induced by human activities, reveal how fragile our environment is, and how closely linked human life is to animal and plant life. These disasters cause pollution; so from humanitarian, medical, economic or political points of view, disaster management is of utmost importance, not only to establish liabilities, but also to repair damages and make decisions so that this never reoccurs.

However, if our ecological conscience can be expressed by our concern for the protection of our local environment, the latter is henceforth included in the global world. Thus, if we take cognizance of the delicate balance of only one locality in a globalized world, this would not be enough to protect it from one thousand other forms of pollution. This is also what we expect from the works of African writers so that no one forgets that we should not be content with praising nature's beauty in our poetry or in other forms of literature. Our role is also to imagine and present stories centered on the various natural and non-natural types of pollution to which the African continent seems to be accustomed. For literary writings also represent the memory of extraordinary events that we experience, including those that affect us closely and bring disorder to our existence as human beings. Pollution is one of those modern problems that could make us "survivors" if we do not take the steps to be "resistant" and talk about natural phenomena and non-natural disasters from our perspectives as writers. We can make a long-term commitment that goes beyond our literature and we can fervently defend our common home against extreme occurrences that are likely to be repeated and which threaten the place in which we live, or to put it in other terms, the habitability of the world.

II.
Polluting of the Continent and Development Ideology

Every day, we become aware that the world does not belong to us and that it is too big for us, especially as those who are more powerful loot it as they have been doing for centuries, wasting and using up the world's resources. It is difficult for us to recognize that this globalized world also belongs to us. As we know, this world is characterized by the circulation of goods beyond borders and by how difficult it is for people from the South to claim their right to mobility by crossing the borders of a neighboring country or one that is far away in another continent. This is one of the paradoxes that I call the "habitability of the world." Indeed, we can show how contemporary problems such as pollution, which go beyond individual responsibility, may be to some extent, blamed on social changes that we can only think of in terms of this all-inclusive term of "development," a term that is itself linked to *inequality* in the world.

Since the beginning of the 20th century, African writers have made use of their own colonial and neocolonial history; therefore, we can expect that pollution as a factor upsetting equilibrium would also be a major theme in their literary productions. For the moment, it seems that this theme is not yet widespread and it is buried under other political and social concerns. Yet, in this context as well, it would not be too much to have the voices of writers heard in defense of the planet as our living place. The progress model known as "development," together with whatever qualifier that we give it such as human or sustainable, may also pose a challenge. Inequalities still persist in the world that we live in and there is no "development" without consumption and predation. In addition, it is obvious that as we consume, we must throw away the waste. Therefore, from another point of view, pollution is a problem of development. What do we mean by developing Africa?

The idea of development as applied to building houses in Africa is also a source of pollution and health problems. When we consider social changes, we can clearly see that housing in African cities is an example of the causes of environmental pollution. Construction materials are often not adapted to the weather (sheet metal, concrete, window panes and all kinds of materials that are poorly adapted to the tropical climate). To crown it all, excessive air conditioning is used to make up for this non adaptation. This, of course, has consequences on people's health, but also on the ozone layer that protects life on earth.

Should we be surprised that under all these conditions, there are so many garbage sites today, these giant depots that surround most big cities in Africa? This is also where we find again those problems of pollution created by social marginalization, in as much as in African cities poverty goes hand in hand with lack of hygiene, and drinking water. In addition, the excessive use of plastic bags by the rich who have adopted Western style of purchase of consumer goods has led to the appearance of mountains of garbage.[6] The poor recycle household garbage among that could contained toxic waste which is often left neither untreated nor discarded far from the cities. These dumping grounds are also used as dwelling places by the poor. Construction of slums is also a direct consequence of the failure of development. It is as if there were areas reserved for human beings excluded from decent accommodation. From these areas where it is a struggle to live we are better able to understand the idea of dumping grounds, those polluted places at the fringes of society where, literally and figuratively, all sorts of waste are thrown away.

These filthy environments, the dumping ground of the rich used as housing, and the "sub humans" who live in them are sometimes transposed in literature; but who is reading these books and of the worlds described in them? Do we pay attention to this real-life drama that is so commonplace nowadays in most big African cities? The novel by Adame Bâ Konaré, *Quand l'ail se frotte à* l'encens[7] portrays a family in Bamako in the 90s who lives on a refuse dump and who makes a living from it. They feed from this refuse dump also used by dogs and other animals. Whose responsibility is it to look after and protect the lives of these people who have no choice? The real problem of pollution is this: how do we stop a phenomenon that hits the poorest so hard, even though the rich may also suffer from the effects of pollution? Among the international laws in existence, there is the principle of "polluter pays", but if the polluters are ready to pay to repair the damages caused in one location, will they not also be ready to start polluting again in the future?

That should be a source of inspiration for African writers.[8] Plainly put, the garbage dumps in the West could not care less about African writers! In the dustbins of the West which are dumped in Africa there are not only toxic wastes, the transport of which is prohibited by International Conventions,[9] but also tons of second hand cars and computers,[10] without mentioning the feeding of the poor with chicken wings, turkey rumps and all sorts of cheap cuts of meat or food capable of destroying the health of those consuming them. Our cities are polluted by an untold number of second-hand cars and motorcycles using at times poor quality petroleum products. Considering the health of individuals, the human cost of the shipment and consumption use of such garbage is very high.

Some predict the downfall of the concept of development but we know that it has survived, especially in poorer countries of the South. "Development" is one of the concepts that Africa has inherited (independence, development, structural adjustment, good governance, etc.) from the West over the last fifty years. These concepts last for a while and then become exhausted on their own. Nevertheless, it seems that "development" is such a deeply-rooted concept that it is often conceived as a fixed point already attained by the rich countries and which every African country must in turn strive to achieve. The economist, Wolfgang Sachs, reminds us of the history of this concept and the circumstances in which it was used in opposition to "under-development." In 1949, in his inaugural speech before Congress, "Truman defined the largest part of the world as 'underdeveloped areas'.[11]" We realize to what extent development is a vision of a world that immediately places Africa out of the race because it will never reach the finish line where the needs and aspirations of its peoples will be satisfied.

Africa continues to be the production site for resources where one can pollute without any remorse. In fact, in villages, the soils are increasingly being polluted by fertilizers and pesticides that are sometimes prohibited in European countries. Ecosystems are highly disrupted. The health of agricultural workers is in danger (in cocoa farms for example). Therefore, African countries find themselves indefinitely condemned to stay in the race while they risk wasting their resources (energy sources, water, petroleum, gas, etc.) and natural resources. At the same time, they are trapped in the nets of globalization, the framework through which money continues to rule the world through intervening multinationals.

If development in Africa leads to the construction of non-habitable areas that are filthy and polluted, we can go even further and show that globalization and the presence of several Western and now Asian multinationals, have added more causes and more reasons to pollute the soil, water, and earth. In the novel, *Petroleum,*[12] Bessora meticulously describes how Total-Fina-Elf controls petroleum in Gabon. This literary work deals with pollution and other survival problems related to the future of the planet, but is it read and understood by the general public and policy makers?

III.
The pollution of the Continent in the writers' consciousness

Words and concepts stick to our memory when they are related to specific circumstances and situations regarding the pollution of Africa and the threats on the life of human beings. As such, it is hard for us to forget them. They serve as the Ariane's thread to help us create our own reflections. The word "pollution" entered African writers' imagination at the death of the Nigerian writer and activist, Ken Saro-Wiwa on November 10, 1995. On that morning, writers present in Lille, France for the "Fest Africa" Festival had written a protest motion that was read before the press and a few French television stations. However, in the evening of that same day, the terrible news of Saro-Wiwa's execution was broken. No one knew if our words had reached the main person in charge in Nigeria at that time, General Sani Abacha. I remember that before my trip to Lille, in Abidjan, the Association of Writers in Côte d'Ivoire had also written a statement in protest, just like several writers' associations and human rights organizations. But nothing happened. The writer, Ken Saro-Wiwa, activist of MOSOP (Movement for the Survival of the Ogoni People) and eight of his colleagues were hanged on November 10, 1995 in Port Harcourt. The whole world knew that an African writer was hanged for his ideas and for defending the interests of his people against environmental destruction. Saro-Wiwa was defending the Ogoni people and their right to live on part of the land that had been polluted by hydrocarbons, for which Shell, the multinational company, was at fault.[13]

In 2006, another story of pollution became engraved in my memory. This was a case in which a multinational company named Trafigura and its branches were involved in Abidjan and the Nation State of Côte d'Ivoire. Toxic wastes were dumped in seventeen sites right in the city, in neighboring districts, and around the edge of the lagoon. There were hundreds of dead people and thousands who suffered contamination and long term damages. Polluted sites have yet to be decontaminated. A swift trial was organized and neither the victims nor their relatives were given any compensation. They are still waiting[14]. The Nation State of Côte d'Ivoire was paid by the Multinational Company 152 million Euros, i.e. 100 billion CFA Francs. This example shows the extent to which Africa has really turned into a dustbin into which Western countries dump all their wastes. One could go on and on citing examples of more tragic conditions in which a part of Africa, a city, a region, an island and/or people are threatened by the pollution of water or other elements of the environment. However, the question that remains unanswered is the following: What can writers and their words say in favor of the protection and preservation of the environment in Africa? Even if they make their voices heard, would they be listened to? And who will?

Besides, literature as any other form of expression of thought and sensibility, cannot exist outside its time. Like other subjects, literature, whether it likes it or not, has to borrow from the trends of its era, the worries, happy moments and aspirations of the moment. As we know, literature is produced and received in agreement or in disagreement with the dominant ideas, the media, as well as all means of production and broadcasting used at a given period. But paradoxically, at a time when summit meetings about environmental problems, climate warming and all threats on the future of humanity are taking place in rapid succession from Rio (1992) to Copenhagen (2009), we do not see on African literary horizon a great ecological movement which would relate in words the worries which are expressed by scholars and decision makers.

Rather, increasingly, we see individuals who are trying hard to express in their writings, their freedom to discuss any topic, including those which do not really bear on Africa. In addition to this freedom of tone and variety of settings, we are shown people who are in search of themselves, lost as they are between Africa and Europe or Africa and the rest of the world, as we notice currently in the works of some French speaking writers living outside the continent. We also see individuals overwhelmed by violence in imaginary countries. Although, social and political difficulties can be omnipresent, the "habitability of the world" will continue to be in question and pollution in Africa seems to me a crucial topic which remains to be foregrounded.

4. Survival of Humanity and Breakdown of Ecological Balance

In 1992, I wrote a book for pre-adolescent children which is entitled *La fugue d'Ozone*.[15] Ozone was a little girl who, like the ozone layer, could disappear and travel to distant places. She could visit lake regions, a desert island, tell the difference between desert and green areas, and learn *in situ* how varied the world could be. In 1999, I took part in a UNESCO publication project initiated by Federico Mayor, then Director-General, of the Organization. The challenge was to project oneself into the future as the question raised was: "What message would you have for people who would live in 2050?" The book was entitled *Letters to Future Generations*[16]. Important personalities, scholars, philosophers and a few writers proposed texts in which the concept of responsibility appeared clearly. In fact, twentieth-century thinkers from the five continents, acknowledge that they were leaving behind a world threatened by all sorts of dangers: North/South Inequalities were evident; scientific breakthroughs could not solve all problems; wars being waged; the achievement of inter-cultural dialogue has failed; and the protection of the environment is not yet a priority.

Within the framework of this project, I was invited to express myself as a philosopher and I chose to write a letter entitled: "Each Human Being is the Source of Time" in which I presented a young person moving to adult age and had to learn, within seven days, the most important things necessary to remain human in the twentieth century. I represented his world as an imaginary and transparent ball in which he was living alone and would, little by little, relearn the rest, that is, history and geography, social sciences and market history, the place of Africa within globalization as well as human relations. Each day of the week, he would learn something of importance from the world of human beings by clicking on his preferred tool—the computer. However, at the beginning of the letter, I would remind him climatic conditions were no longer the same from one century to the other, floods and drought having become an unavoidable reality. In 2009, ten years later, I portray a camel that would tell a child, living in a city with green open spaces, about its dreams as a camel living in a desert. All that being said, one could ask whether there was not, already, a hint of worry in the mind of a young city dweller who met a camel from the desert with stories of sand dunes...

Conclusion

To talk about "Polluting the world" is to imply that there are a number of threats on the lives of children, women, and men, which are clearly expressed or at times veiled. These threats, it may seem, are linked to local situations as well as global systems. They are linked to choices which, most of the time, do not depend on individuals and groups. We know that at a local level, nothing is static, and that social changes in Africa are being made, and that things may change faster than we think; but, at the same time, from the point of view of imaginary representations for instance, there remain things that are constant. Indeed, we need our imagination to build the world anew. This is why the word « sustainable » has to be reckoned with, not to qualify development, but possibly, at a local level as a reasonable way of life which protects the environment by using local knowledge and practices. Sustainability should also incorporate a legal framework, a project of society that includes future generations, without rejecting technical tools or scientific and medical knowledge. But, what can literary writings do in order to protect the environment from all kinds of pollution and crises? I have tried to answer this question by talking about a few of my writings which express this gnawing concern of mine to see Planet Earth protected from all types of threats, make it habitable and bequeath it that way to future generations.

Thank you for your attention.

Translation by Olga Adandé Simpson.

Notes

1. *La diversité du monde, réflexions sur l'écriture et les questions de notre temps* [*The Diversity of the World, Reflections on Literature and the Issues of our Times*] is the title of a collection of texts (1998-2008) published in the journal, *Africultures*. See also *Bibliothèque d'Africultures Collection*, Paris, l'Harmattan, 2010.
2. Recently, there was a lot of talk about yet another scandal in Gabon: "Real Pollution or Political Upheaval? After the discovery of "toxic wastes" in a dump belonging to a branch of AREVA in Mounana (South-West of the country), the people responsible for this case (which is raising dust in

Gabon), claim that they acted in good faith." *AFP News* item, Feb. 20th, 2010.

3. Boni, Tanella. *Labyrinthe.* Akpagnon, 1984.
4. "For they made me see that it was possible to acquire the type of knowledge that is very useful to live with and instead of this speculative kind of philosophy that was being taught in schools, we could find one that is practical, whereby knowing the strengths and actions of fire, water, the stars, heavens and all other bodies surrounding us as distinctly as we know the various trades of our craftsmen, we could use them in the same way for all purposes they pertain to and thus turn ourselves into masters and owners of nature." Descartes, *Discours de la méthode,* (Part VI) [French to English translation proposed by the translator.]
5. See among others, Olivier Leenhardt, *La catastrophe du lac Nyos au Cameroun* (Lake Nyos disaster in Cameroon, 21 August, 1986), Paris, l'Harmattan, 1995.
6. In some of Djibril Diop Mambety's films you could see how open fields right in the center of large cities are polluted by discarded plastic bags. (See *Le franc et La petite vendeuse de Soleil*)
7. Konaré, Adame Bâ. *Quand l'ail se frotte à l'encens.* Paris: Présence Africaine, 2006.
8. In Yasmina Khadra's new novel, *L'Olympe des Infortunes,* Paris, Julliard, 2010, the author presents her characters between a dumping ground and the sea.
9. We refer to the *Bale Convention* and the *Bamako Convention. The Bale Convention on the Control of Transborder Movement of Dangerous Wastes and Their Elimination* was open for signature on 22 March, 1989 and went into force on 5 May, 1992, in order to reduce the movement of toxic wastes but also to avoid their transfer from developed countries to developing countries. In its Preamble, this Convention lists on the threats represented by transborder movements of toxic wastes. *The Bamako Convention on the Prohibition to Import Dangerous Toxic Wastes and the Control of their Transborder Movements in Africa, a*dopted under the aegis of OAU and went into force on 22 March, 1996, deserves to be cited here too. See our article published on *africultures.com* on the Probo-Koala case; see also *La diversité du monde* (2010).
10. "An investigation by Consumers International reveals that each month, of the 500 000 fairly used computers which are offloaded in the Port of Lagos, 75% end up in dumping sites, thus exposing, among others, children who are sent there to work to substances like mercury and lead in amounts that are 100 times above the tolerated standards. This, in the long run, has many consequences for their reproductive and nervous systems" as Jean-Christophe Servant said in "Malgré la Convention de Bale, l'Afrique reste un dépotoir" Blogs.*of Le Monde Diplomatique,* 22 October, 2008.

11. Sachs, Wolfgang. "Development: A Guide to the Ruins" *The New Internationalist.* June 1992: 4 – 27.
12. Bessora. *Petroleum.* Paris: Denoël, 2004.
13. Today, this plot of land remains polluted by hydrocarbons and its inhabitants continue fighting for their rights.
14. "Following an agreement with the Ivoirian Government, Trafigura paid 100 billion CFA Francs to Côte d'Ivoire. According to some provisions of the agreement the victims had a choice to continue suing the Company outside Côte d'Ivoire. But, they decided to lay their claims before the London High Court. At that level, an agreement was reached between Ley Day and Co, Lawyers defending the 31 000 victims they were able to count and Trafigura which was said to propose compensating the victims with 23 billion CFA Francs." Cheikhna D. Salif, *Fraternité Matin* of 25 January, 2010.
15. *La fugue d'Ozone,* NEA-EDICEF, 1992.
16. "Lettres aux générations futures," Paris, UNESCO, Cultures de la paix, 1999. (Available also in its English translation)

A LA SOURCE DE L'ARBRE, L'ALTERNATIVE SCULPTÉE: RÉFLEXIONS SUR L'ART ET LA DURABILITÉ ÉCOLOGIQUE

JEAN-GILLES QUENUM

ECO-IMAGINATION : ART ET ECOLOGIE

Préambule

L'art ne peut être soumis à l'idéologie ; il peut témoigner d'un souci, d'une attention, d'une conscience, en être le reflet, mais ne peut être conçu comme outil de propagande sans perdre sa liberté et, de ce fait, sa qualité d'art. Pour certains, l'art **doit** refléter son époque : je pense que l'art **ne doit rien,** ni à son époque, ni à une autre. Il est produit dans le contexte d'une époque, celle qui lui est contemporaine et peut, de ce fait, se trouver en être le reflet, mais il peut aussi s'attacher à refléter ce qui la précède (l'héritage d'époques antérieures), comme il peut se projeter dans ce qui pourrait la suivre (évocation d'époques postérieures), ou tout autant s'intéresser à ce qui transcende les époques.

L'art qu'on le veuille ou non reflète notre humanité, dès son expression ; quel sens y a-t-il à vouloir conditionner l'humain à sa temporalité, l'enchaîner à son époque ?

Avoir pour dogme que l'art doit refléter son époque inscrit de fait dans une démarche autocentrée, narcissique et mortifère (voire le mythe et l'issue fatale du désir obsessionnel du reflet de soi). En limitant l'art à un champ d'action déterminé, on tue sa liberté.

Une fois énoncé ce préalable pour ce qui concerne ma philosophie de l'art, il me semble que réfléchir sur l'art et l'écologie pose d'entrée la question du niveau où l'on se place, du domaine auquel on s'intéresse:

1) celui du contenu, du sens, du message lié à l'objet d'art ou à l'acte créateur de cet objet.
2) celui des moyens et matériaux choisis pour réaliser l'objet ou l'acte.
3) celui de la présentation, mise en scène ou diffusion de l'objet ou de l'acte artistique.

Il est clair, par exemple, que le XXIème siècle ne favorise pas la convergence entre l'art et le souci de durabilité écologique, tant au niveau des matériaux employés pour créer qu'au niveau des dimensions physiques de l'œuvre. Le souci de visibilité entraîne le gigantisme, dans un contexte d'hypermédiatisation de tous les messages, de quelque nature qu'ils soient.

La surenchère, caractéristique de l'économie de marché, entrave une société soucieuse de développement durable, puisqu'elle aboutit à l'épuisement des ressources et de l'espace : elle est la négation de la durabilité écologique. Je crois qu'il est utile de réaliser des œuvres d'expression en respectant les limites que notre corps impose naturellement à la démesure de nos projections. Il faut borner notre ambition pour retrouver une relation d'équilibre avec la planète sur laquelle nous vivons et favoriser sa durée. Ce n'est pas un diktat, c'est un choix libre et personnel. Il ne s'agit pas d'un retour à « l'âge de pierre » mais d'une attitude responsable vis-à-vis de l'environnement.

Arrivés à ce point, il semble pertinent de se poser la question : qu'est-ce que l'art ou qu'entend-on par art au XXIème siècle ? Il s'agit, a priori, beaucoup plus de l'art tel qu'il est défini par les critères de commercialisation du marché et des marchands, que de l'art comme aboutissement des recherches sur un langage plastique personnel, élaboré par un(e) artiste pour exprimer un idéal esthétique. L'art, envisagé du point de vue du marché, n'a que faire de la durabilité écologique. Sauf si c'est une mode, une « tendance» exploitable commercialement pendant un temps, avant de passer à autre chose (voire à son contraire), une fois la période de rentabilité passée.

Le gigantisme, induit par le souci de visibilité, autant que par la surenchère liée à la société de consommation, caractérise un grand nombre de productions artistiques. L'art géant pose un problème écologique puisqu'il s'inscrit dans une logique de sur-dimension, d'outrance et d'épuisement. Plus la réalisation d'œuvres d'art devient production d'art, plus elle fait appel à l'industrie, cherche à utiliser et refléter le progrès technologique, plus l'art pose un problème environnemental.

A l'heure actuelle, en grande partie, les techniques de production ou de réalisation d'œuvres sont issues de l'industrie ou liées à elle :

- La photographie, comme le cinéma et la vidéo, nécessitent une industrie en amont et en aval.
- La peinture également, à travers les couleurs à l'acrylique ou encore les bombes aérosol pour tagger des graffitis.
- L'art urbain, du fait qu'il est à la mesure de la cité, correspond à une expression et une diffusion à grande échelle.
- La sculpture, telle qu'elle a évolué, use abondamment de résines et fibres synthétiques.
- L'art conceptuel, les installations font un grand usage d'écrans géants, de bâches synthétiques, de néons.
- Même le land art qui, par essence, devrait incarner une conscience de la nécessité de respecter la nature, ne s'interdit pas la création de paysages à coups de bulldozer. Il dépend aussi en grande partie de la photographie ou de la vidéo pour faire perdurer ce qui est éphémère, ou pour faire partager un paysage non-exportable.

La tendance à sur-dimensionner les réalisations reflète l'ego des acteurs et décideurs du monde de l'art, gonflé à bloc par la dimension planétaire de la médiatisation.

L'ivresse médiatique ne peut pas être compatible avec le souci de durabilité écologique.

Seule l'économie de moyens et le choix des matériaux utilisés, d'une part. Une forme d'humilité en ce qui concerne la dimension donnée à l'œuvre et l'espace accordé à l'idée, d'autre part. Une éthique recherchant l'accord avec la nature, peuvent apporter une réponse écologiquement durable.

Les problèmes de conservation des œuvres, résolus chimiquement, alliés à la multiplication de celles-ci, participent également du problème écologique. Le rejet fondamental qui caractérise l'humain moderne « civilisé » face à l'aspect éphémère de l'existence. L'angoisse face à la putréfaction (bois, papier), face à l'érosion (pierre), face à la corrosion (métal), face à la détérioration chimique des supports de l'image. Ces peurs entraînent une dépense d'énergie considérable pour conserver, sauvegarder une mémoire dont l'oralité n'est plus depuis longtemps le relai.

Pour en finir avec ce catalogue de pistes de réflexions sur les raisons pour lesquelles l'artiste peut se sentir concerné par la durabilité écologique, je dirai ceci :

- La soumission de l'art aux règles du marché,
- La survalorisation de l'idée, du concept,
- La réalisation de l'œuvre sur la base d'une performance technique et technologique,
- La griserie qui en découle d'être **toujours plus** (haut, loin, long, gros, cher...),
- Le sentiment d'omnipotence aboutit à une perte d'équilibre et de repères.

L'art n'est plus le moyen d'une communication entre l'humain et son au-delà spirituel (esprit, mystère, dieu...) Pour refléter l'époque, il est devenu l'outil d'une course à l'épuisement matériel des ressources de création. L'artiste se situe hors de l'équilibre simple de la relation entre l'idée, le désir d'objet et sa réalisation à l'échelle humaine, sur la base d'un savoir-faire « artisanal ». L'ère industrielle a augmenté spatialement et quantitativement la place de l'œuvre d'art et également, bien sûr, le nombre d'artistes.

Revenons un moment sur la notion de gigantisme que j'ai évoquée précédemment et qui, à mon sens, doit être différenciée de la notion d'œuvre monumentale. Pour le sculpteur, l'œuvre monumentale représente la validation par le groupe de la capacité qu'a son œuvre de représenter, d'incarner la communauté. La qualité d'un monument « d'utilité publique » réside dans le fait que le groupe se reconnaît en lui, qu'il s'y identifie, s'y retrouve.

La sculpture monumentale a la prérogative de pouvoir renforcer la cohésion du groupe, son harmonie.

Laissons de côté les monuments à la gloire de soi édifiés par des monarchies, des dictatures ou même des entreprises soucieuses de manipulation de masses et de propagande, ainsi que les réalisations égotistes aidées par un pouvoir financier. Je fais référence au totem, dans sa fonction primitive, et dont les monuments modernes seraient bien inspirés de faire perdurer l'esprit.

Cette mise au point m'amène à mon propos qui est, à partir de mes choix et expériences comme sculpteur et comme photographe, de signaler des pistes possibles pour envisager une relation à la pratique artistique respectueuse de l'écologie et d'un développement durable. Une approche non-commerciale de l'art, envisagé avant tout, dans sa conception, comme dialogue avec la matière naturelle et, à travers elle, avec l'origine et le mystère intérieur. L'art, comme trait d'union entre les vivants, mais aussi entre les morts d'hier et les vivants de demain.

J'ai évoqué en titre de cette communication « l'alternative sculptée ». C'est-à-dire que ce qui m'intéresse là n'est pas la sculpture dans l'acception moderne du terme : bien que je pratique également l'assemblage ou encore le modelage, je désire parler de **l'acte de « sculpter »**. En clair : réaliser un objet tridimensionnel en taillant dans un bloc de matière dure à l'aide d'un outil. Acte fondamental dans ma démarche vis-à-vis du bois (mais aussi de la pierre) ; l'engagement physique me garantit une relation équilibrée avec la matière, basée sur la connaissance et le respect.

J'ai toujours eu un sentiment de durabilité, de permanence face à ce qui relève de l'art dit primitif ou premier, qu'il soit africain, océanien, amérindien ou inuit. Je partage la foi qui le caractérise quant au renouvellement de la figure qui n'est rien d'autre que le reflet de notre renouvellement d'humains, à chaque nouvelle naissance.

Dans le masque et dans la statuaire primitive, la reformulation du visage ou du corps, par recomposition des volumes, réorganisation des liens, témoigne d'une richesse intrinsèque et d'une énergie durable. En tant que sculpteur adepte de la taille directe, de la transformation manuelle de la matière comme acte créateur, je me situe spontanément dans une relation d'équilibre avec la nature. L'écologie ne se pose pas comme problème à résoudre : c'est l'attitude respectueuse que j'adopte face à la vie et à la matière.

Au commencement de mon travail, il y a **l'arbre**. Avant tout. Pas le matériau bois, anonyme, issu d'une transformation industrielle : **l'arbre**. Une poutre ne m'intéressera que quand elle aura perdu son anonymat, quand son vécu me la présentera comme chargée d'histoire (érosion, traces de travail antérieur devenues partie intégrante de l'objet).

L'arbre mort, donc, est le point de départ de l'œuvre. Ensuite, il est la plupart du temps inversé, pour désorienter les références, se libérer du poids de la culture, de l'idéologie plus ou moins consciente, de la religion (références christiques, anthropomorphiques). Pour sortir aussi du sens de la poussée de l'arbre qui peut m'empêcher de canaliser librement mon énergie, m'induire à me soumettre à l'ordre de la nature. L'inversion de l'arbre amène aussi à une réflexion, un travail sur les racines. Je ne veux pas coloniser l'arbre ; je ne veux pas non plus me soumettre à lui : je suis à la recherche d'une relation d'écoute, de dialogue constructif.

En partant de l'arbre, je ne pars pas de rien. Il n'y a pas de neutralité du matériau. Il y a une présence forte de son histoire avec laquelle je dois composer, que je dois intégrer à ma démarche, qui à la fois me guide et me remet à ma place en tant que créateur-transformateur. Il y a un désir d'humilité face à l'arbre et à son esprit qui représente l'ancêtre. Qui suis-je face à un tronc d'olivier âgé de 300 ans ? L'arbre crée le lien entre moi (en devenir) et la terre (dont je suis issu) ; il est à l'origine de ce que je suis et lié à ce que je vais être en le transformant. Ainsi je m'inscris dans une logique de transmission, de relai qui intègre la disparition et le renouvellement.

Toute une partie de mon travail sur bois s'est orientée vers le développement d'une recherche sur le masque, le totem, l'objet symbolique, statutaire. Bref, un héritage revendiqué d'une perception primitive, radicale (c'est-à-dire enracinée), de la fonction intermédiaire de l'objet d'art et de sa dimension sacrée. Sans, bien entendu se laisser enfermer dans quelque dogme ou tradition que ce soit. En cela, il est évident que je ne subis pas le même poids culturel ou traditionnel qu'un africain, un inuit, un océanien, ni un amérindien.

Etant né et ayant vécu en Europe, mon rapport aux origines est essentiellement fantasmatique et introspectif. J'essaie de conférer à l'objet une pertinence liée à la profondeur du sens dont il est investi. Le dialogue avec l'arbre s'inscrit dans une démarche respectueuse du vivant (même mort). L'arbre (souvent à croissance lente : olivier, cade), porteur d'histoire(s) a vécu les variations climatiques, raconte l'orage, la canicule, la neige, la foudre, les chiens qui pissent, les amoureux qui profitent de l'ombre ou gravent leur nom, les désespérés qui se pendent, les oiseaux qui ont niché, les fourmis qui ont creusé leurs galeries et dont la présence va aussi influencer mon travail de sculpteur.

Ma démarche peut s'apparenter au jazz du fait de la dimension d'improvisation (exploration du matériau), des combinaisons de formes renouvelées, des liens entre volumes ré-explorés. Je souhaite parvenir à une expression libérée autant qu'à une libre interprétation.

Il me faut faire ici un lien avec mon projet **Métamorphoses**[1], dont je viens d'apprendre qu'il était soutenue par la Région Languedoc-Roussillon et qui présente la sculpture comme un acte libérateur de l'énergie et de l'expressivité (de l'artiste et du matériau porteur d'histoires). Aboutissant ainsi à une dynamique de renouvellement perpétuel de l'objet et, de ce fait, des impressions et interprétations qu'il génère (ici augmentées des interprétations photographique, musicale et chorégraphique d'autres artistes).

Pour faire le tour de mes propositions comme artiste-invité, il me faut livrer mon témoignage de photographe, soucieux, depuis le commencement de ma pratique, d'intégrer à mon langage celui de la nature. Ma première exposition s'intitulait « Paris par les arbres » et j'ai, par la suite, à travers des recherches sur les reflets, les ombres, cherché à explorer la richesse des manifestations directes du langage de la nature et de la lumière naturelle.

En adoptant des techniques anciennes (calotype : négatif-papier) qui par leur lenteur font entrer le temps et la vie dans l'image, je me suis attaché à composer des images vibrantes de vie, mais aussi des masques « nature-mortes » à base d'ossements, de végétaux, de fossiles et autres éléments trouvés dans la nature.[2]

Avec ces assemblages j'ai voulu évoquer des ancêtres mythiques, des civilisations dont j'ai ensuite inventé les rites pour combler les vides spirituels qui, à mon sens, handicapent notre époque et ses sociétés dites développées. Ce développement sans bornes, qu'elles soient matérielles ou morales, nous amène, à l'heure actuelle, durant ces journées convoquées par l'Association de Littérature Africaine, à nous soucier de la « durabilité écologique » et de la place de l'art pour y apporter ses perspectives.

En conclusion, je dirai que ma philosophie en tant qu'artiste-sculpteur m'apparaît liée pour une bonne part à mes origines africaines. Du fait de mon métissage, de l'interprétation que j'en ai fait, il m'a fallu opérer une réappropriation et une synthèse de mes origines pour me sentir entier. L'Afrique est pour moi une source et un guide, tant par la diversité de formes et de cultures qui m'a été transmise que par les spiritualités dont, à travers elle, je suis héritier (vaudou, animisme, polythéisme). La traduction fantasmatique que j'ai faite de cet héritage a développé ma relation à la nature et à ce qui la rend sacrée, naturellement médiatrice de l'énergie créatrice et mystérieuse.

Je crois profondément, en tant qu'afro-européen, citoyen d'un pays dit riche ou développé, que sans intégrer des principes de modération et de respect dans l'utilisation que nous faisons de la nature—tels qu'ils étaient pratiqués par les peuples d'origine—le développement de nos sociétés ne pourra être durable.

Je me réjouis d'avoir à l'esprit la conscience et en mains les moyens de transmettre dans l'art le précieux héritage du désir de liberté et de l'exigence de respect. L'ayant été vivant (le bois) sculpté, ou le rebut porteur d'histoires (matériaux de récupération) assemblé, ne posent ni l'un, ni l'autre le problème d'une production nouvelle. Ils s'inscrivent dans une logique de recyclage, de seconde vie ; ils témoignent d'une foi dans la recomposition et la dynamique vitale qui en découle. C'est mon credo, ce qui m'anime et me donne envie de dire la richesse de ce qui m'entoure. Ici ou ailleurs, à travers mes mots ou mes réalisations, ou encore à travers les cours et la pédagogie, je ne peux qu'essayer d'en transmettre les valeurs.

Permettez-moi, avant de nous quitter de vous faire partager quelques instants lumineux captés lors de balades photographiques dans la nature, des élans, mouvements, vibrations, ombres et lumières qui m'ont parlé et que j'ai souhaité faire parler à mon tour.

Merci de votre attention.

Notes

1. A la fin de sa communication, Quenum a presenté une série de diapositives qui illustrait ce projet.
2. Pendant le diaporama, Quenum a fait un lien entre deux séries de masques : Masque Mérou et Masques ancêtres.

AT THE SOURCE OF THE TREE, THE SCULPTED ALTERNATIVE: REFLECTIONS ON ART AND SUSTAINABILITY

JEAN-GILLES QUENUM

ECO-IMAGINATION: ART AND ECOLOGY

Preamble

Art cannot be subject to ideology. It can be a witness to and reflection of concern, attention or awareness. But if it becomes a tool for propaganda, it loses its freedom and the special quality that makes it art. For some people, art **must** reflect its time. I think that art **owes nothing** to its era or to anything else. Art is produced within the context of an era that can, as such, be reflected in it. However, it may also reflect the era that precedes it (the heritage of previous eras) or elect to project the era that succeeds it. Art can also transcend time.

Whether we like it or not, art reflects our humanity from the moment of creation. Does it make any sense to limit humans to their temporality or to tie them down to their era?

The belief that art must reflect its time is self-centered, narcissistic and deadly, as in the myth where we see the fatal outcome of an obsession with self. Limiting art to a specific sphere destroys its freedom.

Now that I have introduced my philosophy on art, I would say that a reflection on art and ecology should lead to questions as to where we place ourselves and what our areas of interest are. As in:

1) Content, meaning, message behind an object of art or to the act that created it;
2) Methods and materials chosen to produce the object or act and
3) Presentation, display or distribution of the object or artistic act.

For example, it is clear that the 21st century does not favor a convergence between art and questions of environmental sustainability both in terms of materials used to create a work and the physical dimensions of the piece. Concerns about visibility have brought about gigantism in a context where all messages are given excessive media coverage regardless of what they are about.

The desire to outperform the next person, a characteristic of the market economy, hinders a society concerned about sustainable development since it leads to the wasting of space and resources: It is the opposite of environmental sustainability.

I think that it is useful to create expressive art while respecting the limits that our bodies naturally impose on our unreasonable expectations. We should control our ambitions so as to establish a balanced relationship with the world in which we live and enable it to last long.

This is not an order; it is a free and personal choice. It does not mean returning to the "stone age," but having a responsible attitude towards the environment.

Now, I think it is relevant to ask the following question: What is art? Or rather, what do we mean by art in the 21st century? In principle, we are talking more about art as defined by sellers and the marketplace, instead of art as it emerges from the search for a personal plastic language developed by an artist to express an esthetic ideal. Art, from the point of view of the market cannot be bothered with environmental sustainability except as trend or "fad" that can be exploited commercially for a while before moving on to the next thing (possibly its opposite) once the profitable period is over.

Gigantism, brought about by the need to be visible to a society accustomed to excessive consumption, is a characteristic of several artistic productions. Gigantic art poses an ecological problem because it is oversized, exaggerated, and wasteful. As art creation becomes art production, it becomes more industrialized and tries to use and reflect technological progress. Art then becomes more of an environmental problem.

Nowadays, the techniques of artwork production or creation are for the most part industrialized or industry-related:

- Photography, cinema and video all require an upstream and downstream industry.
- Painting also has an impact on the environment as it requires the use of acrylic colors or aerosol sprays for the creation of graffiti.
- When art is of the city, it involves expression and production on a grand scale.
- Sculpture, in its current form, makes use of large quantities of resins and synthetic fibers.
- In conceptual art, installations use several big screens, synthetic tarps and neon lighting.
- Even land art which is supposed to represent an awareness of the need to respect nature does not refrain from creating landscapes by way of bulldozers. It also depends greatly on photography or video to make the short-lived work last longer and to share a non-displaceable landscape with the rest of the world.

The tendency to create oversized works reflects the ego of the stakeholders and decision-makers in the world of art. That is, an ego inflated by worldwide media coverage.

This obsession with the media is not in line with the concern for environmental sustainability.

Instead, the methods and materials used in the creation of art should be non-wasteful.

In addition, there should be some humility vis-à-vis the size of a work and the space used up by the idea. Ethics that are in harmony with nature may be the answer to the problem of environmental sustainability.

The issue of art conservation usually solved with chemicals combined with the increasing number of works adds to the ecological problem. Modern "civilized" humans have fundamentally rejected the temporal dimension of their own existence.

There is anxiety about decay (wood, paper), erosion (stone), corrosion (metal), and the chemical deterioration of the materials on which images are created. These fears lead us to expend considerable amounts of energy in order to conserve and save memories since the oral method of relaying them has been long forgotten.

To sum up the reasons why artists should feel the need to be concerned about environmental sustainability, I would mention the following:

- The submission of art to the rules of the market,
- The over assessment of an idea or concept,
- The creation of a work based on technical and technological performance,
- The euphoria that comes from **always being more**: higher, further, longer, bigger, more expensive, etc...
- The feeling of omnipotence leads to a loss of stability and bearings.

Art is no longer a means of communicating spirituality, or what lies beyond our human senses (spirit, mystery, god, etc.). In order to reflect an era, art has become a tool in the race to deplete the material resources of creation. The artist is missing from the equation that brings together an idea, an object of desire and its creation by humans based on "artisanal" savoir-faire. The industrial era has increased the place of the artwork in terms of space and quantity; it has also raised the number of artists.

Returning to the notion of gigantism previously mentioned, I think that there should be a distinction made between gigantism and monumental works. For the sculptor, monumental works are the validation of his work by a group because they represent and embody the community. The "public interest" aspect of a monument lies in the fact that the group recognizes itself in the work, identifies with it, and sees itself in it. A monumental sculpture can serve to strengthen group cohesion and harmony.

Let us not consider monuments erected for the self-glorification of monarchies, dictators, or even other enterprises concerned with manipulating the masses and with propaganda, as well as those egotistical works created with the help of financial powers. I am referring to the totem, in its primitive function, from which modern monuments would do well to draw their inspiration and keep the spirit alive.

All that I have said so far leads me to my topic on how through my choices and experiences as a sculptor and photographer, I am able to suggest some possible ways to establish art practices which are eco-friendly and environmentally sustainable. A non-commercial approach to art means that it is first and foremost conceived as a dialogue with natural materials. Through these materials, a dialogue can be had that is respectful of their origin and inner mystery. Art as a hyphen between the living, but also as a link between the dead of yesterday and the living of tomorrow.

I titled my speech "The Sculpted Alternative." In other words, what interests me is not sculpture as defined in modern terms. Even though I practice assemblage and modeling, I would like to talk about the **act of "sculpting."** To be more specific, the act of creating a three-dimensional object by carving a block made of hard matter with the aid of a tool. It is a fundamental act in my approach to wood (but also to stone); my physical actions ensure that I have a balanced relationship with the material based on knowledge and respect.

I have always felt the sustainability and continuity in what is called primitive or original art, whether it is African, Native American, Pacific Islander or Inuit. I share the belief that characterizes this art as it renews a figure which is nothing more than the reflection of our renewal as humans with every new birth.

In mask-making and primitive sculpting, the reformulation of the face or body by recomposing volumes and reorganizing links represents such intrinsic wealth and sustainable energy. As a sculptor who is proficient at direct carving and the manual transformation of the matter during the creation process, I spontaneously find myself in a balanced relationship with nature. The environment does not present itself as a problem that needs solving: I adopt an attitude of respect towards life and matter.

When I start my work, the **tree** is present. Before anything. Not an anonymous wooden material that comes from an industrial process: just **the tree**. I might be interested in a beam only when it has lost its anonymity, when I can feel that it has had experiences filled with history (erosion, traces of previous work which have become an integral part of the object).

The dead tree therefore is the starting point of a work. Most of the time, it is inverted to confuse any references to it, to free it from the weight of culture or from a more or less conscious ideology or religion (Christian or anthropomorphic references). I also have to break away from the tree's trajectory which could prevent me from freely channeling my energy and force me to follow nature's orders. The inversion of the tree also leads me to a reflection and a work on the roots. I do not want to colonize the tree; I also do not want to submit to it: I am in search of an attentive relationship, a relationship with constructive dialogue.

In starting with the tree, I am not starting with nothing. There is no neutrality in the material. Its history has a strong presence and I have to use it to create; I have to include it in my process. This history guides me and also puts me in my place as creator/transformer. I want to be humble before the tree and its history which represents the ancestor. Who am I before the trunk of a 300-year old olive tree? The tree creates a connection between me (ever-changing) and the land (from which I come). It is at the origin of what I am and is linked to what I am going to be by transforming it. I am therefore following the tradition of transmitting and relaying the message, which combines life and death, vanishing and renewing.

Part of my work on wood is entirely focused on developing research on the mask, the totem, the symbolic and statutory object. In short, it is embracing the heritage of a primordial, radical, and deep-rooted perception that makes it possible to embrace the intermediary function of the art object in its sacred dimension. This is, of course, without letting myself be wrapped up in any kind of dogma or tradition. It is obvious, in this regard that I do not share the same relationship with culture and tradition as does an African, an Inuit, a Pacific Islander, or a Native American.

Having been born and raised in Europe, my relationship with my origins is essentially an imaginative introspective. I try to give an object a relevance that is linked to the deeper meaning it has been given. Dialogue with the tree requires the respect of the living (even dead). The tree, by nature a slow grower, for example, the olive tree, the juniper, holds history and has lived through changes in weather, has seen thunderstorms, heat waves, snow, lightning, dogs peeing on it, lovers enjoying its shade or engraving their names on it, desperate people hanging themselves on it, birds building their nests on it, passages dug by ants whose presence also influences my work as a sculptor.

My approach is similar to that of jazz in its improvisation (exploring the material), in the way it combines renewed shapes, and in the links between re-explored volumes. I want to be able to express myself freely, just as much as I would like free interpretation of the work.

I would like to relate this to my **Metamorphoses** project[1], which I have just learned has been supported by the Languedoc-Rousillon region in France and which presents sculpture as an act that liberates energy and enables expression (by the artist and the history-rich materials). This, therefore, leads to a movement where the object is continuously being renewed and as a result, it generates different impressions and interpretations (added by photographic, musical and choreographic interpretations by other artists).

To round up my suggestions as an invited artist, I also have to speak to you as a photographer. Since I started in this profession, I have always been concerned about incorporating nature's language into mine. My first exhibition was titled "Paris par les arbres" (*Paris Told by Trees*, or, *Paris, from tree to tree*). After that, through research on reflections and shades, I tried to explore the abundance of the direct manifestations of nature's language and natural light.

By adopting old techniques such as the collotype process with paper negatives, which are slow, and thereby, infuse time and life into the image, I committed myself to composing images bursting with life as well as "still life" masks created from bones, plants, fossils, and other elements found in nature.[2]

With these assemblages, I tried to express mythical ancestors and civilizations for which I invented rites to make up for the spiritual void, which I think is a handicap of our time and our so-called developed societies. This limitless development, be those limits material or moral, leads us today, during this conference organized by the African Literature Association, to be concerned about "environmental sustainability" and the contribution that art may make to its future.

In conclusion, I would say that my philosophy as an artist—a sculptor—seems to be linked for the most part to my African origin. Due to my multicultural background and the interpretation I have made of this multiculturalism, I have had to grasp my origins and summarize them so that I may feel whole. For me, Africa is a source and a guide through the diverse shapes and cultures that I have gotten from it, as well as through the spirituality that I have inherited from it (Voodoo, animism, polytheism). The fantasy translation that I have created from this heritage has developed my relationship with nature and with what renders it sacred and a natural mediator of creative and mysterious energy.

I strongly believe, as an Afro-European and as a citizen of a "rich" or "developed" country, that without integrating the principles of moderation and respect in our use of nature—as practiced by ancient peoples—our societies' development cannot be sustainable.

I am glad to have in my mind the awareness and in my hands the means to express through my art the precious heritage of a desire to be free and demand of respect. The formerly living sculpted (wood) and the history-filled scraps (recovered materials) which have been assembled do not have to deal with being newly produced. They embody recycling—a second life. They express the belief in re-composition and the vital dynamics that stem from it. This is what I believe in and this is what drives me and gives me the desire to speak on the richness of what surrounds me. Whether it is here or someplace else, through my words or through my work, or even through classes and teaching, all I can do is try to pass on these values.

Before I leave you, let me share a few luminous moments taken during photography walks in nature: bursts and surges, movements, vibrations, shades and lights that spoke to me and that I hope will speak to you too.

Thank you for your kind attention.

Jean-Gilles Quenum. Auzon, March 4th, 2010.
Translation by Olga Adande Simpson and Finagnon Simpson. Reviewed and updated by Moradewun Adejunmobi and Jean-Gilles Quenum.

Notes

1. At the end of his talk, Quenum presented a slide that illustrated that point.
2. During the slide show, Quenum linked his two mask series: Meru Mask and the ancestral masks.

SECTION 3

—

THE AFRICAN ENVIRONMENT: ECOCRITICISM ON THE CONTINENT

PLAYWRIGHT KOSSI EFOUI RECYCLES: *RÉCUPÉRATIONS* AT THE CROSSROADS

ELIZABETH APPLEGATE & JUDITH G. MILLER

Kossi Efoui is one of a growing group of transnational African playwrights, who, based in France, moves with his theatrical productions between Europe, Africa, and many other production sites in the rest of the world. We can place him with those African playwrights who, in the words of John Conteh-Morgan, "inhabit and explore the interstitial spaces between cultures and nations."[1] Having won the prestigious R.F.I. prize for best new play in 1989 (entitled *Le Carrefour* or *Crossroads*) while still a philosophy student at The University of Bénin in Togo, he moved to Limoges, home of the Francophone theatre festival, for a year-long writer's residency in 1992. He never looked back. (His move to France also spared him more prison time in Togo for his outspoken opposition to the government.) He has written some twelve plays, six collections of short stories, and four novels,[2] all of which are characterized by his own form of Rimbaldian esthetics and his skepticism of both authority and the latest high-tech iteration of what has been called "the society of the spectacle,"[3] one, as he puts it, where "one consumes truth as though it were cotton candy."[4]

His theatre challenges a world that would impose strict categories or easy definitions. Many of his plays, and not just the first groundbreaking one, are set at a crossroads, a kind of no-man's land that is the site of both desolation and potential. As in his own Ewe culture, this crossroads represents at once the space of life, of choice, and of confrontation—but also of sacrifice. It signals death that might, however, also make possible rebirth to something better.

In this liminality, characters meet; destinies cross: but no one moves out of the "X" in which each confronts the other's irreparable loss. Figures, rather than psychologically nuanced representations, Efoui's characters have suffered torture, abject poverty, and oppression. Playfully, aggressively, and sometimes desperately, they serve as each other's enemies, adversaries, and objects of desire, verbally engaging with one another in search of stability and, perhaps, redemption. Redemption, however, proves impossible or at least out of reach.

As critic Sylvie Chalaye comments, Efoui's characters look for themselves in "the other's eyes and they drown."[5] Their exchanges consist of threats, vague references to past trauma, repetitions, and word games. Rather than communicating information or advancing a narrative, dialogue circles back on itself, always leading to the same place of despair, like the crossroads of his first play that is, in fact, a geography of dead ends. A hodgepodge of references and narratives represent a world that cannot be grasped. Efoui thus strips language of its myth-making power, showing that the stories we tell are always constructions and suggesting that reality is unrepresentable and communication nearly impossible.

In plays such as *Le carrefour* and *La malenventure* (*The Misadventure,* 1993), characters disconnect from their personal and political history. A tyrannical power seems to manipulate their every move. While an artist named "le Souffleur" (the stage prompter) runs the show in *Le carrefour,* in *La malaventure,* a puppeteer ("le montreur des pantins") controls the characters' descent into death. Yet in both plays, the structure of *mise en abîme* closes off a decisive ending: Perhaps the tyrants are themselves only products of someone / something else's meddling. Efoui englobes the whole in the theme of illusion, in his mistrust of all forms of representation and all distractions that exist to paper over the void. Efoui's plays consequently deny the spectator clear answers; they communicate a profoundly ambiguous worldview. Meaning shifts and nothing is certain.

What is certain in his theatre, however, is the way he pieces together in juxtaposed layers fragments of stories and myths that both intrigue and disconcert. This is no more apparent than in what is arguably his best work, his 1992 play *Récupérations,*[6] whose polysemic title suggests not only recycling but also several other possible meanings. For "*recuperation,*" which *can* be translated as recycling, can also be translated as co-opting or using for one's own gain; or recovering one's strength; or collecting or gathering; or recovering what has been lost. Indeed, the question of what it is possible to recover, and what remains lost is central to Efoui's work. And while his theatre displays the impossibility of certainty, it also promotes the possibility of remixing and reassembling. Such a notion of recycling (or collecting and reusing imaginatively—through assembling—bits and pieces of oral culture and social commentary) proves to be an especially good introduction to *Récupérations*.

At the start of the play, the spectator is on familiar grounds of denunciation and wild satire, reminiscent of Sony Labou-Tansi's work—his productions being perhaps the greatest influence on contemporary West African francophone theatre. Efoui tackles in *Récupérations* how the media recuperates real poverty in order to sell its own pre-packaged catastrophes. The opening scenes skewer the exploitative television program "La Voix" or "The Voice"—a program that purports to speak for all the disenfranchised people of the world. As the cynical journalist Hadriana Mirado says, "La Voix" represents live "death's children, from Vietnam to the slums of Manilla, from Ethiopia to the Sudan..." (7). The station takes advantage of the government's plans to raze the settlement for public health reasons, and decides to film a report about the life of those who live in the shantytown, ironically called "Du côté de chez Dieu," a name that might be translated as "God's House." This report, Mirado brags, will be filmed "en bon français" (in good French) and even translated into Spanish, English, Russian, Esperanto; in brief, "all the recognized languages"—the implication being, of course, that neither African languages nor the "accented" French (from a Eurocentric perspective, of course) that the residents speak is adequate (8). Moreover, "good French" she reasons—and, even better, translation into English—will encourage the sending of even more international aid.

Speaking *for*, that is to say in place of, the residents is exactly what the journalist does. Though some try to tell their stories, the journalist (and the camera) interrupt, cut, and distort. So-called European experts, holdovers from the colonial past of a recognizable Togo, are brought in to be interviewed. We hear from the self-satisfied Doctor Otto Kopf, whose association "Tous pour Eux" ("All for Them") is motivated by "humanism, humanism, humanism," that he aims to bring to disfranchised people the "same affection that we have for our dogs, our canaries, our parakeets" (15). The slick novelist Germain Leduc ("Call me G.L.") weighs in, promoting his best-selling novel about the shantytown. Inspired by the "crude poetry" of the place, G.L., whose name evokes the fake gold jewelry prized in Bénin and Togo, wants to show that it is "in the most difficult conditions that one finds happiness, in all its magnificent simplicity" (37). Leduc imbues his representation with a laughably feel-good message: One of the fictional residents wins the lottery at the end of his novel.

These guests help the journalist Mirado—whose name derives from the Spanish verb "to look" but also recalls the destructive French Mirage army jets—to construct an artificial, false portrait of the residents, one easily comprehensible and digestible by the television viewers. We are in just another "African spectacle," where the characters are to be looked at as though in a colonial exposition. Like these images, the T.V. shantytown is also false: It is a set constructed to imitate the real "Du côté de chez Dieu," but it replaces the junk with shiny new pots and pans. In the inevitable ironical logic of the play, while the television cameras direct attention elsewhere, the residents' actual homes are, in fact, bulldozed. Thus, by co-opting for its own use the tragedy of the inhabitants of the shantytown, the T.V. news program sets up the inhabitants to be displaced and possibly destroyed.

The destruction of the shantytown—itself a kind of garbage dump, a series of lean-tos and "repo" heaps—the news of which ends the play, is the final insult to a community of people who have been wrung out by poverty and degradation. The residents' only means of survival are debased or hopeless: Mama-Keta, a former salt-vender, is a child trafficker. Moudjibate, a former teacher of French, now works as a prostitute, and her husband Séfa, also a former teacher, has collapsed into alcoholism and madness. The flower-seller Keli sells his creations outside the shantytown, because there is no room for beauty in "Du Côté de Chez Dieu." The character Dieu/God himself displays cold pragmatism, his name both ironically bespeaking his role of "all-powerful" in the shantytown and invoking a universe in which the absence of God is filled by himself, a false god. A powerful pimp, Dieu knows how to exploit the energies of others for his own gain, "recycling" desperate people into new roles. Dieu says of Moudjibate, "I was the one who had the idea to put her on the market... Gotta know how to take advantage of everything. A former school teacher who doesn't do a thing with her head but teach poems to her child can be recuperated, recycled. Those breasts—less worn out than a pair of old tires—I sell them for 2000 francs..." (24).

Although the abject situation of the residents, whose names reach from one side of Africa to the other and even conjure up Asia, is easily interpreted to show a kind of Afro-pessimism, the ambiguity of the characters and the ever-shifting references evade easy definition. Slowly the characters emerge as not merely the victims of a globalizing economy and information networks but also as energized vortexes of creative expression. The play is punctuated by bits of poems, biblical quotations, unfinished stories, and cryptic refrains, the meaning of which are never resolved, but which pull the reader or spectator into a series of different frames of reference. For example, the shantytown's name—which we could also translate as "God's Way" in a wink to Proust's novel *Swann's Way*—playfully alludes to this central Western classic of literary modernity, though the novelist G.L. willfully ignores the connection and though the functioning of memory, so key to Proust, has gone haywire. The character Dieu constantly quotes from the Bible, drawing on his schooling as a seminarian to evoke a life where suffering can lead to redemption, but using the quotations to justify his own manipulative behavior. His Christianity floats in waves of nostalgia.

The ambiguity of these sometimes contradictory cultural references is incarnated by Séfa, Dieu's brother and Moudjibate's husband, who slips in and out of scenes, asking everyone, "Which side of life are you on?" (9) He wonders if he inhabits the land of the living dead or the barely living. He and his child Yen Yah exchange nonsense songs and words, experiencing the transgressive pleasure of flying in the face of linguistic conventions. While Séfa's madness shows the destructive effects of poverty, it also allows him to be outside of the closed system of representation reinforced by the television cameras, and from which no one else can escape. At the end of the play, it is Séfa who erupts onto the scene, announcing that the residents' real home has been bulldozed, while they have all been performing on the simulacrum of the shantytown. "I had predicted it!" Séfa bellows, recovering something of the dignity he had lost (41).

Yen Yah, the child, seems to be under the tutelage of Dieu and of Séfa at once. Though he is the only one to really communicate with Séfa, he also listens intently to Dieu, who tries to teach him to cast aside his books in favor of the hard truths of survival: An orange is worth more than a book because it can be consumed. Yen Yah dutifully recites Dieu's catchphrase: "I have an orange and I eat it," reflecting Dieu's coldly realistic philosophy (29). The child flits between the pragmatism of Dieu and the inspired madness of Séfa, mirroring the ambiguity of his parentage, his heritage, and his future. Dieu may pimp and sleep with Yen Yah's mother, Moudjibate, but he also declares with real feeling to Yen Yah, "You are my son!" Quoting from Psalms 2.7, he adds, "I engendered you today. Ask me and I will give you the nations as a heritage" (27). Dieu would seem, nevertheless, to want to rebirth Yen Yah to a world less pure and utopian that the one he cites, one, indeed, that Yen Yah might be asked to save.

While Dieu and Séfa represent two ways of confronting the absurdity of contemporary life, Yen Yah oscillates, jiving like Muhammed Ali, whom he wishes to emulate: "What a boxer! Go, Ali, go! You're a butterfly, Ali. You fly, you sting, you come back for more. Your left, left, left! Your footwork, Ali, your footwork.... And me, I dance and I massacre" (27). Yen Yah is always moving, taking what he needs, making do, dancing on the brink, gathering back his strength for the next battle of survival. Like Muhammed Ali, who after his triumphant 1974 match in the Congo came to represent black pan-Africanism, Yen Yah has the concentrated energy to confront death and laugh at it.

At the end of the play, when Séfa interrupts the staged newscast with the real news that the shantytown has been bulldozed, Yen Yah's fate is unclear. There is chaos on stage: Moudjibate collapses, Dieu advances menacingly towards the journalist, and Yen Yah cries out, seemingly to anyone who will listen, "Take me with you! I learn quickly" (41). Although this cry demonstrates Yen Yah's resourcefulness, the image of the lost, unclaimed child is also profoundly disturbing. The reader or spectator does not know what to think about Yen Yah's future, and what his future may say about the future of his community, and indeed of Africa, a future that he, the child, obviously symbolizes.

An initiation tale begun but interrupted then continued illustrates the fragmented space of community ultimately conveyed by Efoui at the end of the play. This tale, the story of the child with the flute, is told by various cultures emanating from West Africa, including by Sanan people of Burkina Faso; by the Ewe of Togo, Efoui's own people; by West Indians; and by Aluku runaway slaves in Guinea. It tells of a young boy who disobeys his elders both by refusing to guard the cornfield against the monkeys and by playing the forbidden third note of his three-note flute. This note summons a terrifying and tremendous power, who in the play is called the Rainbow Serpent-Goddess, an amalgam of the cosmic deities who represent renewal, fecundity, sexual potency, and metamorphosis.[7] In the tale, the child runs away from the goddess and is finally saved by a powerful man of his society. Ethnologist Vincent Hecquet informs us that the meaning of the tale varies according to the culture where it is located and slight inflections in the telling. In the Sanan story, the carelessness of the child's mother and co-wife are emphasized; the West Indian version praises the child's cunning; and the Aluku version highlights the courage of the man who intervenes.[8] In Efoui's play, the character Yen Yah, while telling the tale takes over the role of the disobedient child. He is about to be lost to the goddess when all the action is cut by the news of the shantytown's demolition.

Efoui's use of the tale is particularly intriguing in how it resonates with the multiple meanings of "recuperations." First, it calls attention to or recovers the "traditional" systems of making meaning in African culture, in which storytelling serves the important function of communicating the values of the community and of solidifying the collectivity. Thus, the tale is told collectively by the residents of the shantytown, who take turns adding to the narrative, recreating a sense of community as they move the tale forward. This is only the second time the community acts together, the first being a ritual enactment of what happens to them when Séfa becomes violent during the full moon. Both of these moments—the tale-telling and the psychodrama—refer to a vision of past cohesiveness that has been lost.

Second, while the tale's meaning seems to slip and wander, Yen Yah's ability to feint and dodge throughout this slippage also posits the hope that he has found the right strategy that will allow him to survive, if not thrive. He recuperates his strength. We are told that the tale itself wanders off, missing its meeting with the community: "In the beginning, the tale set out peacefully, wandering through the streets, believing that everything was fine, that it would find everything everywhere" (39). However, night falls, the tale has not yet arrived at its destination and has to improvise. Hence it hastily grabs a flute and a boy and "invents a lie" (39). Efoui shows us through this personification that the tale is no longer able to structure meaning in society, but must be relegated to a space of constant, sometimes incoherent, invention. Without significant social power, the tale, nevertheless, still has the force to attempt to refashion the world. The memory of what tales can do, of what tales once did, persists. Yen Yah, who, as the stage directions tell us, is the child "of all," and thus an embodiment of what comes next, has the opportunity of recovering this memory to help restructure his future. Will this opportunity save him from the powerful forces wreaking havoc in his world?

Though there is no clear answer to be found, the esthetic of Efoui's play seems to offer a provisional response. Movement, improvisation, *bricolage* are valued over static, fixed forms of meaning. Instead of the stare of the television cameras, Efoui gives us a Muhammed Ali in the making, a character who bluffs and doubles back, refusing to stay in one place. We are clearly in the poetics of *marronage,* or subterfuges, ruses, detours, and constant flight, as theorized by Edouard Glissant in all his writings from his novel *Le quatrième siècle (The Fourth Century)*[9] to his most recent treatise on the *Philosophie de la relation (Philosophy of Relation.)*[10] We are also in the same esthetic as that of another

Ewe artist, the Ghanaian sculptor, El Anatsui. Coming from a family of weavers, El Anatsui understands well how material culture can give form to the story of a community. Since the 1980s, his favorite technique has been assemblage, what one could also call recycling. He gathers and re-imagines rusted, damaged objects that have been thrown away, and he gives them new form and new life. The best known of his creations, at least for New Yorkers, is the magnificent woven, or rather sculpted cloth, made of slices of tin cans, that is exhibited at the Metropolitan Museum of Art.[11] The results of El Anatsui's work are life enhancing, funny, and enchanting, in this case, a kind of magic carpet permitting us to see differently our rapports with the world, just as Efoui's theatre allows us to think differently about how we put together our stories.

Like earlier prose writers before independence, African playwrights of Efoui's generation, such as Koffi Kwahulé or Caya Makhélé, have often been called "entre deux" – between two cultures, between two systems of meaning. They have been treated as hybrids or as purveyors of fragmented systems of identity. Critic Sylvie Chalaye evens sees them as Frankensteinian monsters, putting themselves together from pieces borrowed or scattered - but, unlike Frankenstein's monster, enjoying living in the mess.[12] Whereas African-born playwrights of the 1950s and 1960s, such as Bernard Dadié, often based their works on European theatrical models, and playwrights such as Werewere Liking and Zadi Zaourou of the 1980s frequently rejected those models in favor of African rituals and traditions, playwrights starting from the nineties on tend to glide between anything that could even be considered a system, refusing to be confined by any one tradition. They prefer, often mischievously as in the case of Koffi Kwahulé, to cite diasporic traditions from the Americas, for example jazz, as more central to their work than neoclassical notions of exposition or development or African performance patterns such as call and response.[13]

These "new African playwrights," as Chalaye calls them, abhor any attempt to pigeon-hole their theatre as "authentically African." As Efoui reiterated in several interviews with her: "Africa has an appointment elsewhere."[14] "No more feather skirts and tom-toms!"[15] Nevertheless, despite their rejection of essentialist criteria, these writers all do engage with what it means to be African, even if it is only to destabilize any permanent definition. Moreover, their literary acumen is such that they speak, through anchoring their plays in central African characters, to all of humanity. Yet they recognize that their theatre is caught in complicated reception fields, depending on whether it is performed in Europe, America, or Africa. But, regardless of where performed, these pieces cause their audiences to work towards understanding, to think as "cosmopolitans," as Kwame Anthony Appiah says, when he explains: "Evaluating stories together is one of the central human ways of learning to align our responses to the world. And that alignment of response is, in turn, one of the ways we maintain the social fabric, the texture of our relationships."[16]

Récupérations plays with the different systems of references invoked by its position of in-betweenness, refusing to settle on optimism or pessimism as a final message. Instead, the play conveys a powerful regenerative force, which is communicated not only by the scrappy resourcefulness of the residents, but also by the construction of the play itself, which, as we have suggested, is a kind of playful riffing on different systems of meaning and on different ways or angles from which to approach the problems bedeviling Africa. A kind of literary ecologist, recuperating narratives, images, and symbols from many cultures, Efoui puts together a patchwork of recycled images that add up to more than the sum of their parts. It is this cobbled together aesthetic, this refusal of absolute certainty, that allows Efoui's work to court despair without crumbling into utter pessimism.

Notes

1. John Conteh-Morgan with Dominic Thomas, *New Francophone African and Caribbean Theatres* (Indiana, 2010), 160.
2. The published theatre texts of Kossi Efoui include: *Le Carrefour* (Paris: Harmattan, 1990), *Récupérations* (Brussels: Lansman, 1992), *La Malaventure* (Brussels: Lansman, 1993), *Le Petit frère du rameur* (Brussels: Lansman, 1995), *Que la terre vous soit légère* (Paris: Le bruit des autres, 1995), *Happy end* (Paris: Actes Sud Papiers, 1997), *Le corps liquide* (Brussels: Lansman, 1998), *La ballade, des voisins anonymes* (Paris: Paroles d'Aube, 1998), *L'entre-deux rêves de Pitagaba conté sur le trottoir de la radio* (Paris: Acoria, 2000), *Concessions* (Brussels: Lansman, 2005).
3. Guy Debord, *La société du spectacle* (Paris: Editions Champ Libre, 1983).
4. Kossi Efoui, at the conference "Le Théâtre de Kossi Efoui: une poétique du marronnage au pouvoir" at the Dapper Museum in Paris, February 12 and 13, 2010. Translations from Efoui's French here and elsewhere are our own.
5. Sylvie Chalaye, "Kossi Efoui: rencontre et points de suspension," *Nouvelles dramaturgies d'Afrique noire francophone* (Rennes: Presses Universitaires de Rennes, 2004), 50. Translations of Chalaye are our own.

6. Page numbers of citations of this play will be found in parentheses. Translations into English are our own.
7. The Rainbow Serpent Goddess of the play has much in common with Mama Wati, the water spirit of many cultures in West and Central Africa. Mama Wati often appears as an amalgam between woman and serpent and has both life-giving and destructive powers. See Philip M. Peek and Kwesi Yankah, editors, *African Folklore: an Encyclopedia* (New York: Routledge, 2004), 236-238.
8. Vincent Hecquet, "Littérature orales africaines," *Cahiers d'études africaines* 2009: 195. 22 Sept. 2009, 20 Jan. 2010. http//etudesafricaines.revues.org/index14052.html.
9. Edouard Glissant, *Le quatrième siècle* (1964; Paris Seuil-Gallimard, 1997).
10. Edouard Glissant, *Philosophie de la relation* (Paris: Gallimard, 2009).
11. For more information on the artist, see John Picton, "El Anatsui," The *Poetics of Cloth: African Textiles/Recent Art* (New York: Grey Art Gallery, 2008), 50-51.
12. Sylvie Chalaye, *Afrique noire et dramaturges contemporaines: Le syndrome Frankenstein* (Paris: Editions Théâtrales, 2004), 11-14.
13. Sylvie Chalaye, "Contemporary Francophone Drama: Between Detours and Deviations," *Yale French Studies* 112, (2007), 145-156.
14. Quoted in Chalaye 2007, 149. Original source: Chalaye, "Interview with Kossi Efoui," *Afrique noire: Ecritures contemporaines d'expression française, Théâtre/Public* 158, (Gennevilliers, 2001).
15. Quoted in Chalaye 2007, 149. Original source: Chalaye, "Le théâtre de ceux qui vont venir demain," preface to *L'entre-deux rêves de Pitagaba* (Paris: Acoria, 2000), 3.
16. Kwame Anthony Appiah, *Cosmopolitanism: Ethics in a World of Strangers* (Norton: New York, 2006), 29.

READING TESS ONWUEME'S *WHY THE ELEPHANT HAS NO BUTT* AS LITERATURE OF THE ENVIRONMENT: MELDING AFRICAN EXPLANATORY FOLKTALE AND STRUGGLE AGAINST GLOBAL INEQUITIES

Ada Uzoamaka Azodo

> If you want people to act on climate change, don't just teach them about impending catastrophe and emerging technology, but also help them to hope for a better world.
>
> – Peter Satwell

> If you want to build a ship, don't drum up people to collect wood and don't assign them tasks and work, but rather teach them to long for the endless immensity of the sea.
>
> – Antoine de Saint-Exupéry

Philosophical insights into human problems can lead to the construction of a better world for all, a world free of the present wanton violence, inequities, and injustices with their correlations in the abuse of the environment. This essay will explore this idea through the reading of Tess Osonye Onwueme's *Why the Elephant Has No Butt,* a veritable modern-day globalization of an Igbo explanatory folktale, which folktale by its very nature seeks to explain the perceived phenomena in the community, in order to entertain on a first level, but then on a second level, and, more profoundly, to instruct. This paper will employ the part-theoretical and part-empirical negativism espoused by two eminent international geographers, H. J. de Blij and Peter O. Muller in *Geography: Realms, Regions and Concepts,* as a backdrop against Onwueme's optimism in *Why the Elephant Has No Butt,* according to which individuals and societies can make real changes in their lives with a little bit of imagination, creativity, and hopeful awareness. Indeed, the poor and have-not nations of the world are in the stranglehold of the rich and have nations who refuse to let go at all costs (Azodo: 1999: 402),[1] yet in a changing world, one can hope for a better tomorrow, for a reversal of fortune. To wit, the Environmental Law of the Goodwill Forest of all times cannot be broken with impunity forever, if the oppressed would nurture and cultivate imagination, band together in solidarity, with persistence and resilience, to throw off the shackles, the yoke by which they are bound. A new dawn of give and take, peace and harmony, and unity and strength will become possible when people abandon the age-old opportunistic emotion of fear, recognize their common humanity, and address numerous pending issues in their lives. These are some of the core ideas of Tess Onwueme's *Why the Elephant Has No Butt* that this study intends to explore, a tale that is deceptively simple because it talks about the animal world, yet is really an in-depth analysis and interpretation of the human world today.

In a style reminiscent of George Orwell's *Animal Farm,* a political allegory cum satirical fable at the heels of the WW II in which an omniscient narrator makes observations without direct comments, Tess Osonye Onwueme's *Why the Elephant Has No Butt* features Mother Turkey explaining to her children how the mighty Elephant had his behind chopped off after he lost a race with the wily Tortoise. Who the Elephant, the Tortoise, and all the other animals of the folktale are—Hyena, Lion, Sheep, Goat, Chicken, Ant, Owl, Pig, Horse, and so on—would be left to the reader to conjecture. Suffice it to say that Mother Turkey narrates to her children the beginning of the trouble between the two animals, inferring that the odds were not equal. Hence, it would be a novelty that the small and smart Tortoise could outwit the big and oppressive Elephant after a life-and-death struggle. According to Mother Turkey:

> The trouble started when the great Elephant was caught smoking a cigarette, which was a most serious offense against the Environmental Law of Goodwill Forest. But it was not the mighty Lion who caught the great Elephant smoking. NO! It was the tiny Tortoise... the Tortoise... caught him in a very bad spot... a corner of the toilet! This is the Goodwill Breaking News! At once, the Rooster's voice slashed the air, cutting through the thick silence that had bound their lips since this smoky rumor broke. Immediately, the news spread fast like a wildfire in Goodwill Forest. (2)

First of all, right there in the lines of the excerpt is an abuse of the environment by the smoker, along with power relations between the big and the small animals, not to mention the dynamics of communication between the rich and the poor, the powerful and the weak, and the nice and the ugly. The rich talk to fellow rich on a different level than they do to the poor, who in their own turn communicate with their kind on a different level than they do with the rich. Finally, there are filthy spaces deemed akin to the poor situation of the poor, whereas the nice, clean spaces are reserved for the rich. The rich sometimes saunter into the ugly spaces of the poor to commit havoc and mayhem, leaving the law to think the crime was committed by the poor. That is just what makes it all the more annoying to the rich that the small animal should catch the big one red-handed in the poor space committing an infraction. The big one can no longer put it on the poor. The rich now will also have to answer for crimes they commit.

Second, *Why The Elephant Has No Butt* deals by extension with global relationships in an unfair world in which endowments are not equal, where some have more than enough, whereas others have, literally speaking, nothing. The rich discard their excesses, whereas the poor engage in daily struggle to eke out a meager living. Yet, the rich would want to be paid for what they really do not need, but which the poor could use, in the name of accumulation of capital. This is just the scenario that plays out at the beginning of *Why The Elephant Has No Butt*, when the Lion, the new King of the Goodwill Forest, insists on selling his excess hair to the Tortoise who needs it to make a wig as he prepares to run for election as the Minority Whip. In the end, this modern-day folktale is an acerbic satire of our world in all its ugliness, violence, and injustices, although told with a hearty laugh at human folly.

Third, when Tess Osonye Onwueme talks about the lower animals in *Why The Elephant Has No Butt*, she is also allegorically talking largely about human beings. The taxonomy of biologists place human beings at the head of a seven-level system of classification of species in the animal kingdom. As Homo sapiens, human phylum, class, family, genius, and species mimic those of other lower animals.[2] What is more, the history of human behavior shows that human beings have their larger and smaller animals too, their Elephants and their Tortoises, as it were. This globalized modern folktale, *Why The Elephant Has No Butt,* therefore, satirizes the human world through the lens of the lower animals, settling charts by which peace and harmony can be negotiated. What is apparent is that there are numerous possibilities, and human beings just have to choose. With struggle and determination, triumph can appear in the horizon.

Fourth, and finally, because Elephant's ordeal in *Why The Elephant Has No Butt* is structured in three phases—"And the Rain Started Beating Him," "Prize of Fame," and "Back to the Future"—I shall also correlate my study in three parts along the lines of the traditional Igbo explanatory folktale—**Start, Middle, Finish**. On the one hand, this structure at once follows the ordeal of the Elephant, from his fall from grace, through a recount of how he gained power in the first place, and finally how he was punished ignominiously for his transgressions. On the other hand, and more broadly, the structure also traces the growth of the Tortoises of this world, from their fearful present, through a flashback to how their temerity for the bigger nations was installed, and finally to their realization that they have it in themselves to throw off the shackles of their oppression, by their sheer will to do so.

The final show down between the Elephant and the Tortoise is a glimpse into the future, a sign about the possibility of a repeat in the human world of the upset in the animal world. It will be a struggle between the North and the South, the advantaged and the disadvantaged nations, and the developed and the developing nations. The major themes of George Orwell's *Animal Farm* are the danger of totalitarian governments, especially Stalinism, intelligence and education as tools of oppression, propaganda and duplicity, violence and terror as means of control, exploitation and the need for human rights, and apathy, and acceptance. What would be the strategy of protest and attack in our present world? It will be up to the reader to compare and contrast Orwell and Onwueme, and investigate the parallels in their fabled writings. Clearly, Chinua Achebe's recount of an Igbo proverb, according to which a people cannot know where they get dried unless they know where the rain started beating them, is relevant here.

But, how do I elucidate the foregoing ideas, so that the reader could better follow the arguments on the subject of this struggle between the small Tortoise and the mighty Elephant, read the have-not and have nations today? To that end, I employ the thinking of de Blij and Mueller, two illustrious international geographers mentioned earlier, who cite in the preface to the seventh edition of their monumental work, *Geography: Realms, Regions and Concept* (vii-viii),[3] James A. Michener's article in *Social Education*, "The Mature Social Studies Teacher," which posits geography as the beginning of any worthwhile understanding of the world. In my turn, I choose to cite the entire Michener article here, due to its importance to the arguments on the world power relations, ecology and environmental issues, and the necessity of culture and values systems in promoting healthy social relationships. According to Michener:

> The more I work in the social-studies field the more convinced I become that Geography is the foundation of all. When I call it the queenly science, I do not visualize a bright-eyed young woman recently a princess but rather an elderly, somewhat beat-up dowager, knowing in the way of power.
>
> When I begin work on a new area – something I have been called upon to do rather frequently in my adult life – I invariably start with the best geography I can find. This takes precedence over everything else, even history, because I need to ground myself in the fundamentals which have governed and in a sense limited human development. ... Most geography books, like most geography courses, are drab affairs and a waste of time. I have dissipated many hours looking at geographies that were not worth the reading, but when you come upon something like Preston James' speculative works on South America the philosophical returns are apt to be high. However, even the poorest regional geography is better than none at all; it at least delimits the field, fixes certain relationships, and drives the reader to a contemplation of his own.
>
> With growing emphasis on ecology and related problems of the environment, geography will undoubtedly grow in importance and relevance. I wish that the teaching of it were going to improve commensurately; most of the geography courses I have known were rather poorly taught and repelled the general student like me.

> I could make the same wish about geographical writing. It ought to be much better than it is, with more emphasis upon generalization and philosophical meaning. Television has done much to awaken the general viewer to geographical matters – but this is merely a pleasant tourism, sight-seeing. What is required is the perceptive analysis of the land and man's relationship to it. If one has this solid footing, then the television travelogue can be of enormous additional value. Without it, the television program is harmless entertainment and provides little evidence for reaching conclusion on major problems.
>
> If I were a young man with any talent for expressing myself, and if I wanted to make myself indispensable to my society, I would devote eight to ten years to the real mastery of one of the earth's major regions. I would learn languages, the religions, the customs, the value systems, the history, the nationalisms, and above all the geography, and when that was completed I would be in position to write about that region, and I would be invaluable to my nation, for I would be the bridge of understanding to the alien culture. We have seen how crucial such bridges can be.
>
> Believe me, if I were well schooled in one of these vital areas and if I had even a modest gift for writing I would have an insurance policy for the rest of my life, because we need perceptive books about these cultures. (760-67)

De Blij and Mueller are evidently concerned with distribution of land and how human beings relate to the realms and regions of the world that they occupy. They divide the world into developed and developing realms and regions. The developed realms include Europe, Russia, North America, and western Pacific Rim—Japan, and Australia-New Zealand, whereas the developing realms are Middle America, South America, North Africa, Southern and South Asia, China, the Pacific Rim, and Sub-Saharan Africa (read black Africa). Although Asians could as well protest their delineation as merely the 'rim' of the Pacific, an appellation that could draw attention to them as the land of volcanoes and tsunamis, in the case of black Africa, certain African scholars have not merely protested their definition after the arid Sahara desert, they have vehemently seen a certain level of racism in the cutting off of black Africa from white Africa up north. Of note in this regard is the Herbert Ekwe-Ekwe article, "What is 'Sub-Sahara'?" (*West Africa Review:* Issue 11, 2007), which in addition draws attention to Africa's economic woes, due to exploitation, oppression, and subjugation, what de Blij and Mueller have referred to as her "persistent impoverishment" by the West (*Geography: Realms, Regions, and Concepts* 1993: 42).

Nonetheless, despite the above erroneous identification of the black African space, our two eminent geographers go on in their next breath to correct themselves, as it were; they acknowledge the fact that world realms and regions have many and varied aspects to them, adding that the most pertinent of the subdivisions of the world into many and varied facets is that of economic geography. Economic geography, they explain, generates a set of criteria for placing countries, regions, and realms in groupings based on their level of development. They add that no region or realm of the world is therefore entirely developed, underdeveloped or developing. Hence the comparative analysis is really on the level of development, rather than on its absence.

Measures of development, they add, include national product per person, occupational structure of the labor force, productivity per worker, consumption of energy per person, transportation and communication facilities per person, consumption of manufactured metals per person, and rates of illiteracy, caloric intake, and income spent on food per person, and savings per capita (33-4). By the same token, symptoms of underdevelopment are demographic, social, and economic. There are high birth rates and moderate to high death rates, low life expectancy, high infant mortality, inadequate nutrition, poor and unbalanced diet, not to mention protein deficiency. There is high incidence of disease and inadequate health care facilities. The rate of illiteracy is high and a large number of school-age children are not in school. There is overcrowding in rural areas, and poor surface communication. Women bear a much heavier workload than men, and children are sent to work at a very tender age. De Blij and Mueller conclude:

> There can be no doubt that the world economic system works to the disadvantage of the UDCs [Underdeveloped Countries], but sadly it is not the only obstacle that the less advantaged countries face. Political instability, corruptible leaderships and elites [sic!], misdirected priorities, misuses of aid, and traditionalism are among the conditions that commonly inhibit development. External interference by interests representing the powerful DCs [Developed Countries] have also had negative impacts on economic as well as political progress of many UDCs, especially during the period of the Cold War, when domestic strife was magnified into major conflict

> when the United States and the now-defunct Soviet Union took opposite sides. Angola, Ethiopia, Afghanistan, Vietnam, Nicaragua, and other UDCs suffered incalculably as a result of such superpower involvement. (34-35)

De Blij and Mueller insist that the division of the world into have and have-not nations is largely arbitrary, for inside these worlds can be found "islands" of the other group. Indeed, there are 'fourth worlds' also in certain Third Worlds, when you talk about the poorest of the poor in these impoverished areas of the world. What the indexes of development do not take into account is the time factor, add de Blij and Mueller, because out of the dark clouds can arise, over time, a bright silver lining. Poor nations can "take off" [as did the Pacific Rim and China], and thus sustain their pace of economic development. The UDCs and the "emerging" countries can catch up too with the DCs, because the issue is not all about resistance to change and innovation, cultural heritage, resource distribution, and the environment in which you find yourself.

Indeed, historically speaking, the DCs gained a head start on the UDCs a long time ago in Europe with the Industrial Revolution, when the British Empire transformed its colonial dominions into realms for the production of raw materials and consumers of Western products as captured markets. That was the beginning of the core-periphery global economic system of capital flow that has not changed with the political independence of countries in the developing realm. De Blij and Mueller conclude: "Developing countries, well aware of their predicament, accused the developed countries of perpetuating its long-term advantage through neocolonialism – the entrenchment of the old system under a new guise" (33).

It is from these foregoing perspectives that I intend to study in the section that follows Onwueme's *Why the Elephant Has No Butt,* in order to unearth the lessons for the uplift of humanity in the present times. Indeed, all the small animals in Tess Onwueme's *Why the Elephant Has No Butt* are well aware of the division of their world into two opposing regions, one for the advantaged and the other for the disadvantaged beings. Nonetheless, the grand lesson to learn is that no condition is permanent. With effort, persistence, and imagination one can change one's destiny and fate. Moreover, great thinkers have observed the power of good literature to open up the imagination to new awareness, new realities. It is through imaginative fiction that great writers expose human beings to the complex relationships between the ecology and the sustainability of interpersonal and social relationships. What Onwueme has done is use the world of Igbo values to explore the global political, social, and economic options. A subtitle of this essay could be "From Ecology to Humanology" (my neologism here is poignant).

Ordinarily, Igbo folktales explain ideas or things in a community's environment and experience. That would explain the fact that there are as many as four varieties of these explanatory folktales. First, there are tales of creation, treating philosophical questions about origins. Second, there are folktales exploring problems of the community's code of conduct, beliefs and values. A third category of folktales accounts for aspects of customs and habits in the community. Finally and fourthly, there are tales reflecting on the characteristics and the behavior of elements in the environment, by explaining, for example, "why the elephant has no behind," "why the mosquito hunts the ear," "why the giraffe has a long neck," etc. It is this category that has given inspiration to Onwueme for the observations enshrined in her novel under study here.

In the first instance, significant is the common names of the animals that are transformed from common nouns into proper names. Hence all the characteristics of the common animals transfer to the animal bearing the proper name. Elephant thus manifests symptoms of dominance and aggression. He is every inch a bully. The wily Tortoise is clever and intelligent as ever. Even after the Elephant breaks the Environmental Law of the Goodwill Forest and loses his position of leadership, he has the effrontery not to back down from power, because he thinks his honor is at stake (5). He is not giving up power quietly, and huffs and puffs, swearing to show Tortoise who is mightier and more powerful. He pressures his wife to play advocate for his innocence (6). In the Elephant's attitude is the potential for violence against the smaller animals, because one of them told on him. But, the Tortoise stands his ground, and decides to run for his election as the Minority Whip. He thinks he needs to cover his baldness, but the Lion would not give him any of his excess hair shavings for free. As the Lion puts it in a tirade of popular clichés, "There is no free lunch in the Land of Goodwill. No system succeeds on charity, for in the spirit of capital, all that we do has (sic!) a price ... prize ...whatever" (8).

Then, there is the cynical Tortoise after his election as Minority Whip of the Goodwill Forest pretending to be himself, but running around with a wig on his head made out of the Lion's excess hair. He systematically rejects the hair of every animal in his class—rat, pig, and sheep—because they are *infra dig*. Then again, by broadcasting the news of Elephant's infraction, he turns himself into a celebrity of sorts (20).

But, it is not just the Elephant that is hurt; there are also all the other big animals in the category he represents, all those in "the smoking business" (22), as the wise Owl points out. It is only then that the small animals see the far-reaching implications of their discovery of the Elephant. Fear and anger grip them, because unwittingly they have upset the "world order." The problem now is how to put out the flame from the fire they have lit. Mother Turkey asks rhetorically: "What indeed do you say to those who make laws only to break them? And habitually too? Mother Turkey asks her child with her tongue in her cheek. The fit of hysteria that punctuated these two questions is eloquent" (23; 25).

The North-South dichotomy remains a reality, a festering canker worm, the narrative voice seems to moot. Why, for example, does the Elephant of the Conservative Party [or is it the Big 8?] break the law put in place to stem the ills of pollution, odor, cancer, bad breath, if not because he has control over capital and commerce, the 3Cs (27)? Then again, why is it the Labor Party of commoners in the South where there is untold suffering, want, and disadvantages that is working for progress, freedom, justice and equal opportunity for all (27; 37) ?

In the second phase of his ordeal, the Elephant looks back with nostalgia to the days of his power and influence, and the effort he expended to become King-President of Goodwill Forest. The people wanted a leader with physical, moral, and intellectual strength, and good leadership qualities, abilities, and values, who would preserve their values and help the children gain moral values. He had fought hard and won, and now he has lost everything, to the Lion, thanks to the Tortoise who discovered him breaking the law. Mother Turkey summarizes the Elephant's disappointment and regret thus:

> Experience tends to have that impact, especially bad and bitter experiences. They leave a bitter taste. Acute memory. That seemed to be what the Elephant was suffering from at the moment. He'd heard the doctor call it acute memory. And his loss didn't make it easier. It intensified it. Everything. The sharp pain stood out, as he stood, blocking the road to the farm and the pond. He tried to forget, but the memory nagged him. It oppressed him and then he let himself recount it to himself. Alone. (48)

Among the bigger animals in the Goodwill Forest, the Lions are rejected, because as carnivores they tend to "kill the lesser and weaker animals for meat and food." Favored, on the contrary, are herbivores, like the Elephants and the Horses, although they could occasionally crush other animals in their stampede. The Pigs are disliked, due to their tendency to be dirty. The Bear and the Dragon, fierce animals from the east, and supposed friends of the superpowers, are tricked out of the race by the Lion and Lady Hyena (53-54), through suggesting surgery for their rotten and falling teeth. Mother Turkey mocks the inherent hypocrisy thus:

> Friends, but then they keep spying on each other. Friends? Indeed! To eat, they sharpen their teeth and arm themselves with long spoons. Have you ever seen friends eating with such long spoons? Well, Friends of Development and Progress. That is what the world has come to now. We'll see how the "friendship" develops, the lesser animals said quietly to themselves, and sat back to observe the superpowers. (55)

Mother Turkey continues: with a pun on "bear" and "bare": "Needless to say that the Bear is considerably weakened, floundering and will probably remain in coma for a very long time to come since he's now totally dependent on his past enemies for bare survival" (56). The Horse is eliminated at the end of the semi finals, leaving the Elephant and the Lion to go into the finals. At the end of the day, it is a draw and the problem is how to untie the tie. The lesser animals wonder which side to support in a war of giant beasts, when it is usually the grass that suffers. According to the Chicken in a totally fresh imagery, the fish has no business with a rain-coat, adding that power mongers should be left alone to engage in their fight. However, the Tortoise counters, saying that it is dangerous for the lesser animals to just allow the superpowers to carry on without checking their actions: "We cannot give up before these superpowers. We must continue the struggle" (67). The lesser animals agree with him: "And they all sang songs of unity and hope to cheer up and strengthen their weakened union in the South" (ibid.). It was an uneven struggle in the first place between the animals of the South and those of the North. The Elephant won the marathon this first time around, and was crowned King of the Goodwill Forest. But, things would change later.

In the third phase, the narrative voice returns to the present. Elephant, now forty years old [he should really be wise now, but apparently is still not], blocks the road to the farm, as the Tortoise goes in search of food for his starving progeny. This "economic blockade causes a horrendous famine in the animal kingdom, especially for the smaller animals

(70), the narrative voice intones. Elephant is angry with himself, the world, and the Tortoise. The lesser animals have, nonetheless, some unflattering characteristics of their own, which are mooted in the subsection, "The Goat Sings the Blues" (74-82). They engage in uncontrolled pregnancies, resulting in over-population (Tortoise; Goat), single-motherhood (Pig), violence (Goat), unruly behavior (Goat's kids), and badly behaved children who talk back (Tortoise and family), over work of the womenfolk in relation to the amount of workload the men carry (Tortoise and wife, Anim), teenage pregnancy (Cat ; 97-99), infighting (Owl and Tortoise; 97; 102), injustice and institutionalized racism (Leopard and his spots (100-1).

While Anim struggles to feed the children, the Tortoise has a quiet time "puffing away at his cigarette" (79), like a veritable dead-beat father. After a showdown with his family, he finally goes to the farm to look for food. But, "the Elephant just stood there, silently, daring the Tortoise to pass" (87). So, the Tortoise, like other smaller animals, needs to get over his fear of the Elephant to proceed. Often, Mother Turkey tells her children about the Elephant, "who could boast of his most unique strength and power in the whole world," (90) who would say in his speeches: "By the power and authority conferred on me, I will silence any criminal offender. So help me God... I am the greatest! I am the most powerful animal in the world" (ibid.). The authorial voice again intervenes, adding that although war is a bad thing, because win or lose, your soul and spirit suffer from a permanent scar (92) and there is such a thing as a just war, the type that the lesser animals could wage for their dignity and integrity. Paradoxically, as is characteristic of those encircled by the enemy, the small animals turn against their own kind in a vicious cycle. They bar the Tortoise's escape route from the Elephant, because they want to watch, like Roman gladiators, "how the elephant would finally stamp 'Silence' into the Big-Mouth" (113). They mock the Tortoise for his small size and weakness, when his attributes are compared to those of the big and mighty Elephant.

The turning point, however, is when the Tortoise overcomes his fear of the Elephant, daring him to touch him, and bluffing: "You can't do nothing. You big-for-nothing bully! I... we've had enough. I will say it again and again . . ." (122) Again, he dares the Elephant to do his worst, saying: "I said that if we run a race, I will run faster than the Elephant . . . " (125) Yet a third time, he reiterates, calling the whole animal kingdom to be witnesses to the extent of his newly acquired bravery and courage, which should extend to all the lesser animals as a collectivity: "Animals of Goodwill Forest, I, Mr. Tortoise, the Royal Head of the Land of Turtles, hereby declare today that if "We" have a race contest with Elephant, "we" will run faster than him!"(125-126).

Yet a fourth time, he adds, in an apostrophe, vaunting his strength: "I...Tortoise...the King! Yes we... I am the power...I...we have the power. I..." (126; *the ellipses are mine*; also notice the change from the subject pronoun "I" to "we"). The truth is that the tortoise dares not go back empty-handed to his starving family. While he is away, his wife Anim explains the dire situation to their children, saying: "There are greater powers like the Elephant who control the law. They use the law only to their advantage... That is the way of the world. In life, there are those who make the law. There are those who obey the law. And there are those who bend and break the law..." (142)

At this point, cowardice is no longer an option in the war between the Elephant and the Tortoise, between the North and the South. A total war subsequently breaks out between the Elephant and the Tortoise representing the two camps of animals, of the opposing world regions respectively.

Tortoise and his entire family plan a strategy to outwit the Elephant by doing a relay race of all their numbers against the mighty Elephant alone (146). They justify their machination by arguing that the odds are not equal, where the Elephant is so outsized compared to the small Tortoise. Anything they do to survive and win the race, therefore, is all right and fair. They are so sure of winning that they have a victory celebration with singing, dancing, and music the night before the race (147). The Lion decides that the loser would be punished. The Ant suggests the loser would have his butt cut off (154), and the Hawk is appointed the executioner (157). The Hawk does a perfect job with his guillotine, for the elephant loses his butt, perfectly, after first losing the race, totally (166-167).

At the end, the highlight is that the Lion carries the small and imaginative Tortoise shoulder high in his moment of victory over the mighty and brutish Elephant. The narrative voice wants to know whose turn it will be tomorrow, given that one cannot be certain of anything anymore. No condition is permanent and there is no fixed tradition anymore, it says. The world is changing, and everything along with it (167).

Nonetheless, out of the dark cloud appears a silver lining; the Elephant regains his lost family after his fall, because his wife Belle and daughter Bede who had been abroad on vacation, come back home to see him at his hour of need (168).

This article has demonstrated that in our constantly changing world there is hope for new beginnings, for individuals and communities. With a little imagination and effort, one can move ahead in true progress and development. To make progress, one only needs to overcome the fear of failure. That is the truth that the small and smart Tortoise discovered in his life-and-death struggle against the mighty Elephant, thus gaining victory and triumphing over oppression and bigotry. Just as the European Industrial Revolution demarcated the world into have and have-not realms and regions, so can the developing countries agree to put their differences aside and join together in solidarity to fight centuries-old oppression and domination. This is one sure means of throwing off the shackles of poverty and want that keep down peoples of the Third World. Tess Osonye Onwueme has appropriated an Igbo explanatory folktale and employed its values to teach the world that in keeping people down you keep yourself down too. As an Igbo proverb would put it: *O ji onye n'ana ji onwe ya*, meaning that in keeping Paul down Peter also keeps himself down. Someday, the oppressed shall rise, it suggests, and they will not look back in fighting for their human dignity. The grand lesson of *Why the Elephant Has No Butt*, then, is that it is possible to restructure and improve effectively the global core-periphery economic system with foundations in inequality, injustice, and unfairness.

Notes

1. According to de Blij and Mueller in the 5th edition of their work, the countries of the periphery, therefore, confront severe problems of many kinds. They are pawns in a global economic game whose rules they cannot touch, let alone change. Their internal problems are intensified by the aggressive involvement of core-area interests. Their resource use is strongly affected by foreign influence. They suffer far more than core-area countries do from environmental degradation, overpopulation, and mismanagement. They possess inherited disadvantages that have grown, not lessened, over time. The widening gaps that result between enriching cores and persistently impoverished peripheries clearly are a threat to the future of "the world" (*Geography: Realms, Regions, and Concepts* 1993: 42; See also Ada Uzoamaka Azodo "The Multifaceted Aidoo: Ideologue, Scholar, Writer, and Woman." *Emerging Perspectives on Ama Ata Aidoo* 1999: 399-425).2. Phylum means (division or CHOREDATA), class

(mammals), species (primates), family (Hominids), genius (Homo), and species (Homo sapiens).

3. Michener: "The Mature Social Studies Teacher," *Social Education*: 764-76. In the early 1990s, I was Director of International Studies at St. John Fisher College, Rochester, New York, and so had the opportunity to teach a very popular course in International Geography that sent students abroad for foreign experience. Returning students would write a paper about their experiences and orally present them to the class. One particular year, a student had returned from Egypt. He sketched a map of Africa on the board, yet proceeded to demarcate the entire region above the Sahara Desert, and lumping it together with the land across the Suez Canal on the Red Sea as part of the Middle East. By his peculiar understanding all the five part-Arab and part-Caucasian countries of the Maghreb—Tunisia, Libya, Morocco, Mauritania, Algeria, (Egypt included as a sixth nation of the region)—were part of the Middle East, not Africa. By the same token certain erroneous scholarships have also sliced off the whole of white Africa below the boundary with South Africa as not truly part of Africa.

Works Cited

Azodo, Ada Uzoamaka. "The Multifaceted Aidoo: Ideologue, Scholar, Writer, and Woman."*Emerging Perspectives on Ama Ata Aidoo*. Ada Uzoamaka Azodo and Gay Wilentz. Eds. Trenton, NJ: Africa World Press, 1999. 399-425. Print.

De Blij H. J., and Peter O. Muller. *Geography: Realms, Regions, and Concepts (5th and 7th editions)*. New York: John Wiley and Sons, Inc., 1993 and 1994. Print.

Ekwe-Ekwe, Herbert. "What is 'Sub-Sahara?'" *West Africa Review*: Issue No. 11, 2007. Print.

Michener, James A. "The Mature Social Studies Teacher." *Social Education*. 34.8 (1970): 760-67. Print.

Onwueme, Tess O. *Why the Elephant Has No Butt*. San Francisco: Africana Press, 2000. Print.

Orwell, George. *Animal Farm*. Fairfield, IA: First World Library Literary Society, 2004. Print.

The Guardian, Nigeria. Accessed, December 22, 2010. Web. <http://www.guardiannewsngr.com/editorial_opinion/article04>

SCHEMA below depicts the *Core and Periphery* system of global economy of which De Blij and Mueller speak about in their international geography book, *Geography: Realms, Regions, and Concepts,* stating that the world economic structure is presently anchored on the global order of advantaged nations in the center and disadvantaged nations at the outpost of the wealth of nations.

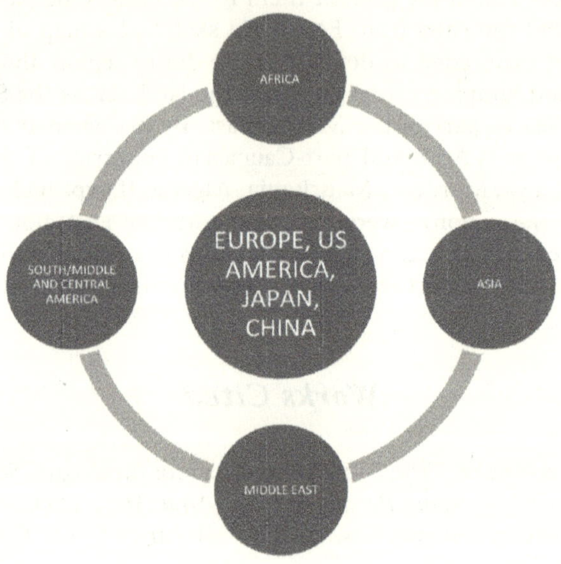

NOT OIL, BUT BLOOD: THE WOUNDED EARTH IN THE POETRY OF NNIMMO BASSEY AND OGAGA IFOWODO

SULE E EGYA

INTRODUCTION

This paper discusses the theme of nature in recent Nigerian writing with a focus on the eco-poetry of two Nigerian poets. The new Nigerian poet, especially in the last two decades, has had to confront environmental degradation and dispossession as they bear directly on the people of the Niger Delta region. Issues of the environment are becoming a dominant tenor of the socio-political engagement from which the Nigerian poet cannot escape. The central assumption of this paper is that that the question of nature—the dispossession of the earth and its people—is tied up with military despotism and corrupt leadership in Nigeria's recent past (Maier 75-142; Ibeanu 307-345). There is, therefore, a highly political undertone in the emerging eco-writing of the new writers who consider writing as a cultural response to the unending social contradictions in the society. While the essay is primarily concerned with the connection between poetry and damaged nature, and its impact on those culturally connected to nature, it will not shy away from the resonant materialist dialectics embedded in the poets' discourse. At the point of convergence, the eco-poems of Nnimmo Bassey and Ogaga Ifowodo foreground the hopelessness of a wounded people condemned to perpetual deprivation because they live in a land that produces crude oil; they depict slain bodies, destroyed soils, polluted waters, and an atmosphere condemned to gas flaring. Bassey's poems discussed here are taken from his volume *We Thought It Was Oil but It Was Blood* (2002), and Ifowodo's narrative poem "Jese" is among the poems collected in his *The Oil Lamp* (2005).

I.
For Earth and Humanity: Eco-Poetic Intervention

William Slaymaker in a survey essay "Natural Connections; Unnatural Identities: Ecocritism in the Black Antlantic" points out that literature of nature has existed in Africa since the inception of modern writing but it is in the 1960s that studies, the type mapped eco-criticism, have emerged critiquing the plight of the environment especially as a result of what he calls "modernization, globalization of markets, urbanization and population growth" (129). Slaymaker further points out interestingly that "Nigerian literature is a treasure trove for the ecocritical and literary environmentalist" (130). A cursory look at Nigerian literature will confirm Slaymaker's claim. Although Nigerian literature in English, as Slaymaker (683-697) notes in another essay, is mainly preoccupied with the issues of imperialism, social disequilibrium and corruption by the elite, there is a concern with nature beneath those so-called grand themes. Indeed, as will be explored later, environmentalism is embedded in the dominant discourse of Nigerian literature. From Amos Totuola's *The Palmwine Drinkard* (1952) to Niyi Osundare's *The Eye of the Earth* (1986), from Wole Soyinka's *From Zia with Love* (1992) to Tanure Ojaide's *Labyrinths of the Delta* (1986), and to the poetry of emerging writers such as Uche Peter Umez's *Dark through the Delta* (2004) nature has continued to engage the attention of Nigerian writers. It is, therefore, valid that in Africa, as elsewhere, the question of environment and nature as represented in the "[n]otions of 'space', 'place', and 'landscape'" (Bob et al. 22) has been an old, indeed ancient concern (Buell 2).

The mode of these writers' preoccupation with nature is evidently distinctive and may be differentiated from the manner in which writers from elsewhere concern themselves with nature and environment largely because of what Simon C. Estok calls "varying cultural valencies" (85). The idea of polyvalence in eco-writing as it relates to African literature is in fact the chief theme of Byron Caminero-Santangelo's "Different Shades of Green: Ecocriticism and African Literature" in which he argues, *contra* Slaymaker, that the definition, mapping and inclusion of African writers' concern with the environment in what he calls "ecocritical orthodoxy", outlined by the literature of the West, must take account of the "African environmental history and literary engagement" (699). Problems of the environment, for the Nigerian writer, are entrenched in the larger crisis of leadership confronting Nigeria since independence (see, for instance, Achebe 1984). In response to colonialism, imperialism, and persistent political instability in Nigeria, the Nigerian writer continues to locate his/her discourse in the cultural struggles for the emancipation of the poor, the underprivileged, the voiceless. Writing becomes an alternative political force to counter the repressive exertions of state authorities (Eagleton 20; Gikandi 1-18); the writer commits himself/herself to what Dan Izevbaye calls "ideological dialogue" (9). The concern with nature is not a shift from this paradigm but an extension of vision to encapsulate the earth on which the powerless live. Osundare's *The Eye of the Earth*, for instance, beyond critiquing the technologically driven devastation of the earth, is a strong political statement on behalf of those without a modern technology who rely both for subsistence and for pleasure on nature. The primary duty of the Nigerian writer since Gabriel Okara and Chinua Achebe is to, as it were, privilege the people's discourse, to recuperate the people's voice in a welter of dishonest, anti-human narratives, and to, with the coming of the Alter-Native tradition, explode the myth and challenge the powers of Nigeria's successive dictators (Aiyejina 112-128; Garuba 51-72; Egudu 79-92).

Eco-writing in Nigerian literature can therefore be said to have emerged through this socialist realist perspective. For many Nigerian writers, the "disruption of the landscape [the wounding of the earth] is tied to political corruption" (Slaymaker 131). This throws up the idea of ethic. Critics such as Lawrence Buell (430) and Simon C. Estok (220) have discussed the notion of ethic, that is, the eco-writer's (and eco-critic's) overt, self-professed commitment to nature. Nigerian poets such as the two discussed in this essay are not only overtly committed to the earth's predicament, they also consider their writing an act of intervention. The interventionist vision anchors the undisguised political edge of eco-writing in Nigeria. In a society populated by largely uneducated people inseparably linked to nature and natural things, where forces of destructive rapacity, disguised as modernisation, establish a regime of degradation and depletion, leaving the people helpless and hopeless, the poet's artistic venture becomes an act of intervention and struggle. This is the position of Bassey, Ifowodo, and other poets that hail from the Niger Delta.

The Niger Delta over the years has degenerated to a land of misery. According to the political scientist Okechukwu Ibeanu, the Nigerian Niger River Delta is one of the largest in the world characterised by a mesh of marshland, creeks, tributaries and lagoons. "About one-third of this area is [a] fragile mangrove forest, the second largest mangrove forest in the world" (316). Since crude oil was discovered here in the colonial Nigeria the place has suffered from the crisis of survival. This two-pronged crisis is, on the one hand, about the survival of the dispossessed, alienated people of the Niger Delta region, and, on the other hand, about the degraded soil, the polluted waters, and the brutalised megafauna and megaflora. Out of this dispossessed people and brutalised land comes great wealth that powered governance in Nigeria. At the peak of oil production in the 1970s Nigeria exported about two million barrels a day. Up till today Nigeria remains one of the largest producers of crude oil in the Organisation of Petroleum Exporting Countries (OPEC). A disturbing paradox, however, makes nonsense of the riches Nigeria makes from the Niger Delta: the cradle of crude oil is one of the poorest areas in Nigeria. Illustrating this indigence with recent statistics, Ibeanu states that

> ...only about 27% of people in the Delta have access to safe drinking water and about 30% of households have access to electricity, both of which are below the national averages of 31.7% and 33.6% respectively. There is [in spite of the degradation, the pollution] one doctor per 82,000 people in the Niger Delta, rising to 132,000 per doctor in some areas, which is more than three times the national average of 40,000 per doctor.... Education levels are below the national average and are particularly low for women. While 76 percent of Nigerian children attend primary school, this level drops to 30-40 percent in some parts of the Niger Delta. (320-321)

This deplorable condition gave rise to what we may call the first wave of activism led by the martyred writer and environmentalist Ken Saro-Wiwa. But, even then, Ken Saro-Wiwa articulated and orchestrated mostly the plight of the Ogoni people, one of the many ethnic groups from the Niger Delta. However, as Slaymaker (131) opines and as demonstrated in the book *Ogoni's Agonies: Ken Saro-Wiwa and the Crisis in Nigeria* (1998) edited by Abdul-Rasheed Na'Allah, Saro-Wiwa's martyrdom has instigated a fresh eco-literary outburst across Nigeria. Indeed, the killing of Saro-Wiwa and others across the Niger Delta, the gagging of voices that dared to speak, the brutalisation of the earth with total abandon during the military despotism of Sani Abacha, aroused writers such as Wole Soyinka, Tanure Ojaide, and other younger writers including Bassey and Ifowodo to evolve their interventionist vision, focused mostly on the class dichotomy in the Niger Delta.

The core of the issue, for the interventionist eco-poets, is the unbearable inequality in the society occasioned by the uneven distribution of the wealth from the Niger Delta, and the carefree depletion of the land as a result of ecologically unwise activities which, as Urmilla Bob et al. point out, undermines "agricultural production systems" (27). The people of the Niger Delta are mostly rural peasants engaging in farming and fishing. With the soils damaged, the waters polluted, the air invaded by permanent gas flaring, and the fauna and flora debased, the people become extremely vulnerable as Bassey and Ifowodo depict in their eco-poems. The people lose their space, their place, and their culture, because there is an organic link between the people's culture and nature (Urmilla Bob et al. 17). This condition beckons the eco-poet to duty; Bassey and Ifowodo obey this call. It is only the poet, in his dynamic lore of resistance, that can engage this chasm between the ruling class and the rural peasants characterised by a "dialectic of self and Other, indigene and exile, language and place, slave and free" (Ashcroft et al. 173), and on behalf of the earth confront the systematic destruction of soil, water and the air, the unsettling of the fauna and flora, all for the purposes of selfish wealth creation.

II.
Of Burst Bellies and Pipes: Nnimmo Bassey's Eco-Poetry

Before *We Thought It Was Oil,* Bassey had published two volumes of poetry namely: *Patriots and Cockroaches* (1992) and *Intercepted* (1998). His earlier volumes locate themselves in the mainstream of contemporary Nigerian poetry concerned with the question of power dynamics and military despotism. Like most of the volumes produced in the 1990s in Nigeria, they historicize the hardship successive military regimes unleashed on the less privileged in the society (Raji 20-35; Rotimi 125-133; Nwosu 37-50). In *Intercepted,* Bassey particularly produces an intense discourse of incarceration informed by his own experience of being arrested and thrown into jail during one of his trips out of the country for purposes of environmental activism. *We Thought It Was Oil* takes the theme of oppression to the domain of ecology, only broadening the scope of the poetic vision Bassey has set for himself. The volume is programmatic: it contains poems written only about and during his travels across the world for "meetings with community groups and other environmentalists" (8). This affords the volume the capacity to extend its ecological concerns to other countries such as South Africa, Ecuador, and Venezuela. But the most potent eco-poems in this volume establish Bassey's strong connection with the Niger Delta region of Nigeria, his intimate knowledge of what goes on there, his deep desire to be the voice of the voiceless, and his call to the people of the Niger Delta to rise against the hegemonic national government.

Bassey's title poem "We thought it was oil ... but it was blood" is evocative. It vividly captures the condition of the people, of the earth, in a simple tonal insistence and a rhythmic pattern realised in the refrain "We thought it was oil / But it was blood" (12-13). The poet identifies himself also as a victim, stretching the meaning of "we" to encapsulate not just humans, but also the earth which hurts as well, indeed, "bleeds" from the anti-human and anti-ecological activities of an implied oppressor-figure. Characteristic of Bassey's poetry, the poem begins in a happy tone from the past, when things were good, and moves to hopelessness, and to a total police state. The poet recalls the time people "danced in the street," (2) had joy in their "hearts," (3) and thought they had freedom, especially one that came with the discovery of crude oil in the land. But he is quick to contrast that image to the reality of death in a way that even jars the reader. The reader is suddenly, in this climate of joy, told of the "Three young folks..." (5) and the "Countless more..." (6) who collapse under the fires of the "Red-hot guns" (11). In a single stanza Bassey takes the setting of his poem, indeed, of his entire poetry, from its idyllic past to its horrendous presence. The telling contrast between the street dance and the reigns of the guns often characterizes the work of the new Nigerian poet, like Bassey, whose art interrogates the contradictions inherent in the society.

The constant repetition of "We thought it was oil / But it was blood" throughout the poem underpins the overall tone of the poem, and gives the theme its needed emphasis. Generally, the poem is threnodic. It pours like tears from a tortured soul or, to use the poet's metaphor, like blood from an injured person on an injured earth. The image of injury is the poet's, manifested in different forms; the injury, for the poet, is not only against flesh, but also against earth. Earth enjoys personification throughout this poem. At the core of Bassey's personifying the earth is the conflation of both the living and the non-living to achieve a unified object of oppression. Although the poet shies away from overtly depicting the oppressor, the structure of his threnody, and his metonymic constructions such as "guns," (11) "their Shells" (45; notice the capital S), and "military shields" (46) point up the image of a soldier-oppressor. The context is unmistakable: the disturbing presence of the military in the Niger Delta of Nigeria during, most especially, the Abacha junta in the 1990s to deal ruthlessly with people considered as insurgents, and protect what was considered as Nigeria's national wealth. This is made clearer when the poet says: "First it was the Ogonis / Today it is Ijaws / Who will be slain this next day? (28-30). This alludes to the killing of Saro-Wiwa and others. The other incident that comes to mind is the massacre of the innocent villagers at Odi ordered by the then President Olusegun Obasanjo in 1999. The killing sport in the Niger Delta, as the question above denotes, is unending. Each Nigerian government considered it an important duty to quench any uprising or opposition that came from there, given its strategic importance to what was considered national wealth. The poet implicitly refers to Shell Corporation, the British giant oil explorer, when he says: "We see their Shells / Behind military shields / Evil, horrible, gallows called oilrigs / Drilling our souls" (45-48). This is the poet's way of capturing the connivance between the military junta and the oil company in oppressing the rural people of the Niger Delta in the 1990s.

The strength of this poem is in the strong images of abandonment, hardship, oppression, frustration, death, and also that of hope the poet is able to realise and connect in a sustained breath of lamentation. At one point, he talks of frustration and hopelessness:

> We see open mouths
> But hear no screams
> Tears don't flow
> When you are scarred
> We stand in pools
> Up to our knees. (31-36)

The metonymic "open mouths" that cannot scream because of utter fear captures, more than anything in the poem, the police state in which the people, in spite of the destruction of their soil, are perpetually condemned. At another point, the poet is waxing optimistic, asserting that "Their pipes may burst / But our dreams won't burst" (59-60). What is implied is a reversal of victimhood: the oil companies and the military junta will turn out to be the victims of burst pipes, which spells doom for their mercenary ventures. This is prophetic in the sense that today, pipe bursting, often carried out by militants in the Niger Delta, is the bane of oil activities in the region. The poet's optimism for himself and his people is stretched here:

> They may kill all
> But the blood will speak
> They may gain all
> But the soil will RISE
> We may die
> And yet stay alive
> Placed on the slab
> Slaughtered by the day
> We are the living
> Long sacrificed. (65-74)

With the accent on "RISE," Bassey dramatizes the hope of a people who will not give up, no matter the degree of activities of the viperous and rapacious ruler. The image of blood here is strong. The double nature of this blood must be understood: it is the blood that comes from the soil as oil, as well as the blood that comes from the slain humans. It is, therefore, a symbol of waste, human and ecological.

The poem "When the earth bleeds" also depicts the destructive nature of oil exploration. Bassey in this poem approaches his subject from the angle of the earth. It reads like an elegy for the earth, because the poet successfully focuses on the earth as a victim of the destructive activities of oil exploration. There is also a running couplet, a refrain, in this poem which propels the overall tone of the poem: "*The oil only flows / When the earth bleeds*" (6-7). Because the Nigerian government must get oil to keep the economy going, because the foreign oil interests must be satisfied, the earth will continue to bleed, and those, especially the underprivileged, who engage in natural activities on the earth, must be left to perish. The plight of the earth here is also organically connected to the plight of the innocent, poor people of the Niger Delta. That is why the opening stanza presents this paradox:

> I hear that oil
>   Makes things move
> In reality check
>   Oil makes life stop. (1-4)

This implies the stoppage of the human heart, which is synonymous with death. This, arguably, literarily, has become a fact for the rural poor in the Niger Delta region of Nigeria. If oil makes life move, a euphemistic way of saying if oil brings riches, the region would have been painted in gold, because the oil produced from there, at the time of this poem, constitutes about eighty percent of Nigeria's national income. But, Bassey's angry metaphors unveil in full the negative side of oil exploration. He talks of the "thousand explosions in the belly of the earth" (8), referring to the activities that blow up earth and rocks, destroying the surface on which the peasants carryout their farming activities. He also talks of "their gas flares" (17), referring to the disturbing reality that the Nigerian government, for several years, has been unable to curtail the phenomenon of gas flaring. He also refers to the polluted waters of the Niger Delta as a result of oil exploration. The poem ultimately presents the earth's woes. And here too the earth's woes are the people's woes. The poet is specific about the location of the bleeding earth; it is Ogoniland where the people "can't even breathe" (25).

Beyond mere optimism, the poet calls the people to action. He lays out rhetorical questions to prick the conscience of complacent minds and to arouse weak souls. His call is forthright:

> Arise people, Arise
>   Let's unite
> With our fists
>   Let's bandage the earth. (33-36)

The call, according to the poet, is to "bandage" the bleeding earth, but it is also a call to mend the damaged self. If the people heed the poet's call and arise, they do so for their own benefit; they cannot afford to lose their earth, but, more pertinently, they cannot afford to lose their lives in the ongoing pollution of their lands and waters. Earlier, the poet has referred to death resulting from such pollution when he says in Ogoniland people "can't even breathe" (25). The hyperbole is instrumental to the clarion call for self-emancipation. The deeper stirring triggering this call is that the people, being denied of free air to breathe, are already pushed to the wall and must now take action if they must live.

III.
Of Ashes and Bones: Ogaga Ifowodo's Eco-Poetry

The Oil Lamp, coming after *Homeland and Other Poems* (1998), and *Madiba* (2003), further confirms Ifowodo's commitment to the question of struggles and human survival. In *Homeland* his poetic imagination is nationalist, charting, really chanting the resilience of a brutalised nation under military oppression. He is confrontational; he is revolutionary in that sense in which new poets burden their craft with the entire weight of the grand theme: rising on behalf of the suppressed. Experimenting with the sonnet form, in a sustained length perhaps unprecedented in African poetry, Ifowodo in *Madiba* principally celebrates the South African activist Nelson Mandela. Beyond that, however, he challenges apartheid and its concomitant infirmities, interrogates the very basis of humanity, and invokes what today we may call Mandelaism in a world riddled with contradictions. In the earlier collections, there is a noticeable streak of Ifowodo's concern with ecology. *The Oil Lamp* is therefore a rounded, better structured orchestration of a theme that has been a recurrent decimal in his poetry.

In contrast to Bassey's eco-sensitive poems, Ifowodo's poems, dramatizing the tension between the people of the Niger Delta and the Nigerian government, are narratives, harking back to real disasters that befell the helpless people in the late 1990s and the early 2000s. The events, each brutally confirming the chasm between the people of the Niger Delta and the Nigerian government, are the arrest, doctored trial and judicial murder of the writer and environmentalist Ken Saro-Wiwa and eight other people from Ogoniland; the 1998 fire disaster at Jesse, a village in the Niger Delta, that killed hundreds of people scrambling for fuel out of burst pipes; and the extra-judicial government order that wiped out a village called Odi in the Niger Delta accused of murdering in cold blood some soldiers who were part of the military presence in the region. Ifowodo vividly brings these events to the reader through engaging metaphors, startling paradoxes and innuendoes, and an overwhelming tone of threnody.

Like Bassey, Ifowodo writes as an activist. He also writes as an insider though his style creates a considerable distance between him and the victims. Avoiding the victim-conditioned "we," and taking a position of a story teller from the third person point of view, he narrates the events as a keen watcher, describes the people's suffering without inhibition, and offers a discourse that subverts the government's self-glorifying narrative on these events. Ifowodo's poems are not, like Bassey's poems, lyrical discourse of a dissident-cum-prophetic vision. Rather, the long narrative poems are dialogic, indeed heteroglossic and harness the disparate voices of the oppressed, even of the oppressor, laying out the story, as it were, for the reader to decide on which side of the fight to be. Like every fictive narrative, Ifowodo's poems have underlying powerful messages. Negotiating through his metaphors and exploring these messages will reveal not only the dialectical materialism powering Ifowodo's art, but also his uncompromising indictment of the ruling class for treating a people cruelly and degrading their land.

The Oil Lamp, designed as an alternative history of suffering and plunder in the Niger Delta, reads as sequenced episodes of man's inhumanity to man within a sickened architecture of nationality. The part entitled "Jese," containing fifteen sequences, tells the moving story of the people of Jesse, caught between the fatality of an inferno and the hostility of a national government. The inferno is a result of a petroleum pipe burst; specifically, it is a result of a clash between the villagers who rush to the burst pipes to scoop up petrol/kerosene and the soldiers sent to apprehend them. But, as the poet admits, there are other versions of the story: an over-excited bus driver strikes a match which falls on the burst pipes; a farmer sets fire to dry brush which extends to the burst pipes; and an old woman comes to the scene of the burst pipes with her oil lamp. However, Odiri's version, which describes the firing of a gun into the oil by a security operative, is made more credible because the poet describes her involvement in the scramble for fuel in such a way that makes her the true eye-witness. The persona tells her story from a hospital bed "whose calico sheets, gummed to her bum / and back, were the graft for slipped-off skin" (102-103). This is how she sustained her burns: "She had fallen face-up, hands in front to reach / for her daughter as the flames engulfed her" (104-105). But, more importantly, she witnessed how the fire starts:

> A full keg of kerosene on her head,
> she had stepped out of the pool, now ankle high,
> to wait until her daughter filled a buffer keg
>
> when she saw the raised arms and guns.
> The crack of trigger on hammer, her daughter's
> cries, and the shrieks of the scavenging crowd. (106-111)

This eye-witness account of how the fire begins contrasts with the account given by the government information machinery. The government information indicts the people for bursting the pipes, claiming them as acts of sabotage. This accusation is convenient, because the people have all along been clamouring for the equitable sharing of the wealth emanating from the region. Pipe bursting is, therefore, in the government's view, the worst of their subversive acts, and an expression of their insatiable greed. But, the poet earlier points out that the pipes are old, "corroded and cracked / by the heat of their burden," (42-43) a result of the government's negligence. Indeed, in contesting the government's version of the story, Ifowodo goes to great lengths to reveal the unconcerned attitude of the government not only toward the people of the oil-rich region, but also toward the soil and machineries that produce the wealth. Ifowodo presents the national government of Nigeria, led by monstrous heads-of-state, as a heartless system only concerned with making wealth and more wealth to be siphoned into private pockets.

In dramatizing the inferno at Jesse, Ifowodo effectively shows us the dual sin of the Nigerian government: the sin against the innocent people of the region and the sin against nature, that is, the earth in that region. The huge fire burns for days. The government, infuriated by what it sees as an act of sabotage, refuses to send fire fighters, and the people, in their bucolic way, cannot curtail the fire. The people, scavenging for fuel in order to allay the fourteen-month "fuel crunch," (1) are burnt to death. In the beginning of the poem, Ifowodo has shown the desperation of not only the Niger Deltans, but also of all Nigerians for fuel that they lack in spite of the huge deposits of crude oil in the Niger Delta. The Nigeria of the 1990s was a nation that suffered from untold fuel crunch due to corruption and mismanagement in government circles. In fact, fuel shortages persist till today. Thus it is out of desperation that the people scavenge for fuel when the pipes burst, resulting in the uncontrollable fire which kills them. From a smoke that "curled lugubriously" (156) to the "venomous scent of charring bones, / the dripping and drying fat of breasts and buttocks," (169-170) the intensity of the fire disaster hits the entire village. "The fire uncoiled like an infinite / cobra, stretched to the farthest edges / of a land marked by oil for double torment" (200-202). This apt image of a cobra further reveals the horror of the disaster.

The torment is double in the sense that apart from the people the land is also damaged. And it is here that the poem achieves a greater concern with ecology. At the time of the fire, the land is green, a sign of life and vivacity. The poet has earlier pointed out that the people, impelled by the fuel crunch, indeed, forced to make a choice between life and death, have resorted to cutting down the green trees for firewood. In their character, they "would not break green twigs to make a meal;" (4) but they have to survive by going against their wish. Consequently, "The forest quivered as trunk after trunk snapped, / and a nameless rage wagged green-fingered / branches in the air as they fell to the hungry axe" (7-9). But this is to be a milder havoc on the earth compared to the damage of the inferno. Ifowodo even doubts the sanity of the earth through whose belly the oil pipes are passing. It is a sickened earth which as a result rusts the pipes forced on it. In a way, the rusting of the pipes leading to their bursting is the earth's revolt against an uncaring, passionately rapacious government.

Ifowodo concentrates on the ruthless erasure of the fauna and flora, and of the waters, precious products of the earth. The "dazed rodent," (187) the "leaping frog," (186) and "the yellowing branches of rubber trees" (189) all suffer the same fate. Nature speaks up against this cruelty. The crops, personified, cry out against the defiant fire: "*It's midseason! We are not ripe! / Do not reap us! / Do not cook us!*" (205-206). The creeks and ponds also cry out:

> Take your cooking oil away
> We are not pots or cauldrons!
> Can't you see here's no kitchen
> And you burn your meal to ashes? (210-213)

But they cry in vain. The inferno is blind, and rages on through the land, through the waters, through human flesh. It consumes until there is nothing else to consume. At the end of the fire both human and natural beings have perished. The earth here has been deeply wounded, and all because it has crude oil.

Even with the disastrous burning, the government is hostile and unsympathetic. Ifowodo captures this vividly, starting from the government's first reaction to the fire to its decision after the fire. Having accused the people of Jese of intentionally setting the fire, the government publicly announces that it has nothing to do with the victims of the fire. In his visit to the fire incident, the head of state tells those alive: "*I came to see the damage you have done / and the roast dinner for me and my guests*" (237-238). He also unveils plans to get rid of the "human blight" (232) standing against government's smooth operations in the Niger Delta. He declares that there are no aids for the victims: "we must not encourage thieves and saboteurs" (258). Such reaction from the government further deepens the scars of the earth and its people. The metonymic voice of Madam Edoja at the end of the poem underscores the threnodic tone of Ifowodo's narrative: "Oil is my curse, oil is my doom. / Where are my children? Where is my husband? / Ashes and bones. Ashes and bones" (297-299). This wail coming from a totally brutalised and dispossessed woman presupposes the eradication of a people, a culture; if the children who are the future and the husband who with the woman creates the future are all wiped out, then there is no posterity. This, in the poet's opinion, is what the national government wants to achieve. The wail is, therefore, an expression of the pessimism that confronts the future. In this wail is the summation of all the destruction, both human and natural, in the Niger Delta and the echoes of emptiness in a terribly abused land whose only crime is that it is endowed with crude oil.

Conclusion

Both Ifowodo and Bassey are concerned with the fate of a land and its people, and challenge a corrupt government that has no qualms in degrading a land and killing its people who speak against that degradation. Their poetry is both an artistic documentation and an act of resistance. By their tone, the poets seem committed to struggle, and their militant metaphors, especially in the case of Nnimmo Bassey, underscore their participation in the struggle for the emancipation of the Niger Delta. Bassey's poetry seems to render the urgency of action that the people must take; his lamentation ends in defiance and a call to militancy. He accuses not only the government, but also an entire section of the country, from where the dictator hails, as being responsible for the exploitation of the earth. As wonky as this opinion might be, it may be understood knowing that for more than one-quarter of the history of its independence, Nigerian leaders, mostly despots, have hailed from the northern part of the country. They control the wealth from the Niger Delta, a degraded region in southern Nigeria. Ifowodo's narrative eco-poem, however, is better seen as a testament of a poet about a bucolic people, an innocent earth, condemned to destruction by the moneyed activities of the powerful in the society. In this society, the rich decimate the poor in order to continue being rich. Although, Ifowodo's narrative eco-poem arouses awareness and pricks consciences, his dialectic is undermined by a needling pessimism. While for Bassey, there is hope if the people rise and fight for their earth, for Ifowodo, the people are totally decimated and there is no question of their rising to fight.

Works Cited

Achebe, Chinua. *The Trouble with Nigeria*. Enugu: Fourth Dimension, 1984. Print.

Aiyejina, Funso. "Recent Nigerian Poetry in English: An Alter-Native Tradition." Ed. Ogunbiyi, Yemi. *Perspectives on Nigerian Literature: 1700 to the Present*. Oshodi, Lagos, Nigeria: Guardian Books Nigeria, 1988. Print.

Ashcroft, Bill, Gareth Griffiths, and Helen Tiffin. *The Empire Writes Back: Theory and Practice in Post-Colonial Literatures.* London: Routledge, 1989. Print.

Bassey, Nnimmo. *We Thought It Was Oil but It Was Blood: Poems.* Ibadan, Nigeria: Kraft Books, 2002. Print.

Bob, Urmilla, et al. "Nature, People and Environment: Overview of Selected Issues." *AlterNation: Journal of the Centre for the Study of South African Literature and Languages.* 15.1. (2008):17-43. Print.

Buell, Lawrence. *The Future of Environmental Criticism: Environmental Crisis and Literary Imagination.* Oxford: Blackwell Publishing, 2005. Print.

______. *The Environmental Imagination.* Cambridge, MA and London: Harvard University Press, 1995. Print.

Caminero-Santangelo, Byron. "Different Shades of Green: Ecocriticism and African Literature." Eds. Tejumola Olaniyan & Ato Quayson. *African Literature: An Anthology of Criticism and Theory.* Malden: Blackwell, 2007. 698-706. Print.

Eagleton, Terry. *Literary Theory: An Introduction.* London: Blackwell Publisher, 1983. Print.

Egudu, Romanus. "Power and Poverty in Nigerian New Poetry in English." *Okike.* 38. (1998): 79-92. Print.

Estok, Simon C. "A Report Card on Ecocriticism." *AUMLA: The Journal of the Australian Universities Language and Literature Association.* 96. (2001): 220-238. Print.

Garuba, Harry. "The Unbearable Lightness of Being: Re-figuring Trends in Recent Nigerian Poetry." *English in Africa.* 32. 1. (2005): 51-72. Print.

Gikandi, Simon. "Theory, Literature, and Moral Considerations." *Research in African Literatures.* 32. 4 (2001): 1-18. Print.

Ibeanu, Okechukwu. "Petroleum, Politics and Development in the Niger Delta." Eds: Okello Oculi and Yakubu Nasidi. *Brain Gain for the African Renaissance: Issues in Governance.* Zaria: Ahmadu Bello UP. 307-345. Print.

Ifowodo, Ogaga. *The Oil Lamp.* Trenton, NJ and Asmara: Africa World Press, 2005. Print.

Izevbaye Dan S. "The State of Criticism in African Literature". *African Literature Today.* 7. (1979): 1-19. Print.

Maier, Karl. *This House Has Fallen: Nigeria in Crisis.* London: Penguin, 2000. Print.

Nwosu, Maik. "Children of the Anthill: Nsukka and the Shaping of Nigeria's 1960s Literary Generation." *English in Africa.* 32. 1. (2005): 37-50. Print.

Osundare, Niyi. *The Eye of the Earth.* Ibadan: Heinemann, 1986. Print.

Raji, Remi. "Ibadan and The Memory of a Generation: From the Poetry Club to the Premier Circle." *English in Africa.* 32. 1. (2005): 20-35. Print.

Rotimi, Ola. "Conditions in the Third World: A Playwright's Soliloquy on His Experiences." Ed. Anyidoho, Kofi. *The Word Behind Bars and the Paradox of Exile*. Evanston: Northwestern University Press, 1997. Print.

Slaymaker, William. "Natural Connections; Unnatural Identities: Ecocriticism in the Black Atlantic." *Journal of the African Literature Association*. 1.2. (Summer/Fall 2007):129-139. Print.

______. "Ecoing the Other(s): The Call of Global Green and Black African Responses." Eds. Tejumola Olaniyan & Ato Quayson. *African Literature: An Anthology of Criticism and Theory*. Malden: Blackwell, 2007. 683-697. Print.

CONSCIENCE ÉCOLOGIQUE DANS *MATINS DE COUVRE-FEU*, ROMAN DE TANELLA BONI

RAYMOND G. HOUNFODJI

Ces dix dernières années, le monde a connu une recrudescence de catastrophes aussi bien naturelles que provoquées par l'homme et ses actions sur l'environnement. Pour donner quelques exemples, il y a la dévastation causée par le séisme en Haïti en 2010 et celui au Japon en 2011, doublé de la crise nucléaire de Fukushima. Il y a aussi la destruction massive créée par l'ouragan Katarina en Louisiane aux Etats-Unis en 2005 et qui a mis à mal la capacité de la superpuissance du monde à juguler efficacement cette crise de grande ampleur. Il y a encore les différents tsunamis cycliques sur les côtes asiatiques du sud et les lots de misère et de grincements de dents qu'ils causent aux populations. Contingents ou non, ces phénomènes écologiques ont attisé et continuent d'alimenter d'intenses débats au sein de la communauté scientifique mondiale et même chez les politiciens.[1] De ce fait, il y a un remarquable crescendo dans l'intérêt pour les questions écologiques.

Or pendant longtemps, on croyait que les préoccupations d'ordre environnemental et écologique relevaient plutôt du domaine exclusif des scientifiques et des professionnels en la matière. A ce groupe, si on osait, on ajouterait timidement, les mouvements de lutte contre les problèmes écologiques ou les activistes environnementalistes, encore appelés les « Verts » ou les « Ecolos ». C'est ainsi que jusqu'à une époque récente, la littérature n'est guère considérée comme une plateforme critique ou exploratoire des problèmes environnementaux. Et pourtant, depuis toujours, la littérature ne cesse de s'approprier la nature et ses problèmes. Heureusement, cette posture change de plus en plus. En effet, on constate que la mise en fiction ou l'intégration des problèmes écologiques dans les textes littéraires n'est plus à démontrer. Car depuis 1970[2] jusqu'à nos jours, colloques, essais et revues spécialisées sont devenus des tremplins où experts, universitaires et critiques littéraires rivalisent d'analyse pour mettre au grand jour leurs positions et celles des hommes de plume vis-à-vis des préoccupations écologiques.

Du reste, un coup d'œil à l'historiographie des littératures du monde montre que les écrivains font montre d'une grande conscience écologique dans leurs œuvres. Ici, la « conscience écologique » signifie l'intérêt et l'attention pour la trilogie thématique: nature, environnement et problèmes écologiques. On parlera alors de conscience écologique chez un auteur lorsque celui-ci fait une place à l'éco-imagination, lorsqu'il inclut ladite trilogie à son imaginaire, dans son travail de création littéraire. Faire une place à l'éco-imagination dans son œuvre suppose embrasser la nature, l'environnement ; cela sous-entend une prise de position par rapport aux préoccupations environnementales et parfois l'effort d'y apporter des solutions. Voltaire est un exemple classique d'auteur ayant fait montre de conscience écologique dans son œuvre. On se souvient encore de son célèbre poème sur le tremblement de terre de Lisbonne et la polémique qui s'en est suivie avec la réplique de Rousseau. Alors qu'horrifié par ce désastre, Voltaire inculpait la Providence, pour ne pas dire Dieu, en fustigeant sa froideur implacable face aux misères du monde, Rousseau de son côté y voyait la main de l'homme. En ce temps-là, cette querelle portait plutôt le label d'un débat philosophique sur la fatalité et la responsabilité de l'homme devant tout ce qui lui arrive sur terre. Mais aujourd'hui, à l'ère des débats houleux sur le réchauffement de la planète, on ne manquerait pas d'en tirer les implications écologiques. En tout cas, du poème de Voltaire à la réplique épistolaire de Rousseau, il s'agit ni plus ni moins des cas irréfutables d'éco-imagination et d'éco-critique qui datent du XVIIIème siècle. De plus, comme on parle de Rousseau, ne peut-on pas opportunément mentionner que sa vie et son œuvre sont à l'avant-garde de l'écologie et des sciences environnementalistes modernes ? Comme exemple, on peut mentionner *La nouvelle Héloïse* (1761). Dans ce dense roman épistolaire d'amour, il souligne les bienfaits de la nature non encore corrompue par les hommes et les effets néfastes de l'espace urbain sur l'éthique humaine, un avatar des problèmes environnementaux modernes.

Bref, à l'instar de ses pairs du monde entier, l'écrivaine ivoirienne Tanella Boni reste une fervente avocate des problèmes inhérents à l'environnement. Philosophe de carrière, elle est aussi considérée comme l'une des grandes écrivaines d'Afrique subsaharienne. Son œuvre multigénérique va des histoires pour enfants aux essais en passant par la poésie, le roman et les nouvelles. Ecrivaine prolifique, elle a un avis, une opinion sur presque tous les sujets sociopolitiques qu'elle veut partager avec ses lecteurs. Lorsqu'on jette un regard rapide sur l'ensemble de son œuvre, il est aisément notable qu'elle manifeste une conscience écologique très aigüe et démontre une profonde sensibilité par rapport aux problèmes environnementaux. Elle met en valeur les relations qu'entretiennent les humains avec la nature dans laquelle ils vivent. Sa sensibilité environnementale peut être appréhendée par le biais de quelques-uns de ses titres : *Les baigneurs du lac rose* (1995), *La Fugue d'Ozone* (1992), *Gorée île baobab* (2004), *Grain de Sable* (1993), *Labyrinthe* (1984). Ces titres, par la composition et la combinaison de leurs termes, renvoient d'une manière ou d'une autre au champ lexical de la nature et de l'environnement. Mais lorsqu'on passe de ces éléments paratextuels aux contenus des textes, l'intérêt de l'écrivaine pour l'environnement et les préoccupations écologiques ne fait que se renforcer.

Dans cette réflexion, il s'agit d'examiner comment la conscience écologique ou environnementale de l'écrivaine est développée dans son roman *Matins de couvre-feu*. Pour ce faire, la méthodologie procède d'une démarche socio-littéraire. Au lieu donc de se fourvoyer dans les labyrinthes de la sémiotique textuelle et baser exclusivement l'analyse sur le contenu du roman, préférence sera donnée à une interprétation libérale et intuitive. En clair, l'analyse permettra d'avoir les coudées franches, de recourir à des éléments « hors-texte », notamment l'histoire, le socio-discursif et l'écosociologie[3] pour expliquer et consolider les observations sur le roman. Quoi qu'il en soit, cette réflexion comportera deux grandes parties : après avoir résumé, dans un premier temps, le roman et dégagé très rapidement sa typologie discursive, cette réflexion s'attèlera, dans un deuxième temps, à y décrypter la conscience écologique ou environnementale de Tanella Boni.

Prix Ahmadou Kourouma et Prix Liberatur-Föderpreis 2005, le roman *Matins de couvre-feu* est publié la même année aux éditions Le Serpent à Plumes. Dans ce roman, Tanella Boni utilise la fiction pour parler des soubresauts politiques, de l'atmosphère délétère qui règne dans un pays et des tracasseries auxquelles les populations sont astreintes. L'action se déroule dans une ville appelée Zambaville située dans un pays dont le nom est Zamba. Ce sont des endroits fictifs mais les indications topographiques et les références historiques dans le roman font croire qu'il s'agit de la Côte d'Ivoire et de sa mégalopole Abidjan. Mais en escamotant ces données géographiques réelles, l'écrivaine opère un choix stratégique de création littéraire : elle universalise l'histoire du roman. En réalité, Zambaville et Zamba peuvent être vus comme des représentations allégoriques des villes et des pays africains confrontés aux problèmes décrits dans le roman.

Ce roman parle d'une femme anonyme assignée à domicile sans une raison valable par le responsable de la police parallèle de son pays pour une durée de neuf mois sans appel. Désœuvrée, cette femme (narratrice principale et aussi personnage principal du roman) tente de s'occuper dans cet espace de confinement et de prison qu'est sa propre maison. Elle s'adonne donc à des réflexions introspectives en essayant de reconstituer l'histoire de sa vie personnelle, celle de sa famille et de toute une nation, à la lumière de lettres et d'un carnet de compte qu'elle a reçus de deux autres personnages : sa belle-sœur et son frère. Mais le roman n'est pas que leurs histoires, c'est aussi l'histoire des exactions et des iniquités politiques, l'histoire de tout un peuple brutalisé, martyrisé et, de surcroît, assigné à domicile par le couvre-feu.

Plusieurs types de discours forment l'acte énonciatif du roman et l'articulation de ses nombreuses histoires. Dans *l'Archéologie du savoir*, Michel Foucault avance et théorise la notion des « formations discursives » qu'il définit comme une sorte de réseau fédérateur des discours sociaux. L'expression « discours social » doit être prise au sens que lui confère le théoricien de la littérature Marc Angenot, c'est-à-dire l'ensemble de tout ce qui se dit et s'écrit dans une société. C'est donc fidèle à sa notion des « formations discursives » que Foucault déclare dans *L'ordre du Discours*[4] qu'« une et même œuvre littéraire peut donner lieu, simultanément, à des types de discours très distincts » (26). Ce postulat sous-entend que le discours littéraire en général et romanesque en particulier est une constellation, un foyer de discours divers qui s'épanouissent en se greffant les uns aux autres. Le roman *Matins de couvre-feu* ne fait pas exception à ce principe ; il se présente d'ailleurs comme un complexe narratif et discursif.

Ce roman est un complexe narratif dans la mesure où il est composé de plusieurs récits enchevêtrés les uns dans les autres pour former les quatre grandes parties[5] de l'histoire ou des histoires du roman (qui s'ouvre sur un avertissement et se referme sur un épilogue). *Matins de couvre-feu* a les caractéristiques d'un complexe narratif dans la mesure où il y a plusieurs voix narratives qui racontent plusieurs histoires gravitant autour de celle de la narratrice principale. La conséquence logique de cette complexité narrative est que le roman accumule plusieurs types de discours aussi. Très succinctement, en voici quelques-uns; mais pour coller à l'esprit de cette réflexion, l'accent sera davantage mis sur le discours ayant rapport au triptyque « nature-environnement-problèmes écologiques ».

Comme le laisse présager le titre du roman *Matins de couvre-feu*, l'expression « couvre-feu » relève du champ lexical de la politique ou des crises politiques exigeant des mesures draconiennes de dissuasion. Cette expression renvoie à « l'interdiction temporaire de sortir de chez soi à certaines heures, notamment en temps de guerre » (*Petit Larousse*) ou de trouble politique. Sans grande surprise, l'histoire du roman a pour socle le couvre-feu et ses conséquences sur les habitants de Zamba. Le pays est confronté à une grave crise politique et les autorités en charge font feu de tout bois pour tenir en respect tous ceux qui s'opposent à leur gestion et philosophie politique. Frappée d'une double interdiction de sortir, le couvre-feu et une assignation à domicile, la narratrice, pour s'occuper, se laisse aller à l'introspection et cherche aussi à comprendre les agissements des thuriféraires du pouvoir. Par conséquent, le discours politique occupe une place de choix dans le roman et en est le thème directeur ; il n'occulte cependant pas pour autant les autres formes discursives.

Matins de couvre-feu peut être considéré comme un discours sur l'esthétique de l'écriture. Pour qui connaît l'œuvre de Tanella Boni, on pourrait dire qu'elle est obsédée par la question de l'écrivain, de sa fonction et de son rôle dans une société. Elle est revenue sur cette question dans nombre de ses articles[6]. Mais la question se pose autrement dans *Matin de couvre-feu*, il ne s'agit pas de définir ce que c'est qu'un écrivain, mais de dire ce que c'est que l'écriture, ce qu'elle représente et quel en est le pouvoir. On ne doit guère s'étonner de cette démarche chez Tanella Boni ; elle fait partie d'une génération d'écrivaines qui cherchent à briser le silence dont plusieurs sont victimes, à être leur porte-parole pour clamer haut et fort leur douleur et leur désolation mais aussi leur joie et leur passion. C'est pourquoi elle fait de l'écriture son arme de combat contre l'arbitraire et les inégalités socioéconomiques. Dans cet ordre d'idées, l'écrivaine en fait une arme de combat contre les injustices faites aux femmes.

A partir de ce qui précède, *Matins de couvre-feu* révèle un discours sur la femme ou pour être plus précis, un discours féministe. Ce roman a peut-être servi de pépinière ou de prémices à son autre livre, *Que vivent les femmes d'Afrique ?*, paru en 2008, soit trois ans après la sortie du roman. Cette affirmation se conforte du fait que le roman est construit sur un univers de femmes. Les femmes sont mises au premier plan et un accent particulier est mis sur la misère que leur font les hommes. Par exemple, l'histoire du père de la narratrice est racontée à plusieurs reprises mais presque toujours à travers l'histoire de la vie difficile de la mère de la narratrice. Et c'est la même chose avec la narratrice elle-même qui ne dit l'histoire de son mari qu'à travers la sienne. Alors que les femmes sont placées aux premières loges dans les différents récits qui tissent le substrat narratif du roman, les hommes sont presque tous des comparses présentés comme les bourreaux des personnages féminins.

Matins de couvre-feu est aussi un discours sur l'histoire. Tout en faisant régulièrement allusion aux temps de la colonisation et ses corollaires dans le présent, la narratrice a, à plusieurs reprises, fait recours à l'histoire de son pays pour examiner la question de l'altérité, du rejet de « l'autre » pour des raisons politiques. Elle tourne en dérision les partisans de cette politique de division opportuniste en montrant les liens séculaires de sang et de solidarité entre les peuples. Cette remontée historique lui permet de fustiger le comportement des apôtres de la politique de « l'ivoirité »[7]. En effet, par cette malheureuse politique de diviser pour régner, ils entendent conserver le pouvoir politique en encourageant la xénophobie et la haine contre les « étrangers », c'est-à-dire une sorte de puritanisme politique et ethnique.

Une autre forme discursive dans *Matins de couvre-feu* est le discours environnemental. Par le truchement de ce type de discours s'opère et se systématise la conscience écologique de Tanella Boni. Politique oblige, l'éco-imagination n'occupe pas une part primordiale dans le tissu narratif du roman *Matins de couvre-feu*. Néanmoins, au fil des pages, la narratrice et personnage principal du roman quoique martyrisée par la situation politique empestée de son pays en proie aux démons de la division et de la guerre, ne s'est pas fait prier pour faire allusion autant qu'elle peut aux problèmes environnementaux. Comme par hasard, un des frères de la narratrice qu'elle n'a jamais connu, est un expert en écologie alors qu'elle-même a une passion pour la nature et l'environnement. De toutes les façons, le discours environnemental dans le roman se range globalement en deux grands mouvements d'idées. La narratrice présente en effet la nature et l'environnement comme des sources de bienfaisance pour les êtres et l'urbanisation comme une sorte de tsunami environnemental, ravageant tout sur son passage.

En examinant la présence dynamique du discours environnemental dans les textes africains, l'universitaire béninois Guy Ossito Midiohouan identifie trois étapes ou temps dans l'évolution et le traitement dudit discours: 1) le temps de la stabilité, 2) le temps de la rupture et 3) le temps de la recherche du paradis perdu. Dans « Le créateur négro-africain et l'environnement: de la contemplation à l'engagement », un article publié sur le site de *Mots Pluriels*, il tire la conclusion suivante :

> L'étude révèle une conception de l'environnement qui a évolué dans le temps et l'espace. Dans le contexte précolonial, la production littéraire servait de moyen à la diffusion des comportements que l'éthique sociale s'était librement assignés vis-à-vis de l'environnement. Vint ensuite le temps du conflit entre tradition et modernisme. La littérature bat alors en brèche ce que les écrivains modernistes considèrent comme des superstitions et des tabous que la tradition fait peser négativement sur le cadre de vie des hommes. Mais, bien vite, cette attitude connaît une évolution et débouche sur une troisième étape qui se caractérise par une recherche du paradis perdu. Ainsi, les textes littéraires les plus récents se rejoignent sur la nécessité de tirer la sonnette d'alarme. Pendant que les uns stigmatisent la qualité de la vie en ville par rapport à la vie dans un environnement vierge, d'autres enseignent les vertus thérapeutiques que recèle la nature ; d'autres encore évoquent les problèmes naturels (désertification, émanations toxiques...) Tous s'accordent donc à aborder les multiples facettes d'un seul et même problème : la sauvegarde de l'environnement.

Deux observations importantes s'imposent à partir de ce propos de Midiohouan. Quoique l'institutionnalisation de la littérature africaine remonte à quelques décennies seulement, les écrivains, dès le début, se sont attaqués aux problèmes environnementaux auxquels leurs milieux de vie et leurs pays étaient et sont confrontés. Les traitements qu'ils en font, varient d'une période à une autre et reflètent surtout l'atmosphère et les débats géopolitiques qui les inspirent. En somme, l'élan ou le fondement environnementaliste de la littérature africaine la met au même diapason que les vieilles littératures du monde. La deuxième observation est qu'il y a une parfaite coïncidence entre le troisième point de sa conclusion ci-dessus citée et le discours écologique dans *Matins de couvre-feu*.

Ceci ramène donc au premier mouvement d'idées relatives à la conscience écologique de l'auteure dans le roman. Elle y professe sa généreuse exaltation pour l'environnement et son intime proximité avec la nature. Comme J-J. Rousseau et bien d'autres écrivains[8] l'avaient fait en leurs temps, Tanella Boni considère la nature, son « environnement immédiat », comme un habitacle de paix et d'harmonie où elle se réfugie pour échapper au monde alentour. En témoignent ces quelques lignes à la fois suggestives et métaphoriques de son texte « Le secret du papayer » tiré de son son livre *De l'autre côté du soleil* (1991):

> Il fait chaud, le soleil est au zénith.
> Un jeune garçon joue dans l'herbe verte.
> On dirait qu'il prend un bain de fraîcheur dans une rivière, ou un fleuve, ou peut-être la mer.
> Il se sent heureux, très heureux. Il se redresse par moments, marche lentement, se gratte la tête. (5)

Les intentions de l'auteure dans ces lignes peuvent être comprises comme un discours apologétique à l'endroit de la nature. Elle y souligne les liens harmoniques de paix et de resourcement que le « jeune garçon » entretient avec son « environnement immédiat » (164). Le garçon fait de « l'herbe verte » son gîte de protection contre l'ardeur nuisible des rayons solaires et de l'étouffante chaleur ambiante. Il est donc propice de noter que l'éloge de la bienfaisance de la nature environnante constitue un paradigme thématique récurrent chez l'auteure. On retrouve aussi ce cas de figure dans *Matins de couvre-feu*. En effet, en levant un coin de voile sur son passé et sa vie d'enfance, la narratrice rappelle son obsession pour la nature en ces termes :

> C'est ainsi que, dès la plus tendre enfance, j'appris à explorer les endroits les plus proches, mon environnement immédiat. Je rencontrais les animaux, les chats et les chiens, je flânais en leur compagnie, je leur parlais. Je suivais aussi les poules, les canards et les dindons avec leurs parades extraordinaires qui me fascinaient et captaient mon attention pendant des heures. (164)

Ce rappel de la narratrice de sa vie passée et de son amour pour la compagnie des animaux est bien emblématique de sa vie d'adulte. Dans la chaîne des êtres vivants sur terre, la faune représente l'espèce la plus proche des humains. Or au fil des siècles de modernité, le lien de cousinage qui rapproche ces deux espèces s'amenuise et s'effrite de plus en plus. De compagnons naturels, la plupart des animaux sont devenus des objets ludiques pour les hommes. Lorsqu'ils ne sont pas confinés dans les parcs zoologiques pour combler le plaisir voyeurique des visiteurs alors ils sont parqués dans des réserves de chasse. Cette allusion de la narratrice à son enfance et ses liens étroits avec les animaux prend alors l'allure d'un cri de cœur pour renouer les liens séculaires perdus entre les hommes et les animaux. Par exemple, elle considère son chien Jupiter comme son « fidèle gardien » (76) : il y a entre eux un lien ontologique de dépendance et de confiance partagée. Le passage suivant se place dans cette veine :

> J'ai grandi comme une fille sauvage. Et, très tôt parachutée dans l'univers chaotique de la mégalopole de Zambaville, je ne me suis jamais habituée, ni aux humains, ni à l'environnement étouffant que l'urbanisation galopante nous réservait. Alors je me suis recréé un coin de jardin avec des plantes et des arbres que j'aime, avec quelques animaux comme si j'habitais en pleine brousse, avec un puits comme si la civilisation de la ville ne nous imposait pas d'avoir de l'eau courante chez soi. En plus d'une pléthore de robinets installés partout dans la maison, j'utilisais le puits pour la fraîcheur qu'il procurait. (165)

On s'aperçoit que la narratrice est conditionnée par sa vie d'enfance ; fille de campagne, elle entretenait une profonde relation avec son environnement naturel. Elle tient peut-être sa passion inamovible pour la nature de sa mère qui, malgré toutes les difficultés auxquelles l'astreignent les traditions, se réconforte que « la nature est resplendissante » (136). Cela explique son dépaysement et son inconfort en milieu urbain où la « vraie » nature a été en grande partie remplacée par des commodités artificielles. Mue par cette nouvelle réalité et poussée par un esprit grégaire nostalgique, elle décide alors de remédier à ce qui lui manque dans son cadre de vie urbain. Ayant les « doigts verts », elle se recrée un coin de nature dans sa maison et va même plus loin en s'offrant un puits alors qu'il y a des robinets d'eau courante installés un peu partout dans la maison. Parce qu'elle aime tout ce qui est naturel, elle préfère l'eau de puits ; on reviendra sur cet aspect plus loin. Dans le passage suivant, elle parle des arbres de son jardin :

> Tous les matins, je vais voir, avec, à mes côtés, Jupiter, mon fidèle gardien, si mes arbres fruitiers se portent bien. Les citrons commencent à murir. Je ne sais s'il faut les utiliser pour

> les jus de fruit frais au restaurant ou si, comme je le pense, il faut que je laisse ma porte ouverte pour d'éventuels clients à domicile. De toute façon, ce n'est pas interdit. Les fruits de la passion sont encore verts. Il y a encore ces manguiers en fleur, ce cocotier et ce frangipanier qui parfume, en période de saison sèche, la devanture de la maison. (76)

La narratrice offre ici tout un éventail d'avantages que l'on pourrait tirer de la nature et plus particulièrement des arbres. Pour elle, la nature n'est pas uniquement source de bien-être et de protection, elle est aussi source de santé et de nourriture. En plus, elle est également une source de revenu (22). En puisant dans la pharmacopée naturelle, elle vante maintes fois les vertus du citron. Son insistance sur les mérites thérapeutiques du citron à travers le roman frise, à la limite, la mnémotechnique ; elle semble vouloir graver dans la tête de ses lecteurs que cette source de vitamine C est naturelle, à la portée de tous et pratiquement gratuite.

Telle qu'elle se dessine dans ce premier mouvement d'idées, la conscience écologique de Tanella Boni, dans ce roman, se résume à la passion, à l'attachement de la narratrice pour son environnement et tout ce qu'elle en tire et y trouve de positif. Elle l'affirme si bien ici : « Rien ne vaut la proximité de la montagne ou de la mer si lointaine, inaccessible aux yeux, si proche du cœur, si bénéfique à la peau » (39). C'est au nom de sa profonde passion pour l'environnement qu'elle en est aussi une dévouée avocate. Car selon la narratrice, le monde est un écosystème où chaque chose a sa place, son rôle et son importance. Les éléments de cet ensemble infini sont, jusqu'à un certain point, corrélés et, en cas d'interruption, la chaîne cesse de fonctionner normalement ou naturellement. Il est clair que la narratrice a une bonne compréhension de l'écosystème naturel et environnemental. C'est pourquoi elle a procédé à la reconstitution d'un coin de nature dans sa maison pour en bénéficier les bienfaits. Tout le long du roman, elle explique l'importance de son jardin ou de son verger dans sa vie personnelle pendant son assignation à domicile de neuf mois. Elle s'y refugie pour non seulement échapper à l'atmosphère politique asphyxiant de son pays, mais en plus pour pallier, un tant soit peu, les désagréments malheureux dus à l'urbanisation.

Les considérations précédentes conduisent donc au deuxième mouvement d'idées révélant la conscience écologique de Tanella Boni dans le roman. Ici, sa conscience écologique procède d'une critique crue, acerbe de l'urbanisation et ses conséquences gravissimes sur la nature et les êtres. A plusieurs occasions, la narratrice de *Matins de couvre-feu* dresse un réquisitoire des problèmes découlant de l'urbanisation dans son pays et leurs impacts sur le plan environnemental. A l'en croire, les grandes villes tuent l'environnement naturel et les traditions.

> À Zamba, la vie quotidienne des gens a changé à une vitesse folle. Tout le monde a envie d'habiter en ville pendant que les mémoires continuent de s'accrocher à de vieilles histoires qui n'ont plus rien à voir avec les habitudes de la mégapole, Zambaville, là où il n'y a pas de forêt sacrée, là où la vie en communauté, au grand air, est devenue si difficile, où la grande fraternité ne peut être ce qu'elle a été dans le temps. Les animaux ont disparu et le culte des ancêtres est en perte de vitesse. (24-25)

Ce passage condense substantiellement tout le discours écologique du roman. Il représente un concentré de critiques et de dénonciations des problèmes environnementaux sur lesquels Tanella Boni veut attirer l'attention de son lectorat et probablement des décideurs politiques. L'urbanisation, telle qu'elle se présente à Zamba (et dans la plupart des nations africaines), se caractérise comme un tsunami. Elle rase tout sur son chemin avec des conséquences indicibles. Elle conduit au surpeuplement des centres urbains et est à l'origine de l'exode rural ; les communautés villageoises et rurales sont désertées au profit des villes qui ne peuvent toutes les contenir. Tout le monde va en ville à la recherche d'une vie meilleure, d'une prospérité illusoire, d'une félicité trompeuse. C'est un mirage qui ne tient guère compte des réalités du terrain. Si on s'en tient toujours au passage, les centres urbains, les nouveaux eldorados aux yeux des migrants, créent plus de problèmes qu'ils n'en résolvent. Ils offrent un climat de vie complètement différent où les traditions rencontrent des contradictions qui les vouent littéralement à l'extinction. Ils offrent un nouveau cadre existentiel où la vie communautaire et la fraternité agissante perdent tout leur sens et leur quintessence pour céder la place à la logique individualiste, gangrène des sociétés occidentales modernes.

En outre, en vue de régler certains besoins tels que la construction des infrastructures routières et immobilières, c'est la nature qui en fait les frais. Elle en subit les contrecoups fatals puisque la flore est repoussée au plus loin ; celle-ci est poussée dans ses derniers retranchements ou au pire des cas, elle est juste entièrement rasée. La perte des arbres ou des forêts implique la raréfaction de la faune. Mais la violence faite à la nature par l'homme par le truchement de la construction des villes, ne date pas d'aujourd'hui. Elle remonte au temps colonial pendant lequel les pistes rurales et les sentiers zigzagant à travers forêts et savanes sont vite remplacés par des voies plus larges par les nouveaux maîtres. En parlant des différents changements environnementaux survenus pendant que sa mère attendait le retour improbable de son père parti volontairement faire la guerre au pays des Blancs, voici ce que dit la narratrice : « Pendant six ans, elle avait eu le temps de grandir et elle voyait bien que la forêt disparaissait, au propre et au figuré. Les grands arbres tombaient les uns après les autres, sauf les fromagers dont tout le monde, y compris les Blancs, avaient peur. Il y avait des routes et des chemins partout. » (133) Si on ne se méprend pas sur le sens du message de l'auteure, elle ne semble pas critiquer en réalité l'urbanisation en tant que telle. Ce qu'elle fustige, c'est surtout l'urbanisation sans conscience, le développement à l'aveuglette et sans planification murie. Une nation peut bien se développer en conciliant modernité et traditions, autrement dit en préservant la nature et l'environnement dans la mise en place des infrastructures modernes.

La plupart des grandes villes africaines sont des legs galvaudés de la colonisation. Or contrairement à ce qui se passe chez eux où la planification minutieuse est de rigueur, les Occidentaux ou plutôt les colons qui ont enclenché l'ouverture des grandes routes en Afrique l'ont surtout fait pour faciliter leur commerce ou l'acheminement des matières premières locales qu'ils envoient chez eux. « Décidément, tu sais tout. Sauf le pire à venir, ce pays ne sera plus le nôtre dans quelques années. Ils sont là, ils achètent nos noix de palme, pillent nos terres, utilisent nos hommes comme bon leur semble. » (117) C'est en ces termes graves que le Patriarche, en se moquant de la morgue de son petit-fils, le père de la narratrice, l'avertit du danger que constitue la présence des Colons dans leur pays.

Les grandes villes en Afrique n'ont pas été construites dans l'ultime souci d'en préserver les traditions et tout ce qui contribuait à leur authenticité. La nature, non plus, n'a pas été épargnée; elle est détruite pour favoriser l'érection d'une modernité triomphante où c'est le nerf de la guerre qui fait force de loi. Du reste, les colons pour dissimuler les véritables raisons de leur présence sur le continent, ont mis en avant leur prétendue Mission Civilisatrice, ce qui leur a permis consciemment ou non de dénigrer les valeurs traditionnelles africaines et d'inciter à leur destruction. Somme toute, les colons tenaient beaucoup plus à leur prospérité commerciale qu'à la prospérité des autochtones ; en plus, la préservation de la nature et de l'environnement des terres envahies leur importaient peu.

Après les nombreuses critiques sur l'urbanisation et ses impacts, la narratrice s'en prend aussi aux autorités en charge de son pays pour dénoncer leur velléité à affronter les urgences écologiques. En l'absence d'une politique de planification environnementale digne du nom, le gouvernement semble tout simplement fermer les yeux sur les problèmes écologiques et donner l'impression de ne pas s'en préoccuper. Pour dénoncer leur inaction, la narratrice évoque à plusieurs reprises lesdits problèmes à travers descriptions et allusions dans le roman. C'est dans cet ordre d'idées qu'elle décrit sur plusieurs pages sa visite des Bas-fonds, un quartier périphérique de Zambaville.

> Je montai dans ce taxi, ce matin-là, et je vis Zambaville comme je ne l'avais jamais vue. Une ville sordide où grouille un monde fou se débattant comme des larves sur un tas d'immondices. Il fallait que je voie ça pour mesurer la distance entre les discours mirifiques des Anges venus sauver Zamba de tous les malheurs du monde et de la vie larvaire près des eaux usées, les poubelles et toutes les misères de Zamba entassées dans les Bas-fonds, nom bien trouvé pour un quartier à ras de terre, sous les eaux ou presque. Pourtant, c'est là aussi que j'ai rencontré des femmes debout, conscientes de leur sort et de leurs intérêts, pas des larves ou des animaux. (185-186)

Les passages de ce genre sont légion et leur récurrence dans le roman sonne comme un cri d'alarme et met en relief la conscience écologique de l'auteure. En observatrice attentive, à travers cette description de la ville et des Bas-fonds, la narratrice met en évidence l'inconscience environnementale des autorités. Ces dernières semblent avoir démissionné face au défi environnemental auquel leur cité est confrontée. En effet, la description des Bas-fonds que la narratrice caractérise encore de « coin sordide » (189) ou d'« un environnement si peu rassurant, insalubre» (187) montre que ce quartier et ses habitants sont carrément abandonnés à leur sort. L'image de fétidité qu'offre la comparaison hyperbolique exprimée dans la deuxième phrase de ce passage établit les vrais sentiments de la narratrice. Les Bas-fonds végètent dans un état de détritus total et ses habitants vivent et travaillent dans des conditions inhumaines, voire inacceptables. Dans cet environnement de pourritures et de misères, les risques sanitaires sont incalculables. « Et la malaria trouvait là, à longueur d'année, un terrain propice à son expansion galopante... » (187). En somme, pour la narratrice, les réalités du terrain prennent le contre-pied des discours des responsables politiques. Ces derniers, s'ils ne font pas preuve de mauvaise foi, ne semblent pas alors juger à sa juste valeur la nature, la gravité des dangers et des problèmes environnementaux dans leur pays.

Les exemples et passages que j'ai cités jusque-là, montrent sans ambigüité que *Matins de couvre-feu* est traversé par un discours environnemental qui atteste la conscience écologique de son auteure. Elle est indubitablement environnementaliste, soit ! Cependant, avant de finir, notons très rapidement une petite fausse note dans le combat de l'auteure. Il va de soi que la narratrice et en même temps personnage principal du roman exhibe une fervente passion pour l'environnement, un profond désarroi face aux conséquences d'une urbanisation impromptue ou non bien murie. Elle culpabilise aussi les autorités qui en ont la charge qui se montrent amorphes et inconscients face aux défis écologiques. Mais elle n'est pas tout à fait neutre en ce qui concerne les problèmes liés à l'environnement. Consciemment ou inconsciemment, elle y contribue aussi ; elle est un agent pollueur qui s'ignore. Le passage suivant donne la preuve de cette assertion :

> Je vendais aussi de l'eau potable qui, soit dit en passant, avait le goût d'une eau minérale. Mon eau était d'une qualité exceptionnelle comparée à toutes les eaux polluées circulant dans la ville, sortant de canalisations rouillées ou sentant le chlore. Je la mettais en bouteille ou, pour les plus pauvres qui ne pouvaient me donner que des piécettes, je remplissais d'eau des sachets en plastique de toutes les tailles et il y en avait pour toutes les bourses. (163)

A travers ce passage, la narratrice explique pourquoi elle vend de l'eau potable en dénonçant l'incapacité du gouvernement à en pourvoir de la même qualité aux populations. Elle s'en prend aux autorités car non seulement elles ne sont pas à même de fournir à la population de l'eau potable, mais en plus elles sont incapables de bien entretenir les installations hydrauliques rouillées qui ont besoin d'être renouvelées. En bonne foi, la narratrice semble avoir trouvé une simple solution pour régler un problème que les responsables ne s'empressent pas de résoudre.

Mais même si elle arrive à faire ce que les autorités municipales n'arrivent pas à faire, c'est-à-dire procurer à ses voisins ou aux gens de son quartier de l'eau potable de son puits ayant le goût d'« une eau minérale », « les sachets en plastique de toutes les tailles » qu'elle utilise sont de réels problèmes en Afrique. La gravité de ces problèmes peut être mesurée dans une série d'articles publiés sur le site Internet de *UN*

Volontaires. En se basant par exemple sur le cas du Burkina Faso, « 7000 heures au service du volontariat pour l'environnement » dissèque et expose, avec force détails et chiffres à l'appui, les dangers écologiques que pose l'usage excessif des sachets plastiques. De cette analyse, il ressort clairement que l'usage intempestif des sachets plastiques constitue un cas de conscience collectif. Les observations suivantes font toucher du doigt les dégâts collatéraux dus à cette commodité moderne que sont les sachets plastiques:

> Les sachets plastiques sont un fléau dans la plus part des pays de l´Afrique sub-saharienne. Au Burkina Faso, presque chaque espace public est un véritable tas d'ordures où les sachets plastiques dominent et causent de graves problèmes environnementaux. On estime à 30% la mortalité du bétail qui est due à l'ingestion des plastiques. Si on ne les retrouve pas seulement en ville, les sachets sont entassés et brûlés dans des dépôts sauvages, libérant ainsi des gaz nocifs polluant l'atmosphère. En plus, répandus au sol, ils bloquent l'infiltration de l'eau, ce qui peut constituer une entrave au développement des activités agricoles.

L'usage des sachets plastiques prend l'allure d'un problème endémique un peu partout dans le monde. A cause de leur commodité, beaucoup d'environnementalistes comme la narratrice se laissent facilement prendre sans le savoir. Par exemple, selon une statistique du gouvernement de l'Afrique du Sud, ce pays utilise près de 8 milliards de sachets plastiques par an. Heureusement qu'un pays comme le Rwanda les a carrément bannis. Espérons que d'autres nations lui emboiteront bientôt le pas. De toutes les manières, la narratrice n'a pas conscience du danger écologique que présente l'usage des sachets plastiques pour son « environnement immédiat » qu'elle semble aimer si tant.

En conclusion, citons la romancière Catherine N'Diaye qui déclarait dans la postface de son roman *Gens de sable*: « Je ne suis pas une victime de la mythologie de la pureté, j'admire A. Malraux d'avoir pu être un homme politique sans que cela oblitère son style ; mais il semblerait que, dans le Tiers-Monde, la politique finit toujours par dévorer le reste » (158-159). Cette présomption est mise à mal dans *Matins de couvre-feu*. L'examen rapide de la typologie des discours dans ce texte montre que l'époque des romans manifestes politiques est bien révolue. Tout en abordant des problèmes politiques brûlants de son pays et de l'Afrique, l'auteure ne semble pas ignorer l'existence d'autres problèmes tels que ceux liés aux femmes et à l'environnement. De la sorte, le discours écologique qui parcourt le roman traduit la conscience écologique de son auteure. La nature, pour elle est un bien précieux qu'il faut coûte que coûte préserver et entretenir pour en tirer le maximum.

Le défaut d'un environnement naturel et sain dans les milieux urbains reste l'une des préoccupations majeures dans son discours écologique. On peut inférer dudit discours que l'urbanisation mal fondée a des conséquences graves: elle dénaturalise, déshumanise et arrache à l'homme et au monde leur authenticité originelle de la nuit des temps. La conscience écologique chez Tanella Boni découle de son attachement pour la nature et son discours environnemental dans *Matins de couvre-feu* procède d'un rappel à l'ordre pour une prise de conscience individuelle et collective. Le discours écologique dans le roman n'est pas que critique, il est aussi pragmatique : il y a quelques problèmes dénoncés qui sont talonnés d'actes concrets posés en guise de solution ou de suggestion. Le pouvoir public semble être la cible directe ou indirecte des critiques mais la stratégie d'action est plutôt individuelle. La romancière ne compte pas sur les autorités publiques pour résoudre tous les problèmes environnementaux. Elle valorise les actions individuelles pour une lutte environnementale plus efficace.

Avec le tremblement de terre récent en Haïti et ses conséquences incommensurables, on pourrait bien imaginer le pire et même s'attendre à l'apocalypse si c'était en Afrique où les gouvernements sont réputés pour leur style de gestion par improvisation et par amateurisme. Or on sait très bien qu'en dehors des problèmes environnementaux évoqués dans *Matins de couvre-feu*, il y en a bien d'autres plus cruciaux tels que l'avancée galopante de la mer et du désert, la déforestation et les inondations saisonnières encore non maitrisées, la sécheresse et la pollution des grandes villes africaines... On peut donc s'accorder que les écrivains africains ont grand intérêt à suivre l'exemple de Tanella Boni, à continuer à sonner l'alarme en incorporant dans leurs œuvres les problèmes environnementaux et les défis écologiques à relever par l'Afrique et le monde entier.

Notes

1. Aux Etats-Unis comme en Europe, les préoccupations écologiques s'appréhendent suivant les plateformes idéologies des partis politiques.
2. L'année 1970 constitue le début d'un éveil collectif mondial face aux graves problèmes environnementaux dus à l'industrialisation occidentale à outrance et non régulée.
3. Entendons par écosociologie, une sorte de sociologie écologique qui regroupe des connaissances provenant de sources diverses : la sociologie, la psychologie, l'histoire, la géographie humaine, la géographie urbaniste, l'économie... Elle s'intéresse globalement aux comportements de la société face aux problèmes d'environnement modernes et, en plus, se consacre à la découverte des véritables raisons de ces comportements.
4. Il s'agit d'une leçon inaugurale au Collège de France prononcée le 2 décembre 1970.
5. Les grandes divisions du roman sont les suivantes : « L'anarchiste, » « La bonne femme, » « Matins de couvre-feu » et « L'autre maillon de la chaîne ».
6. Voici des exemples de titre d'articles écrits par l'auteure sur ce sujet : « L'écrivain et le pouvoir, » « Ecrire en état d'urgence : texte et contexte, » « Ecritures et savoirs: écrire en Afrique a-t-il un sens? »
7. L'ivoirité est un concept politique ivoirien, définissant les caractères nationaux de la Côte d'Ivoire. Certains auteurs le rapprochent du concept de préférence nationale.
8. Olympe Bhêly-Quenum, dans son roman Un piège sans fin (1960), a consacré de longues descriptions à montrer comment le monde alentour a un impact sur l'humeur et l'état d'âme de son personnage principal Ahouna.

Works Cited

« 7000 heures au service du volontariat pour l'environnement ». 15 Déc. 2009. Web. 27 Sept. 2012. <http://www.unv.org/fr/activites/pays/burkina-faso/doc/7-000-heures-au.html>.

Boni, Tanella. *Matins de couvre-feu: Roman*. Paris: Serpent à plumes, 2005. Print.

______. Que Vivent Les Femmes d'Afrique? Paris: Panama, 2008. Print.

« Couvre-feu ». *Petit Larousse*. 2010. Digital.

Foucault, Michel. *L'archéologie du savoir*. Paris: Gallimard, 1969. Print.

______. *L'ordre du discours*. Paris: Gallimard, 2003. Print.

Midiohouan, Guy Ossito. « Le créateur négro-africain et l'environnement: de la contemplation à l'engagement ». *Mots Pluriels*. 11 Sept. 1999. Web. 27 Sept. 2012. <http://motspluriels.arts.uwa.edu.au/MP1199gom.html>.

N'Diaye, Catherine. *Gens de sable*. Paris: P.O.L., 1984. Print.

Rousseau, Jean-Jacques. « Lettres sur la providence : *LETTRE* de J.-J. *ROUSSEAU* à M. de Voltaire du *18 AOÛT 1756* ». LETTRES *sur l'état présent des sciences et des mœurs*. t. II. Par M. Formey, Berlin, 1759. Rééd. Paris, 1971. p.316-324.

"Tanella Boni." *L'Afrique écrite au féminin*. The University of Western Australia/ School of Humanities. 21 Août 2011. Web. 27 Sept. 2012. <http://aflit.arts.uwa.edu.au/BoniTanella.html>.

Voltaire. *Poème sur le désastre de Lisbonne*. Genève, 1756. Print.

CHROMOSOME COUSINS AND FAMILIAR STRANGERS: RELATIONAL SELFHOOD IN CHRIS MANN'S ECOPOETRY

MTHATIWA SYNED

INTRODUCTION

Chris Mann is one of South Africa's most prolific poets. His poems have appeared in various books, newspapers, journals, textbooks, magazines, and anthologies in South Africa and beyond. He has also published several collections of poetry over the years among which is *Lifelines* (2006), the focus of this paper. *Lifelines* is a collaborative work by Chris Mann, poet; Adrian Craig, biologist; and Julia Skeen, an artist. The book contains poems by Mann based on his encounters with various animals, factual or scientific (sometimes imaginative) information about the specific animals provided by Craig, and illustrations of the animals as portrayed by the artist, Skeen. It would be interesting to see how the illustrations by Skeen and factual information by Craig define and amplify the meaning of the texts or invite us to enjoy and to ponder the images in the poems. But limitation of space forces me to focus on the poetry alone in this paper.

In this paper I examine Mann's animal poems in *Lifelines* to determine the insights they offer into our relationships with other animals and how the poems might influence our behaviour towards them (Meeker 4). I attempt to show that in his poetry Mann avoids parochial proselytising and didacticism with regard to our relationships with animals and instead exposes the complex ways we interrelate with them, either as kin, foes, or prey. I argue in the paper that Chris Mann's poetry promotes relational selfhood with respect to the ways we interact with animals. That is, the ecological self that emerges from the poetry is not one that is hyperindividuated or hyperseparated from animals, but one that is entangled with them, one that is in a symbiotic web with animals. Furthermore, the animal ethics position that emerges from the poetry is not one that opposes killing *per se,* but one that objects to killing animals to promote trivial human interests.

I will begin my discussion of Mann's poetry by addressing why I consider it ecopoetry. This will be followed by a discussion of the concepts I employ in my analysis of the poetry. Later, I will discuss some of the themes that emerge from the poetry before winding up with reflections on the implications of the poetry's thematic concerns on the thorny philosophical questions of moral treatment of animals.

I.
Lifelines as Ecopoetry

In *Lifelines* Mann is influenced by discoveries in evolutionary biology, palaeontology, astronomy, cosmology, and palaeo-microbiology, disciplines which reveal the links between nature and the cosmos. This influence from science has resulted in his attempts in *Lifelines* to reveal "how the lifelines of animals and the biosphere of the planet are inseparable from the genesis of the cosmos as a whole" ("Chris Mann LIFELINES" np) and from each other. In the poetry, therefore, Mann seeks to sensitize his readers on biodiversity and the need to guard and conserve it (Louw 1). It is this ecological commitment in the poetry that qualifies it as ecopoetry. That is, a type of nature poetry that goes beyond the conventions of romanticism through its recognition of "the interdependent nature of the world and its devotion [...] to the land itself," along with its creatures (Bryson 5-6). As an ecopoet, Mann works to direct our gaze "beyond the printed page toward firsthand experiences that approximate his own intense involvement" in the encounter (Scigaj quoted by Gilcrest 18) through the use of apostrophe as a literary device, conversational style and great clarity of observation. The apostrophe helps to bring a sense of immediacy of the experience to the reader and to underscore affection, closeness to, or fellowship and kinship with, the imagined or encountered animal. The encounter also increases the sense of wonder and mystery about the world and the place of humans in the larger scheme of things. Furthermore, propinquity is highlighted by the informality, conversationalism and spontaneity of the conversation, down-to-earth language-usage and simplicity of the language as well as the use of typically South African expressions such as "howzit," "jeez" and "ag" which suggest shared space and experience (Meihuizen 2007).

But does the use of apostrophe, conversationalism and familiarity not humanise the nonhuman animals? Does Mann not commit the representational 'sin' of anthropomorphism in *Lifelines*? He does. But as Marc Bekoff observed, anthropomorphism is an "inevitable 'sin'" (quoted by Woodward 15) given the fact that we can only communicate our perception of the way an animal is feeling using human language. If "done carefully, consciously, empathetically, and biocentriocally" (Woodward 15) anthropomorphism has the potential to help promote animal welfare (Fudge 2002).

II.
Interconnectedness and Difference/ Separateness of Entities

In this paper, I use the near-antonymous concepts of (inter)connectedness and difference (or separation) as ecocritical frameworks for my analysis of Mann's animal poetry. The question of connectedness of all entities on earth is central in ecophilosophical or ecological approaches to environmentalism, such as Arne Naess's deep ecology and Warwick Fox's transpersonal ecology. As ecocentric approaches to environmentalism, deep ecology and transpersonal ecology are grounded in the cosmos and recognise the moral standing of the whole environment: both its inanimate and animate elements. They value the nonhuman world, or aspects of it, not for its instrumental value for humans, but for its own sake (Eckersley 26). These orientations are rooted in a holistic, as opposed to a mechanistic, metaphysics, and are informed by the ecophilosophical approaches of intrinsic value theory. Transpersonal ecology in particular is both cosmological and psychological as it holds a view of the world/cosmos that acknowledges the connectedness of all entities on the planet—as 'leaves on the tree of life' (Fox 161) and encourages "a psychological identification with all phenomena" (Eckersley 62). It seeks to cultivate a sense or experience of self that extends beyond one's egoistic, biographical, or personal sense of self to include all beings.

However, such rationalist-inspired, and therefore universalistic ecophilosophical approaches to environmentalism are limited because they are "highly ethnocentric and cannot account adequately for the views of many indigenous peoples" about nature or the environment (Plumwood 183). Moreover, the notion of identification in deep and transpersonal ecology reveals an account of the self that is indistinguishable from nature, a self that discards and transcends personal emotions and attachments (Plumwood 1993). In short, the idea of identification suggests absorption/incorporation of nature and denial of its separateness and independence since the boundaries between the self and nature are cancelled. This cancellation of boundaries and difference is symptomatic of the arrogance of a "master consciousness characteristic of colonialism, sexism and speciesism; a consciousness which presumes to violate boundaries and claims to subsume, penetrate and exhaust the other" (Plumwood 178).

In providing an alternative to the rationalist and universalistic ethical and ecophilosophical views of self and nature Val Plumwood suggests seeing the self as "self-in-relationship," or a relational self, and paying more attention to some other less universalistic, virtue-based, moral concepts such as sensitivity, sympathy, care, compassion, and responsibility, among others (173) in our relationship with nature. These virtue-based concepts are central in the animal poetry of Mann. It is important to note, however, that the above virtue-based concepts are not necessarily less problematic in resolving ambiguities and contradictions in our relationship with animals. The very fluidity of these concepts means that people who view animals only as a resource to be exploited, such as sport hunters, speak of respect, admiration and reverence (Gunn 74) for their quarry. Use of these concepts in relation to animals, therefore, does not necessarily reveal an ecological sensibility.

III.
Some Themes in *Lifelines*

Chris Mann's ecopoetic project in *Lifelines* raises a number of issues concerning our relationship with animals. Here I will only tackle three. The first one is the question of kinship (similarity) and difference (separateness) between humans and animals. We share physiological and behavioural similarities with animals. But, we have differences of varying significance too. Consequently, in our dealings with animals, we either incorporate or co-opt them into the human sphere if they act more like us (in which case we identify them as incomplete humans), or radically exclude them from that sphere (in which case we regard them as complete others). When we incorporate them into our sphere, we see them as cute and fun to be with although they still remain inferior to us. When we radically excluded them, we often view them in the Cartesian sense as machines which can be exploited in every way imaginable. Their difference from us is the very source of their oppression and abuse. However, whether incorporated or excluded, the relationship between us and them remains "codified in social culture as hierarchical and fundamentally impermeable: we are in here, they are out there" (Malamud 3).

The second theme I wish to discuss in Mann's poetry is that of interdependence and conflict in nature. All living things, humans, animals and plants depend on one another as much as they do on the elements—water, air, soil, and sunshine—to stay alive. A symbiotic web of relationships in nature is therefore a major characteristic of life. Animals kill each other for food and the remains of dead animals and plants provide nutrients for growing plants. We, humans, have relied on and benefited from animals and other living things for survival since time immemorial. This network of interdependence in nature influences Mann to view the death of some animals to provide food for others positively, and not negatively, as a sacrifice. But, this interdependence and the competition for basic necessities for life also breed conflicts. Predation, for example, between humans and animals or between animals results in ruthlessness and violent deaths. Humans and animals have killed each other throughout history, not only for sustenance, but also for self protection or as a result of the struggle for limited resources such as food and water. In his poetry Mann exposes this troubled nature of the relationship between humans and animals.

The third and last theme for my purpose here is that of human abuse of nature. This refers to the destructive and abusive tendencies of humans that lead to the unnecessary suffering, death, and extermination of several animal species. Granted, some of our actions that lead to the suffering or death of other creatures are inevitable as they concern our own attempts to survive, for example in agriculture. But some actions that lead to animal suffering and death are purely for what Bart Wolffe calls "infertile pleasure" (57). Here I have in mind sport and trophy hunting. It is actions like these that Mann finds ethically objectionable. Below I discuss some of the poems that engage with the three themes identified.

IV.
Animals: Kin and Other

Mann gestures towards the relationship or kinship between humans and other animals in the poem "Chameleon" (13) where the persona refers to the chameleon as "chromosome cousin," thereby, claiming kinship and close relationship with the reptile, a relationship that has been exposed by evolutionary biologists and palaeontologists. In the poem, written in a form of friendly banter, the speaker greets the chameleon familiarly as he encounters it walking on a branch of a tree. The chameleon's manner of walking is captured in the words "slowly swaying, step by step" and the branch is said to be "an alleyway // of air-rocked, earth-rooted, / sap-feasted, photon-lavished leaves"—highlighting the connectedness of life and the elements where leaves convert carbon dioxide and sunlight into food through the process of photosynthesis. This connectedness is also suggested by the double-barrelled words "air-rocked," "earth-rooted," "sap-feasted," and "photon-lavished." The persona is happy to see the chameleon that he then refers to as "chromosome cousin." Scientific research has shown that humans have something in common with all animals, from the very smallest to the largest of them," and human development cannot be fully understood without reference to these animals (*Life before Man* 6).

When, later in the poem, the chameleon flees from the persona, we hear him plead: "Ag no, don't flee, don't rush away/ and hide from me like all the rest." The South Africanism "Ag" here shows the casualness of the speaker which underlines the closeness and friendliness between him and the chameleon. The speaker then wonders: "Am I to you an ape-shape-come-lately, / A branch-slashing, bush-ashing beast?" Here, the persona hints at our destructiveness and violence that make animals flee from us. The alliteration in "branch-slashing" and "bush-ashing" as well as the shushing sounds of the affricates highlights this harshness and violence. The line "Am I to you an ape-shape-come-lately [?]" underscores the primordial nature of reptiles and points to the fact that we appeared on earth through the evolutionary process later than reptiles and other creatures who had been around for (hundreds) of millions of years before us. According to the Geologic Time Chart, reptiles appeared three hundred million years or more before creatures that would become human ancestors (*Life before Man* 26).

In addition to the reference "chromosome cousin" in the poem another link to our kinship to the chameleon in particular, and to all life in general, is highlighted when the persona observes: "Out of stardust your eyes were made. And mine." Here the speaker refers to the "building blocks of life," origanlly from exploding stars that disperse through space and find their way into the bodies of living things. Cosmologists believe that when stars reach the ends of their lives they explode and disperse building blocks of life such as carbon, oxygen, nitrogen, and phosphorous through space. There, these elements condense into grains and planets. Eventually, they find their way into our bodies" through "a long slow [process that] takes billions of years" (Barrow 120).

The poem "Cape Robins" (11) also touches on kinship and difference between humans and other creatures. In the poem the speaker and the Cape robins who "share the same small patch of earth" (live in the neighbourhood), therefore related/close, remain "familiar strangers." The birds sing both at dusk and dawn. The first stanza starts with beautiful images of the break of day and end of day:

> Before the dawn's faint grey had flushed the bush
> and gleamed its hooks and fruits,
> before the dusk had snuffed them out and brought its dangers near,
> the robins pegged their boundaries out in song.

The fact that the birds are said to peg "their boundaries out" shows that they are agentive and autonomous: contentious terms when applied to animals. They decide where to live and at what time. The persona later tells us:

> That we should share the same small patch of earth,
> yet stay familiar strangers,
> that they should hear our coaxing human talk, yet fly from us,
> is as our different pasts and roles ordained.

Here, Mann signals at the similarities and differences, or closeness and apartness between humans and other creatures. His suggestion that we "share the same small patch of earth" with other creatures such as the Cape robins in the poem, and that they "hear our coaxing human talk," thus, pointing to our closeness or relatedness to the other inhabitants of the earth. However, he states that we "stay familiar strangers" and that other animals flee from, hence, underscoring our separateness and the fact that the evolutionary process took us in different directions with different preoccupations ("our different pasts and roles ordained").

The phrase "familiar strangers" in "Cape Robins" also underlines the closeness and distance between humans and animals, which therefore means that radical separation or hyperseparation is outmoded. We are not completely divorced from other things on earth in spite of the differences that we share. At the same time, seeking complete incorporation of the other into the self as the ecophilosophical approaches Plumwood critiques earlier attempt to do is a mistaken view of the world, because "our different pasts and roles ordained" our separation or apartness and it is this "distance that [should] keep[...] us near." Mann seems to tell us that the differences we have with other animals should not be seen as something that makes animals inferior and humans superior. Rather it is something that should inspire respect, care, and responsibility.

V.
Benefactors and Foes: Interdependence and Conflict in nature

In his poems in *Lifelines* Chris Mann does not view predation in nature as negative but as an essential aspect of the unfolding and continuity of nature. The poem "Zebra" (81) exemplifies this worldview. In the poem, the poet-protagonist encounters in the wild the carcass of a zebra whose killers, a pride of lions, roam nearby. The persona realizes that the zebra's death is simply a means through which life, especially in the wilds of Africa, propels itself. For him, the horror of the death and the violence associated with it do not negate the evolutionary relationship between the zebra and the lions, which he refers to as the zebra's "dapper kin."

The encounter with the dead zebra offers a valuable lesson to the persona who begins to see the animal less as a victim but more as sacrifice to life. Mann writes:

> Lying wide-eyed in the reeds, you tutored me more.
> Into the vlei-side rite I focussed on from the car
> a sprawl of cubs came tumbling, tawny, playful,
> as innocent of malice as the tortoise in the scrub,
> the warthog wallowing in a mud-hole by the road.
> With flattened ears, they ate into your sacrifice.

To the now-enlightened persona the lion's feeding on the zebra is a form of a ritual for whose sacrifice is the zebra, a ritual enacted throughout life by various actors using various sacrificial creatures. The use of terms such as "innocent" and "malice" in the poem begs the question: Do animals have moral agency? Mann appears to mistakenly view the lions as morally agentive here, although animal liberationists and ethicists consider animals as lacking moral agency (Regan 285). This, therefore, precludes the lions from acting maliciously or wrongly in attacking the zebra.

"Peregrine Falcon" (59) is another poem that touches on predation in nature. In the poem the speaker encounters the peregrine falcon's kill and hunt in the hills and then catches a glimpse of the bird in the distance. The speaker's reflections on the role of carnivorous animals like the peregrine falcon in the food chain induces love for such creatures rather than condemnation as he writes with reference to the peregrine falcon: "I began to love you then. You sky-wrote to me / what you signal my species, when you migrate / and float round the earth: *Leave me to my life.*" Mann's imagined message from the peregrine falcon to us ("*Leave me to my life*") underlines his attitude to other creatures. His encounter with various animals made him realize that every creature has its own means of survival and none of these survival mechanisms is either good or bad. They all contribute to the beauty of life and the complexity of the network of relationships in nature.

Although Chris Mann highlights interdependence in nature in a good number of his poems, he is not oblivious to the fact that the symbiotic relationship in nature is fraught with violence and conflicts. Humans, for instance, have always competed with animals for food, water, and space. These conflicts have in some instances resulted in the death of both humans and non-humans, particularly the latter.

"Finches," where the persona regrets killing the birds as a child to protect wheat, is one of the poems that show humans in conflict with animals over food. But, the experience also taught the speaker to be compassionate to other creatures. In this poem the speaker remembers killing finches with pellet-guns in a gum plantation as a child with a friend of his, son of a farmer, to protect the wheat the finches came to eat. For the son of the farmer, "birds were predators in a war" and had to be destroyed. But for the persona, even at that young age, the killing and violence that preceded it sickened and confused him. One incident stands out in his mind:

> I can still remember the warmth
> and the scrabbling of the claws
> of one I wounded in my hands.
> Twisting its head off I sensed

the skull rrrik from the spine
I felt sickened, then confused.

At the time of telling this story, the persona remembers the incident with a sense of trepidation and remorse as well as gratitude for the lessons it offers, as he says: "That feeling [of confusion] I now hug close / as a growing pain, a blessing." The paradoxical expression "a growing pain, a blessing" here underlines his shame and remorse (underscored by the regretful tone in the poem) at having caused so much suffering and death to the birds as well as his gratitude for the ecological lessons the experience taught him.

In "Spider" arachnophobia and the instinct for self-protection in us as in other animals lead to a seemingly needless killing of a spider. The spider's only crime is to encroach on human space. Its threatening or fearful appearance is captured in its description as a "murk, a haired phobia / spidering on over the threshold." The use of the experiential verb "spidering" here captures the sinister and threatening nature of the spider better than the term "crawling" would have done. The persona responds to the frightened announcement of the spider's presence by grabbing a book and beating the spider to a "smear." The ridiculous nature of his response dawns on him as he later warns would-be detractors:

Don't laugh. Your turn soon
to face a predator, its eyes
intent on you and glittering,
attacking you out of the dark.

The speaker fallaciously compares the threat from the spider to one posed by a large predator, such as a lion to whom the glittering eyes seems to refer, attacking from the dark. Nevertheless, the poem succeeds in demonstrating moments of conflict of interest between species. The instinct for survival in both humans and non-humans has led to unnecessary suffering or even death to creatures seen to be posing a threat on the lives of humans.

VI.
Human Predation and Abuse of Animals

In *Lifelines* Chris Mann also shows awareness of the fact that while we kill animals for food and self-preservation, we also do so to gratify petty interests and desires. Sometimes, these unnecessary killings are a result of greed for material possessions. Woe to those animals that are caught in between. In the poem "Kudu" (43) the persona encounters a stuffed head of a kudu on display as a trophy in a bar. The persona who is obviously saddened by the sight says:

> Your head and the long straight curls of your horns,
> all the tall-shouldered, tail whisking life-art of you
> had been sundered in the bush and put on display,
> between a dartboard and an ad for whisky in a pub.

The word "sundered" underlines the violence and insensitivity of the killers of the kudu for such trivial aesthetic pleasures as looking at the head of a long dead fellow being. The act of displaying the kudu's head "Between a dartboard and an ad for whisky in a pub" is here depicted as sacrilegious or an indignity to the kudu which to its killer(s) "exists [...] for the sole purpose of providing pleasure [and] amusement" (Cataldi 111).

As the poem comes to a close, it is the eyes of the stuffed head of the kudu that remain vivid in the mind of the speaker who reports: "Your eyes were staring across the green baize table / as I stood in the door. They are still starring at me now." The kudu's stare or gaze, despite coming from a dead animal, is, as Wendy Woodward argues, no ordinary gaze but a more substantive and significant one as it "compels a response on the part of the human, [and] contradicts any assumed superiority of the human over the nonhuman animal" (1). Thus, the gaze of the kudu in the poem serves as a reminder to the speaker about its subjectivity and the fate of animals at the hands of abusive humans.

"Eastern Cape Rocky" (27) exemplifies an instance where human greed for possessions results in the suffering or even disappearance of other species. This conversational poem whose casual and playful tone does not belie the serious issues it tackles starts with the speaker's sight of one of the fish floating belly up, a sign that it is dead. This provokes the persona's lamentation that "it is not that uplifting / watching a species gasp to its end." The word "gasp" underscores the suffering and struggle the species would go through before its end. The plight of the fish is formidable as excuses and accusations emerge from farmers who destroy the river banks and in turn the river itself and its aquatic life. The farmers blame banks for increasing the lending rates forcing them to plant more crops to manage their credit. In a situation like this there seems to be no hope in sight for the salvation of the Eastern Cape Rocky.

We also learn in the poem that the introduction of new plant species leads to the destruction of the Eastern Cape Rocky's environment. The speaker singles out water hyacinth which he calls "the green stuff smothering your pool, / a floating sundeck" as one of the environmentally hazardous plants. He conjectures that the plant, native to tropical South America, must have been brought to South Africa by some botanist or gardener attracted by the beautiful flowers of the invasive weed. The speaker then goes on to blame the customs officials at Rio de Janeiro and Durban airports for not being watchful enough to prevent the spread of the destructive weed in South Africa. Here, the speaker indicts us for fouling our own nests until someone "rubs their noses in it," that is, suffers the consequences.

In the poem, only "The man with the gumboots and nets," hailed as a hero, a dreamer, who seeks to educate his fellow humans about conservation, cares about the fish. But, for the farmers, the fish's apparent lack of use means its extinction is of no consequence. The disregard for the fish's survival due to its lack of use, either as a pet or even as cat food, reveals an instrumental attitude where we value other species based on their usefulness to humans. The speaker, however, holds out the behaviour of the man in gumboots as an example of an ecological way of life.

VII.
Animals as Moral Subjects: Some Reflections

A project like Mann's in *Lifelines* raises a number of questions. Why would Mann write about animals rather than about the social and political problems plaguing his post-apartheid South African society? Would demonstrating the kinship between humans and animals help improve our treatment of animals given that we are also cruel to fellow humans? Doesn't claiming kinship between humans and animals not imply that killing animals is morally objectionable, as to do so would be to commit murder? Does Mann consider animals moral patients/beneficiaries? If so, what attributes of animals does he consider significant to make them moral subjects? We need to ask these and related questions if we are to make sense of what we sometimes hastily and uncritically consider ecological writing or ecopoetry. Clearly, protest writing on behalf of fellow humans (racial, class, and sexist hurdles not withstanding) is not the same as protest writing on behalf of nature or animals.

We need to dig deeper into the ethical assumptions that a writer makes to understand his/her conceptions of nature and animals. Merely saying that a writer shows ecological sensibility or represents nature compassionately in his/her writing, as is often the case in many ecocritical essays, betrays a shallowness of critical analysis. Engaging with the philosophical questions that the work raises will enable us avoid being reduced to mere cheerleaders or praise singers for writers who on the superficial level appear to show a biocentric attitude (Wylie 80).

Mann's poetry responds to an era when human irresponsible behaviour towards the environment has led to serious ecological woes and looming catastrophes. Thus, writing about animals or nature is no less important than writing about poverty, hunger, racism, homophobia, etc. In the end, humans either stand to benefit from lessons picked from the literary works or the ultimate price for human unecological lifestyles. As for our being cruel to fellow humans who are much closer to us than the animal relative, the continued presence of human-perpetrated evil in the world has not stopped some people from speaking against it. We can only hope that in a small way, messages about our kinship with the biotic world will have their intended effect.

Furthermore, although regarding animals as kin assumes the possibility of a murder charge if one kills an animal for food or in self defence, Mann's sophisticated handling of human relationship with animals in *Lifelines* anticipates and invalidates such a charge. Although Mann sees humans and animals as related or similar, he also realizes that they share fundamental differences. Killing an animal is not exactly the same as killing a human being. Thus, Mann does not view humans and animals as equal. For him, the "infinite worth of each unique life, however small, insignificant, or humble, depend[s] not on its being equal to [humans or other creatures] but, instead, on its making a peculiar contribution to the wholeness constituted by almost endless differences of diversely individualised beings" (Kroeber 57).

Moreover, Mann's recognition of interdependence in life and a symbiotic relationship in nature means that he, as he shows in "Zebra" and "Peregrine Falcon," does not view predation either by humans or animals as something negative but positively as a sacrifice. He, therefore, is not against killing *per se*, but against wanton killing of animals. The poem "Kudu" is a good example. While killing the kudu for food may not be morally objectionable (although he does not say so), to kill it with the intention of showing off one's hunting skills and bravery by displaying it in a bar and leaving the carcass to rot in the bush, is immoral because one destroys a life to achieve a trivial benefit. Analogously, killing a fellow human being is not morally unjustifiable at all times. But many of us would consider mounting the head of one's enemy on the wall of a living room, or drinking from it on special occasions like Okonkwo does in *Things Fall Apart*, a prima facie wrong. Humans and animals may be unequal, but Mann thinks that we should respect their dignity (Cataldi 2002). Displaying the heads of dead animals to show how many we have killed is a mark of disrespect for the animal's dignity. I argue here that for Mann, the question is not whether animals are sentient (Singer 1975) or have rights as subjects of life (Regan 1983); whether they have emotions, reason, consciousness or autonomy. Rather, it is whether, insignificant though they might be, they, as individual beings, contribute to the wholeness or continuity of the 'lifelines' on earth. If they do, they deserve to be treated with dignity and respect, and with sympathy, care, love, and responsibility. In *Lifelines* Mann envisions a sustainable lifestyle for us with regard to the way we relate with earth others, a way of life that promotes relational selfhood, as opposed to hyper-individuation and dominion.

Conclusion

In *Lifelines* Mann exposes the complexity of our relationships with animals. Influenced by discoveries in science, he highlights our relatedness/kinship with animals and goes on to expose the interdependence in nature along with its attendant conflicts. Using apostrophe, he enables the reader to share the imaginative and subjective experience of his encounter with the animals that are the subjects of the poems. The use of apostrophe as an appropriate form for representing the encounter and the emotions it aroused enables Mann to communicate his message without sounding patronising and didactic. Viewed from an environmental ethics point of view Mann's animal poetry eschews the rationalist and universalistic moral theories of Regan and Singer for example, and values relational selfhood and virtue-based moral concepts such as respect, sympathy, care, love, and responsibility in our dealings with animals.

Works Cited

Barrow, John D. *Impossibility: The Limits of Science and the Science of Limits.* London: Vintage, 1999. Print.

Bryson, J. Scott. Introduction. *Ecopoetry: A Critical Introduction.* Ed. J. Scott Bryson. Salt Lake City: The University of Utah Press, 2002. 1-13. Print.

Cataldi, Suzanne Laba. "Animals and the Concept of Dignity: Critical Reflections on a Circus Performance." *Ethics & the Environment* 7.2 (2002): 104-126. Print.

"Chris Mann LIFELINES." *Events.* Faculty of Arts. The University of Winchester. Web. 27 Aug. 2009. <http://www.winchester.ac.uk/?page=10052>.

Dixon, Beth. "Animal Emotions." *Ethics & the Environment* 6.2 (2001): 22-30. Print.

Eckersley, Robyn. *Environmentalism and Political Theory: Toward an Ecocentric Approach.* London: UCL Press, 1992. Print.

Fox, Warwick. *Towards a Transpersonal Ecology: Developing New Foundations for Environmentalism.* New York: State University of New York Press, 1995. Print.

Fudge, Erica. *Animal.* London: Reaktion Books Ltd., 2002. Print.

Gilcrest, David. "Regarding Silence: Cross-Cultural Roots of Ecopoetic Meditation." *Ecopoetry: A Critical Introduction.* Ed. J. Scott Bryson. Salt Lake City: The University of Utah Press, 2002. 17-28. Print.

Gunn, Alastair S. "Environmental Ethics and Trophy Hunting." *Ethics & the Environment* 6.1 (2001): 68-95. Print.

Kroeber, Karl. *Ecological Literary Criticism: Romantic Imagining and the Biology of Mind.* New York: Columbia University Press, 1994. Print.

Louw, Pat. "'Familiar Strangers': Space, Place and Representation in Chris Mann's Bird Poems." Unpublished Conference Paper. 2008 Literature and Ecology Colloquium. Twinstreams Environmental Centre, Mtunzini, Zululand, South Africa. 3 – 5 October 2008.

Life before Man. Nederland: Time-Life Books, 1973. Print.

Malamud, Randy. *Poetic Animals and Animal Souls.* New York: Palgrave Macmillan, 2003. Print.

Mann, Chris; Adrian Craig and Julia Skeen. *Lifelines.* Scottsville, South Africa: University of KwaZulu-Natal Press, 2006. Print.

Meeker, Joseph W. *The Comedy of Survival: Literary Ecology and a Play Ethic.* 3rd ed. Tucson: The University of Arizona Press, 1997. Print.

Meihuizen, Nick. Review of *Lifelines. English in Africa* 34.2 (October 2007): 133-140. Print.

Plumwood, Val. *Feminism and the Mastery of Nature.* Feminism for Today. Teresa Brennan, gen. ed. London and New York: Routledge, 1993. Print.

Regan, Tom. *The Case for Animal Rights.* Berkeley: University of California Press, 1983. Print.

Singer, Peter. *Animal Liberation: Towards an End to Man's Inhumanity to Animals*. Wellingborough, Northamptonshire: Thorsons Publishers Ltd., 1975. Print.

Wolffe, Bart. "Elephants." *Changing Skins*. Harare: Fullscope Investments, 1988. 57. Print.

Woodward, Wendy. *The Animal Gaze: Animal Subjectivities in Southern African Narratives*. Johannesburg: Wits University Press, 2008. Print.

Wylie, Dan. "Elephants and Compassion: Ecological Criticism and Southern African Hunting Literature." *English in Africa* 28.2 (October 2001): 79-100. Print.

ECO-FEMINISME AU CŒUR DE LA FORET AFRICAINE: *VENUS DE KHALAKANTI* D'ANGELE KINGUE

Marie Chantale Mofin Noussi

L'éco-féminisme est un mouvement diversifié avec des points de vue parfois opposés. Cependant le lieu de convergence demeure l'exclusion partagée par la femme et la nature. Il convient de remonter la rivière du passé pour essayer de comprendre la situation dans laquelle la femme africaine en particulier se trouve. Ce « retour aux sources » n'a rien de péjoratif. Il ne s'agit pas d'essayer d'excaver une culture qui serait morte et dépassée. C'est un travail qui permet de saisir les moments de transformations dans les cultures africaines.

L'élément commun partagé par les éco-féministes c'est le dualisme nature/culture qui affecte négativement la relation femme/homme. Ce dualisme est une caractéristique culturelle occidentale qui prend ses racines entre autres sources dans le christianisme et la philosophie cartésienne. L'opposition culture/nature vient en partie du fait que la culture est considérée comme le domaine de la rationalité et que la nature est plutôt dénuée de cet élément rationnel. C'est donc une relation basée sur l'association et l'exclusion. Cependant, la cosmogonie africaine révèle que l'être humain et son environnement font partie d'un même et unique système et que par conséquent la hiérarchie homme / nature ne s'impose pas. Si cette hiérarchie existe, elle serait en faveur de la nature à laquelle l'homme africain accorde un grand respect. La relation entre la nature et l'homme africain est marquée par une réciprocité. L'homme s'occupe de la nature comme celle-ci prend soin de lui. L'homme africain tire ses connaissances et son pouvoir de la nature. La nature africaine n'est pas dépourvue de rationalité, elle en est même la dépositaire. Les différents rituels d'initiation qui se passent dans les lieux « naturels » ou se servent d'éléments de l'environnement pour acquérir la sagesse sont des preuves du pouvoir de la nature. Cette harmonie peut paraître romantique pour certains, mais elle est une réalité encore vivante à certains degrés dans l'Afrique contemporaine. Il serait prétentieux d'affirmer que l'osmose[1] entre l'Africain et le monde non humain est totale. Il existe toujours des transgressions qui mènent aux conflits entre les deux entités ; et c'est pour cette raison que des sanctions naturelles sont prévues à cet effet.

Le roman *Vénus de Khalakanti* d'Angèle Kingué peint des femmes africaines au cœur d'un double combat : la lutte pour la survie et la protection de la forêt. Quelle est la relation que le roman établit entre la femme et la nature? Comment la romancière récupère-t-elle des éléments culturels de l'Afrique pour élaborer la prise de pouvoir de la femme ? L'objectif de cette étude est de montrer que la relation entre la femme et la nature doit être comprise dans un contexte culturel et que la proximité entre la femme africaine et la nature peut être considérée comme une force pour la construction d'une indépendance féminine. *Vénus de Khalakanti* se consacre à la femme rurale africaine qui utilise la nature comme un moyen de résistance contre l'exclusion. Le roman présente également une divinité africaine qui pourrait représenter un socle pour l'édification d'une nouvelle identité féminine africaine.

L'action de *Vénus de Khalakanti* se passe pour la plupart dans le village Khalakanti situé dans une zone rurale à des kilomètres de Tingui, la capitale d'un pays qui n'est pas nommé. Le lecteur peut simplement constater qu'il s'agit d'un pays de l'Afrique équatoriale. Khalakanti pourrait alors représenter le microcosme de l'Afrique où la femme, bien qu'assujettie par les traditions, essaie de gagner son indépendance. Khalakanti est une région enclavée où un des rêves des habitants est de voir leur route principale bitumée. Le choix de la campagne comme espace central de l'action du roman n'est pas fortuit. Il permet de mettre l'accent sur les populations rurales et leurs environnements.

En Afrique sub-saharienne, une partie considérable de la population vit dans les zones rurales. *Vénus de Khalakanti* lève le voile sur le monde rural et en particulier la gent féminine, très souvent oubliée, et parfois tenue pour responsable des problèmes environnementaux comme l'explique Rosemary Ruether : « African women are seen as the most victimized sector of the exploited rural society, but also those who through their child bearing, wood and water gathering and agriculture contribute to overpopulation, soil erosion, deforestation and drought »

(180). Les Khalakantiennes sont doublement défavorisées : en tant que femmes et paysannes. Les femmes du village présentées dans le roman ont été toutes, d'une manière ou d'une autre, victime du rejet de la société et de la domination masculine. Assumta, la tenancière du restaurant, a été abandonnée dans les rues de Tingui par un homme qui lui promettait « monts et merveilles, mais dont la jalousie maladive et la violence l'avaient fait fuir » (79). Bella, porte les stigmates des violences effroyables d'un mari qui l'a mutilée. Après la mutilation de Bella, Dama sa mère tient à rendre public les injustices auxquelles sa fille a fait face. Elle confie à un journaliste : « ma fille a été au pilori, c'est elle l'agneau sacrificatoire. La justice ne nous a pas épaulées parce nous n'avons rien, parce que nous sommes des femmes ! » (104) Cette double exclusion due à leur sexe et à leur statut social, les femmes de Khalakanti entendent la dépasser en se servant de la terre comme arme ; cette terre qui, spoliée par l'homme, partage avec la femme des violences constantes.

Il est important de mentionner que plusieurs personnages du roman ont été déçus dans leurs expériences urbaines. Assumta et Bella reviennent de Tingui la capitale, tandis que Clarisse est de retour de la France. Les trois femmes reviennent à la campagne qu'elles ont jadis quittée. C'est dans cet environnement rural qu'elles vont trouver l'indépendance et un début de solution à leurs problèmes. Cet exode urbain qui donne au texte des allures de roman pastoral,[2] Angèle Kingué en fait un point essentiel. De nos jours où l'exode rural et l'immigration clandestine contribuent très souvent à faire des jeunes africains des marginaux de la société urbaine, *Vénus de Khalakanti* rend visible l'espace rural africain généralement associé aux maux comme la famine, la misère et la maladie. Cependant le roman ne dépeint pas la campagne en des termes édéniques. Le village Khalakanti est présenté avec ses problèmes, mais surtout avec ses potentialités et ses innovations. Le « retour au pays natal » qu'effectuent les personnages du roman ne constitue pas la fin d'un parcours, mais le point de germination d'une nouvelle vie. Khasia, le journaliste déchu de son poste en ville, a bien compris le sens de son retour au village :

> Mon retour au village n'était pas une fuite. Je m'en aperçois maintenant. J'étais peut-être, inconsciemment, à la recherche d'un refuge, mais je ne suis pas rentré à Khalakanti la queue entre les jambes. J'y suis revenu parce que c'était le seul endroit sûr que je connaissais, non pas comme un chat qui revenait mourir à la maison, mais comme quelqu'un qui avait besoin de reprendre son élan, de se redéfinir. (177)

Replier au village est un moyen pour les femmes du roman de retrouver un point d'appui nécessaire à leur reconstruction. La terre est pour ces femmes une arme pour contrecarrer l'exclusion dont elles font l'objet. Non loin du Chantier Forestier de la Bonne Esperance mis sur pied par Assumta, celle-ci commence à cultiver le lopin de terre offert par son père dès son retour de la ville. Par cette nouvelle acquisition, Assumta obtient une indépendance que ne connaissent pas beaucoup d'autres femmes rurales parce qu'elles ne sont que de la main d'œuvre bon marché pour leurs maris et familles. Son travail lui permet « d'exister pour elle-même et par elle-même d'abord » (134).

A la mort d'Assumta, sa cousine Clarisse, expulsée de France, reprend la plantation en main et la transforme de manière rapide et spectaculaire : « elle avait créé une allée bordée d'arbres, qu'elle nommait le chemin nourricier. De chaque côté du chemin, elle avait planté une des espèces d'arbres ravagées par les chauffeurs et leurs acolytes. Elle s'était chargée de redonner à la forêt les enfants qu'on lui avait brutalement arrachés des bras » (146). Clarisse joue dans son jardin le rôle de bergère « qui [mène] les gens vers le sanctuaire verdoyant et paisible de son petit monde » (148). Le jardin de Clarisse a plusieurs fonctions : la première est celle de reconstituer « une zone naturelle ». La notion de « zone naturelle » revêt un certain paradoxe : les activités humaines sont exclues de cette zone dite naturelle, mais elle est définie par sa relation avec l'homme. En utilisant l'expression « natural control », Alison Byerly montre que le concept de « zone naturelle » « rests on the paradoxical assumption that only human interference can guarantee a natural state of affairs» (62). L'espace naturel recréé par Clarisse est plus qu'une destination éco-touristique. Il permet aux humains de se reconnecter avec la nature ; c'est-à-dire réapprendre à la connaître et par ce fait même, se réconcilier avec elle. Bella explique :

> Nous sommes tous des enfants de la forêt, mais nous avons oublié comment communiquer avec elle, comment l'aimer, comment l'amener à nous guérir. Nous en extrayons tout ce que nous pouvons avec arrogance, avec mépris sans reconnaissance. C'est pour cela que nous allons si mal dans ce pays, c'est pour cela que nous sommes à plat ventre. La forêt nous en veut et tant qu'il n'y aura pas d'harmonie entre nous et elle, ce sera une guerre sans fin. (163)

Cette reconnexion entre les hommes et la nature est une étape capitale dans le processus de respect et de sauvegarde de l'environnement.

Les pèlerinages organisés par Clarisse et Bella dans le jardin offrent aux populations l'opportunité de comprendre l'indissociabilité entre l'homme et la nature, car toute tentative de rupture mène à la ruine de l'un et de l'autre.

Il est difficile de ne pas établir un parallèle entre le jardin de Clarisse et le jardin d'Eden, mais également le Mouvement de la Ceinture Verte (Green Belt Movement) dirigé par Wangari Maathai dont les objectifs sont multiples. Le Mouvement de la Ceinture Verte a été créé en 1977 par la Kenyane Wangari Maathai en collaboration avec les femmes de la National Council for Women of Kenya (NCWK) (2006, 122-125). Même si la NCWK est menée principalement par des femmes de la haute hiérarchie sociale, son but est d'impliquer considérablement les femmes issues des sphères rurales. C'est pour cette raison que le Mouvement de la Ceinture Verte est composé en grande majorité de femmes des communautés rurales qui plantent des arbres pour reconstituer la forêt et protéger les sols contre l'érosion. L'une des conséquences directes du travail des femmes du mouvement est l'amélioration de leurs conditions de vie. Elles produisent le bois de chauffage et ne sont plus obligées de parcourir de longues distances pour s'en procurer. De plus, les femmes reçoivent une compensation en fonction du nombre de plants produits. Maathai explique la rémunération des femmes dans *Unbowed* :

> We also gave the women an incentive. "Whenever a seedling that you raise is planted," I told them, "The movement will compensate you." This was a small amount-the equivalent of four U.S. cents a tree- but it provided a lot of motivation. After all, these were poor women who, even though they were working all the time [...] had few options for paid employment. (137)

Bien que modeste, le salaire des femmes du mouvement acquiert toute sa grandeur dans l'enthousiasme qu'il leur procure. Ces piliers du mouvement gagnent non seulement une certaine indépendance économique, mais reconquièrent aussi leur dignité, arrachée par leur condition de précarité. Wangari Maathai estime que le véritable développement passe par la protection de l'environnement. Cet avis est partagé par Vandana Shiva dont les visions éco-féministes ont été en partie forgées par le Mouvement Chipko[3] en Inde dans les années soixante-dix.

Shiva est fondatrice de Navdanya, un organisme qui mène des actions en faveur de la sécurité alimentaire et la préservation de la planète.

Navdanya a une branche spécialement dédiée aux femmes : Diverse Women for Diversity. C'est un programme qui reconnait les femmes comme garantes de la sécurité alimentaire et les accompagne dans leurs missions de pourvoyeuses de nourriture biologique et de protectrices de la terre. Shiva et Maathai ont en commun la conviction selon laquelle le bien-être de l'homme et de l'environnement passe par la femme.

Le jardin de Clarisse ressemble à une reconstitution du jardin d'Eden, une quête de l'harmonie perdue entre les différentes composantes de la biosphère. Le rôle de restauration et de revivification incombe à la femme qui est souvent accusée comme auteur de la chute du monde. Les éco-féministes à l'instar de Rosemary Ruether, Wangari Maathai et Vandana Shiva qui s'intéressent aux pays en voie de développement, s'accordent sur le fait que la femme (rurale) est la première « gardienne » de la famille et qu'elle est aussi la première à ressentir les problèmes environnementaux. Par conséquent, il est nécessaire qu'elle soit également au centre de la protection de la nature.

Les femmes du Chantier Forestier de Khalakanti trouvent en la nature une particularité spirituelle par la fonction de guérison des arbres. Ainsi, « ces hommes, ces grands types qui avaient participé au déboisement des forêts et à l'avortement des villes composaient des odes à la nature, faisaient leur mea culpa aux arbres, leur confiaient leurs tracas et invoquaient leur sérénité » (147). Ces hauts dignitaires du pays qui arrivent au Centre sont les bienvenus pour une cure réparatrice. La thérapie est une série d'actes d'humilité par lesquels les hommes avouent leurs manquements à la nature. Cette repentance décharge les hommes du poids de leurs délits et marque le début d'une nouvelle vie de liberté. Khalakanti est devenu ainsi une destination privilégiée pour les populations, principalement urbaines.

Les femmes du Centre ont transformé leur village en un lieu de convergence des populations. Le roman s'ouvre sur la cérémonie d'accueil dont l'organisateur essaie autant que faire se peut de cacher la forêt avec les masses humaines avant l'arrivée du ministre des Travaux Publics et de l'expert de la Banque du Monde dans le village (10). La réception des personnalités à Khalakanti était jadis minutieusement préparée par celui que le narrateur nomme le metteur en scène. Ce dernier tâchait de faire de la visite exceptionnelle des autorités une réussite. Sous un ton ironique, le narrateur raconte comment le metteur en scène rangeait des haies humaines pour dissimuler la forêt qui constituait alors une horreur pour le décor. A la fin du texte, non seulement les dignitaires affluent au village sans avoir besoin de protocole, mais ils viennent pour la forêt, autrefois occultée.

La caractéristique spirituelle de la nature dans le roman s'étend jusqu'à son identité avec la femme. La parité entre la femme et la nature demeure une question très sensible pour plusieurs féministes. Le roman *Vénus de Khalakanti* montre la proximité entre la femme et la nature. Les caractères communs entre les deux entités sont d'ordre biologique et spirituel. Clarisse explique : « comme nos grand-mères et nos arrière-grand-mères, nous sommes liées à la terre, elles nous l'ont léguées » (176). Le narrateur établit la relation entre la feue Assumta et la terre du jardin dans lequel est enterrée en ces termes : « [Bella] jouait avec cette terre nouvellement retournée, cette terre qui contenait son amie, cette terre qui était devenue son amie » (181). Susan Griffin montre la fusion entre la femme et la nature lorsqu'elle affirme : « We know ourselves to be made from this earth. We know this earth is made from our bodies. For we see ourselves. And we are nature. We are nature seeing nature. We are nature with a concept of nature. Nature weeping. Nature speaking nature to nature» (226). Le rapprochement entre la nature et la femme ici n'a pas pour but de confiner cette dernière dans une sphère qui empêcherait son épanouissement. Assimiler la femme à la nature ne renferme pas que des aspects négatifs. Il s'agit plutôt d'un essentialisme positif qui procède par une mise en relief du pouvoir intrinsèque de la femme. La femme et la nature partagent une force régénératrice qui leur permet de se reconstruire même lorsqu'on les croit mortes. Bella en est le symbole. Son époux Boualo lui a coupé les mains en se servant d'une machette, à la manière d'un bûcheron qui débarrasse un arbre de ses branches. Cependant, l'amputation des bras de Bella n'a pas abouti à sa mort car son cœur était aussi vivant que les racines d'un arbre ayant subi l'élagage. La période de neuf mois qu'elle a passée à l'hôpital dans un coma ressemble à une gestation, à un bourgeonnement qui l'a menée à une nouvelle vie ; une vie de femme indépendante qui a su mettre en valeur son intelligence. La femme et la nature ici ont en commun un mode de vie circulaire fondé sur l'éternité. Si pour certaines féministes l'association femme-nature est une construction patriarcale qui consiste à reléguer la femme et la nature au rang de subordonnées, il est important de noter que le contexte socioculturel doit être pris en considération. La cosmogonie africaine reconnaît la nature comme un domaine sacré, possédant de multiples pouvoirs. En somme, qu'elle soit biologique, spirituelle ou simple métaphore, la connexion entre la femme africaine en particulier et la nature consisterait donc à l'élever. C'est le cas de la figure culturelle nommée Mami Wata, dont la ressemblance avec le personnage de Bella, fait de celle-ci une Vénus noire.

En Afrique Sub-saharienne et dans la diaspora, la croyance en Mami Wata, nommée Olukun chez les Yoruba du Nigeria, Yemandja au Brésil, ou encore Jengu chez les Sawa du Cameroun, la déesse des eaux aux multiples attributs superlatifs est une réalité. *Vénus de Khalakanti* révèle comment le phénomène Mami Wata peut informer la prise de pouvoir des femmes africaines. Comment une icône culturelle reléguée aujourd'hui au rang de simple mythe peut-elle constituer une plate-forme pour les mouvements féministe et éco-féministe en Afrique ? Il s'agit de résister aux forces du patriarcat en se servant des ressources culturelles qui présentent des femmes incarnant le pouvoir.

Les avis sont partagés quant à l'origine et aux caractéristiques de Mami Wata. Certaines descriptions et représentations picturales lui attribuent des traits physiques européens : la peau blanche, les cheveux lisses et très longs. Henry John Drewal explique l'opinion de ceux qui considèrent Mami Wata comme une déesse importée de l'Occident:

> The concept and image of *Mami Wata* (and perhaps the name) as an African divinity with overseas origins probably dates to the earliest European-African encounters of the late fifteenth century. Between 1490 and 1530, a Sapi sculptor on the coast of Sierra Leone was commissioned by Portuguese visitor to carve an image of a European mermaid. He flanked the mermaid with crocodiles, thus immediately Africanizing her. Several European travelers' accounts describe how Africans viewed Europeans as water beings [...] Spanning more than five hundred years, Mami Wata encompasses pre-colonial, colonial, and neo-colonial eras, each with its shifts in socio-cultural formations and conditions. (2)

Par ailleurs, certains auteurs[4] montrent que Mami Wata n'aurait aucun lien avec l'Occident. Cette divergence de points de vue renforce l'idée selon laquelle Mami Wata est un être protéiforme comme l'explique Sabine Jell-Bahlsen : « The water goddess is as elusive as slippery as the liquid element itself and can assume any shape or « gestalt ». She is Kaleidoscopic, sparkling and colorful like the rainbow» (32).

Vénus de Khalakanti prend la forme d'un roman merveilleux par les histoires fantastiques qui jonchent le texte. Dama, la mère de Bella, encore appelée Vénus, raconte l'histoire de la rencontre de sa fille avec la déesse des eaux. Malgré le refus de Dama de confier sa fille à Mami

Wata, la fin du roman révèle que Bella elle-même est devenue une déesse des eaux. Vénus a une faculté rationnelle qui ne la dissocie pas de la nature, mais l'en rapproche plutôt. La nature, considérée comme l'antipode de la culture, est caractérisée comme le domaine qui exclut toute rationalité. Cependant le personnage de Vénus évoque à la fois une grande intelligence et une essence avec la nature. Elle est l'incarnation de Mami Wata et sa faculté de discernement l'amène à consolider son lien avec la nature.

Mami Wata est la femme-poisson, vivant dans les eaux et vénérée par plusieurs peuples de la côte. Dans cette définition simpliste de la déesse des eaux, il est possible de voir en elle un être hybride qui réunit différents éléments de l'écosphère: l'être humain, l'animal et l'eau. Elle est un emblème de l'unité entre les composantes de la nature. Mami Wata est une divinité mystérieuse et diverse que certains définissent comme représentant à la fois le Bien et le Mal ; c'est -à -dire qu'elle serait l'équivalent chrétien de l'arbre de la connaissance. C'est sûrement une raison pour laquelle Clarisse plante l'arbre *wenge* devant la tombe de sa cousine et le nomme « l'arbre de la vie et de la mort » (149) pour traduire la puissance de sa sœur car comme Mami Wata, les femmes du Centre incarnent à la fois une capacité rationnelle particulière et une communion avec la nature.

Les mystères liés à Mami Wata enrichissent l'imaginaire littéraire africain[5]. Plusieurs textes la présentent comme un adjuvant de la femme. Ainsi, la déesse des eaux inspire les personnages féminins, leur insuffle des qualités comme le courage, l'indépendance et leur procure également de la chance dans leurs entreprises. Dans *Efuru* de Flora Nwapa, le devin (*dibia*) rassure Nwashike Ogene le père de l'héroïne Efuru que les rêves de sa fille sont une manifestation des faveurs de la déesse des eaux. L'oracle explique: «Nwashike Ogene, your daughter is a great woman. The goddess of the lake has chosen her to be one of her worshipers. It is a great honour. She is going to protect you and shower riches on you » (191-192). De même, Vénus raconte à Khasia qu'elle est née dans la mer et que celle-ci « [l'] enveloppe de son manteau protecteur » (187).

Vénus de Khalakanti mentionne aussi la déesse Zema dont Khasia raconte l'histoire. Elle était la divinité de Khalakanti. Elle encourageait l'harmonie et l'innovation et le village était prospère jusqu'au jour où elle a disparu parce que quelques hommes du village ont voulu la destituer (142). Khasia voit en Vénus, une Zema, c'est-à-dire une déesse qui combat la banalité et favorise l'équilibre non seulement entre les hommes, mais aussi entre les êtres humains et leur environnement.

Vénus explique à un journaliste que sa vie de femme comme celle des femmes qui l'ont précédée est liée à la terre (176). Elle ajoute que les armes dont disposent les femmes du Centre pour combattre l'inégalité sont principalement la terre et le désir. Les propos et l'expérience de Vénus témoignent que la terre est un support auquel les femmes finissent par s'identifier. Si la force de la femme c'est la terre, la nature, si cette nature est en elle, est elle, cela signifie que la femme a des aptitudes[6] internes capables de l'aider à s'en sortir. La créativité des femmes du Centre le prouve bien. Elles ont su se tailler une place de choix en se servant de la nature. Ces femmes, jadis comptées parmi les exclus de la société ont réussi à devenir des points centraux. Leur innovation est certaine; mais elles ont besoin d'appui, surtout sur le plan technologique. Bella et Clarisse se sont lancées dans la fabrication de baumes à base de produits naturels comme le faisaient leurs grand-mères avant elles. A l'image des actions du Mouvement de la Ceinture Verte, le travail des femmes de Khalakanti révèle comment les techniques traditionnelles[7] peuvent être réappropriées à moindres coûts pour permettre aux femmes rurales d'être économiquement autonomes. Maathai explique que son movement « is committed to increasing public awareness on the relationship between environmental degradation and such issues as poverty, unemployment, malnutrition, and the mismanagement of natural resources, and the impact of these problems on the political and economic situation throughout Africa» (1992, 23). Malheureusement, les idées novatrices de ces femmes ne rencontrent pas toujours l'assistance qu'elles méritent, surtout dans le sens du conditionnement et l'écoulement de leurs produits.

En conclusion, *Vénus de Khalakanti* peut compter parmi les premiers textes littéraires africains francophones qui centrent leurs actions autour de l'éco-féminisme. Cette approche encore dans sa phase de balbutiements en Afrique, trouve dans le roman d'Angèle Kingué une explication importante. A travers le roman, l'on comprend que la femme africaine, sans aucune exception (rurale et urbaine) doit être au cœur du développement durable. Le roman présente les actions de ces amazones qui, dans leur combat quotidien contre un « monde qui [leur] laisse peu d'alternative » (175) résistent contre leur effacement par la revalorisation de la forêt. C'est à ce niveau que l'éco-féminisme du roman s'africanise car il considère l'association femme/nature comme une valeur culturelle africaine qui promeut la force féminine.

Ce rapprochement femme/nature constituerait donc une des subtilités du mouvement éco-féministe africain qui est en pleine construction.

Notes

1. L'osmose entre l'homme africain et la nature est plus visible dans les régions rurales que dans les zones urbaines. Ces dernières, s'inspirant de certaines conceptions qui prônent la domination de la nature pour mieux s'inscrire de la modernité.
2. Dans son livre intitulé *Pastoral* (1999), Terry Gifford identifie trois genres pastoraux. Celui qui convient le mieux à la situation décrite dans *Vénus de Khalakanti* est le retrait de la ville pour la campagne. Nous sommes loin du « pastoralisme » qui idéalise la campagne au détriment de la ville.
3. Le Mouvement Chipko a été fondé dans les années soixante-dix en Inde. Il est composé de paysans qui se constituent en rempart humain contre la coupe des arbres. Le mouvement est devenu majoritairement féminin. C'est pour cette raison qu'en plus de ses objectifs sociaux et environnementaux, il cible également les questions relatives aux femmes.
4. Vivian Hunter-Hindrew (*Mami Wata: Africa's Ancien God/dess Unveiled*), Gerald Massey (*A Book of the Beginnings*), et Stephanie Dalley (*Myths from Mesopotamia*) montrent l'origine africaine de Mami Wata.
5. The Concubine de Elechi Amadi, Mammy Wata et le monstre de Véronique Tadjo, Efuru et Idu de Flora Nwapa.
6. La nature est connue pour son dynamisme. Les phénomènes de « mort » et de « régénérescence » sont très fréquents dans la nature. Les bourgeonnements par exemples succèdent aux hibernations ; les feuilles mortes d'un arbre produisent du fumier pour le nourrir. Les exemples du mouvement de la nature sont nombreux. Cette dormance n'est pas la fin d'une vie, mais le début d'une vie nouvelle. Les personnages féminins de *Vénus de Khalakanti* ont vécu des moments de latence qui les ont transformées en de nouvelles personnes indépendantes. C'est pourquoi Bella nomme les femmes « la caste des immortels ».
7. Les femmes de Khalakanti fabriquent depuis des générations des baumes à base d'huile de palmiste et de beurre de karité. Cependant, ces produits manquaient de succès à cause notamment de la texture et du parfum peu agréables. En conséquence, les populations consommaient les produits importés réputés meilleurs. Bella et Clarisse ont inversé les habitudes de consommation des populations en alliant techniques modernes et savoir-faire traditionnel. Ainsi, avec l'aide de Nobejo le pharmacien, elles conditionnent leurs produits en y ajoutant un « parfum des fruits locaux » (140).

Works Cited

Amadi, Elechi. *The Concubine.* London: Heinemann, 1966. Print.

Byerly, Alison. "The Uses of Landscape: The Picturesque Aesthetics and The National Park System." *The Ecocriticism Reader: Landmarks in Literary Ecology.* Athens/London: The University of Georgia Press, 1996. 52-68. Print.

Dalley, Stephanie. *Myths from Mesopotamia: Creation, the Flood, Gilgamesh, and Others.* Oxford/ New York: Oxford University Press, 1989. Print.

Drewal, Henry Jonh. *Sacred Waters: Arts for Mami Wata and Other Divinities in Africa and the Diaspora.* Blommington/Indianapolis: Indiana University Press, 2008. Print.

Griffin, Susan. *Woman and nature: The roaring inside her.* New York: HarperCollins, 1978. Print.

Jell-Bahlsen, Sabine. "The Concept of Mammywater in Flora Nwapa's Novels." *Research in African Literatures.* 26.2 (1995): 30. Print.

Kingué, Angèle. *Vénus De Khalakanti: Roman.* Bordeaux: Ana, 2005. Print.

Maathai, Wangari. "Kenya's Green Belt Movement: A Community Based Project Created and Directed by Women." *The UNESCO Courier.* Mars 1992. 23-25. Print.

______. *Unbowed: A Memoir.* New York: Alfred A. Knopf, 2006. Print.

Massey, Gerald. *A Book of the Beginnings, Containing an Attempt to Recover and Reconstitute the lost Origines of the Myths and Mysteries, Types and Symbols, Religion and Language, with Egypt for the Mouthpiece and Africa as the Birthplace.* London: Williams & Norgate, 1881. Print.

Nwapa, Flora. *Efuru.* London: Heinemann, 1966. Print.

______. *Idu.* London: Heinemann, 1970. Print.

Ruether, Rosemary. *Women Healing Earth: Third World Women on Ecology, Feminism & Religion (Ecology and Justice).* New York: Orbis Books, 1996. Print.

Tadjo, Veronique. *Mamy Wata et le Monstre.* Abidjan : Nouvelles Editions Ivoiriennes, 1993. Print.

Zogbé, Mama, and Vivian Hunter-Hindrew. *Mami Wata: Africa's Ancient God/ dess Unveiled : Reclaiming the Ancient Vodoun History & Heritage of the Diaspora.* Martinez, GA: Mami Wata Healers Society of North America, 2007. Print.

SECTION 4

—

THE WORLD'S ENVIRONMENT: ECOCRITICISM IN THE DIASPORA

ENJEUX ET DÉTERMINANTS DU DÉVELOPPEMENT DURABLE DANS LE ROMAN DE L'ÉMIGRATION AFRICAINE: ESQUISSE D'UNE ECOCRITIQUE

Yvette Balana

Les découpages et les étiquettes de la critique littéraire servent moins le fait littéraire que la glose, paradoxalement nécessaire et vitale dans ce domaine. C'est pourquoi, les notions de rupture et de génération semblent incontournables dans l'approche des littératures, surtout celles de l'Afrique. Puisque ces dernières sont supposées rendre compte de moult «bouleversements» et «mutations» qui surviennent sur le continent, et qui pourtant, demeurent périphériques à la qualité de la vie des peuples. En réalité, les populations africaines, dans leur immense majorité, sont depuis toujours plongées dans la nuit[1] sombre de l'exploitation et du dénuement, où l'intérêt public et l'équité, préoccupations centrales du développement durable, ne sont que de vains mots.

Cette réflexion porte sur ce qui apparaît aujourd'hui comme une génération à part entière, en rupture avec celles de la négritude et du désenchantement. Il s'agit de la nouvelle vague de romanciers qui publient au bord de la Seine, des textes que la critique qualifie, à juste titre, de «roman de l'émigration africaine» (Wabéri 12). Ce vocable désigne une production littéraire préoccupée par le fait migratoire, et dont les auteurs sont des immigrés qui revendiquent une double appartenance à la terre d'origine et au pays d'accueil. Tout en mettant au centre de notre propos cette littérature dite transcontinentale, nous partirons d'un texte classé dans le registre de la négritude militante, et publié quatre décennies avant ceux de Daniel Biyaoula, Alain Mabanckou, Joseph Essomba, Abdourahman Waberi, la liste n'est pas exhaustive. Il s'agit de *Ville cruelle* de Mongo Béti, alias Eza Boto. C'est un texte expérimental, dans la mesure où il préfigure les enjeux anthropologiques et philosophiques du développement durable et des migrations. Ce premier récit de l'écrivain camerounais montre en effet que les littératures africaines sont des littératures de vie d'avant-garde, puisqu'elles ont toujours posé la question des besoins essentiels des plus démunis, et les limitations que l'état des techniques, ainsi que les fondements de l'économie mondiale, imposent sur la capacité de l'environnement à répondre aux besoins actuels et futurs. Il faut donc d'entrée de jeu, signaler que les concepts de littérature de vie et de développement durable qui structurent notre propos, obéissent à un effet de mode qui justifie la thématique de cette 36ème Conférence de L'ALA.

En prenant comme base de notre analyse l'un des textes pionniers de la prose africaine au sud du Sahara, notre démarche entend rendre tout à la fois le temps de la conjoncture, très court et ridicule, et le temps «séculaire de la gestation de la pensée, des Etats, des cultures,» distinction opérée par Catherine Coquery-Vidrovitch et reprise par Waberi (9). Nous nous proposons de faire une écocritique qui s'appuiera sur les principes de l'écologie sociale et du paysage. Depuis la publication de l'ouvrage de Cheryll Glotfelty et Harold Fromm,[2] cet instrument d'analyse apparaît comme un courant de critique littéraire, même si l'on reconnaît qu'il reste un paradigme en cours d'élaboration. C'est une approche qui entend étudier la relation entre la littérature et l'environnement physique, mais surtout, interroger les représentations de la nature au sein du fait littéraire, dans une nouvelle perspective qui remet en cause l'anthropocentrisme et la dichotomie traditionnelle entre l'environnement naturel et l'essor culturel. Cette vision biocentrique nous intéresse dans sa perspective politique, car il n'est plus question d'aborder la nature comme un simple décor, mais plutôt comme un lieu où se lisent diverses relations de pouvoir. Il s'agira de montrer que ces dominations sont bien le fondement d'un désastre écologique dont les faits migratoires tirent une bonne part de leur justification. Notre étude appréhende donc l'environnement dans sa triple dimension écologique, sociale et économique. Une démarche holiste nécessaire d'une part, pour interroger les enjeux et les déterminants du développement durable dans le roman de l'émigration africaine ; d'autre part, pour mettre en évidence les rapports de corrélation et d'interdépendance entre littérature, écologie, anthropologie et migrations.

I. Littératures africaines, littératures de vie: des enjeux anthropologiques et philosophiques du développement durable

Ville cruelle, peut-être du fait de son titre, a tout de suite capté l'attention du public en ce qu'il décrivait, avec la verve satirique que l'on reconnaît à l'écrivain camerounais, les injustices subies par les Africains dans les villes coloniales. L'œuvre aurait tout aussi bien suscité l'intérêt des lecteurs, du fait des questions environnementales qu'elle posait déjà. Seulement, à sa sortie, ces questions ne sont pas encore une préoccupation planétaire, comme cela est le cas aujourd'hui avec les changements climatiques qu'on observe à l'échelle internationale. De fait, *Ville cruelle* est un excellent cadre d'étude pour deux disciplines de l'écologie: l'écologie du paysage et l'écologie de l'anthropologie. La première est centrée sur l'espace urbain ; la seconde, rompant avec le déterminisme des premières approches en anthropologie, conçoit les rapports de l'homme et l'environnement en termes de mécanismes adaptatifs, de dégradation de l'un par l'autre et vice versa. Quatre catégories critiques sont ici exploitées : l'habitat, les espèces, l'étendue sauvage et la biodiversité.

Commençons par l'écologie du paysage. Dans ce roman publié depuis 1954, la ville est une véritable jungle, un désastre environnemental où les trois piliers, écologique, social et économique du développement durable n'offrent aucune garantie de viabilité et d'équité. Le paysage de Tanga, comme celui des autres villes coloniales, est le reflet d'une urbanisation à deux vitesses. Espace chaotique et insalubre pour les uns, cadre agréable pour les autres:

> Tanga ressemblait certes à nombre d'autres villes du pays: de la tôle ondulée, des murs blancs, des rues rouges gravelées, des pelouses et plus loin, éparpillées sans ordre, de petites cases avec des murs en terre battue, des toits de nattes de couleur incertaine, des enfants nus dans la boue ou la poussière des cours. (16)

La description que Mongo Béti fait de Tanga est identique à celle qu'on retrouve deux décennies plus tard chez l'Ivoirien Jean-Marie Adiaffi:

> Bettié est constitué de deux quartiers principaux, comme toutes les villes coloniales: le quartier européen et le quartier indigène. [...] Le quartier indigène, là-bas, enterré dans le cloaque de la terre, dans les fanges et marais sous l'œil vigilant des moustiques, des charognards, des hyènes, des chacals. Insalubre. Immonde. Il gît pêle-mêle dans le désordre empuanti de cadavres d'animaux: chèvres, cabris, poulets gonflés, de chaussures paillardes qui ont traîné toutes les misères du monde. (*La Carte d'identité* 17)

Toute la matière pour une écologie du paysage est ainsi livrée par ces textes. En effet, avant même de s'étendre aux volumes océaniques, cette branche de l'écologie s'est d'abord intéressée aux espaces terrestres, naturels, forestiers, agricoles, mais aussi urbains. Aujourd'hui, l'écologie du paysage se préoccupe des barrières physiques et visibles telles les canaux, les routes, les clôtures, et même des plus subtiles comme les changements d'odeur et leur impact sur la dégradation de l'écosystème. Bettié et Tanga mettent en évidence ces effets barrière, mieux encore, elles montrent que les villes coloniales se sont constituées au gré des appétits des grandes puissances, sans études prospectives ni développement de stratégie de gestion et d'aménagement des espaces qui puissent être socialement acceptables.

D'ailleurs, Mongo Béti ira plus loin, en montrant que tout en étant hautement politiques, les déterminants du développement durable sont d'abord économiques. Deux décennies avant *Les Maquereaux des cimes blanches* de Maurice Chappaz, et cinquante ans avant *Eoliennes* de Ferenc Rakoczy, *Ville cruelle* traite de la destruction de l'écosystème. On le voit dans la description de l'activité qui fait l'essentiel du tissu industriel de Tanga, l'exploitation forestière. La périphrase «le royaume de la bille de bois» est en cela très édifiante:

> C'étaient aussi d'énormes billes de bois attachées en radeaux. Ils venaient de loin aussi ces radeaux. Des hommes les montaient, généralement nus, superbement indifférents aux huées qui descendaient du pont. [...] L'autogrue allait entasser les billes de bois dans un chantier d'où montait le cliquetis rageur des haches qui les équarrissaient, les arrondissaient, les réduisaient aux proportions de l'usine et de la civilisation. Un petit train, crachotant, misérable, venait d'une petite gare voisine, en plein air, et prenait livraison des billes sitôt dégrossies. Il les emmenait blanchies, numérotées,

> sagement couchées dans de longues voitures, vers Dieu sait quelle destination.
>
> De ce côté-ci de la ville, tout ne semblait vivre que pour ou par la bille de bois jusqu'aux scieries là-bas dont on voyait les cheminées dégingandées dégorger la fumée dans le ciel par des jets intermittents et saccadés. C'était le royaume de la bille de bois. (*Ville cruelle* 17-18)

Au-delà de l'exploitation inique de l'homme qui la sous-tend, on devine aisément les conséquences que cette activité a, à court et à long terme, sur l'écosystème et la biodiversité. Et l'on réalise pourquoi le soleil chez Mongo Béti est hostile et «cuisant,» et non plus «resplendissant» et «cuivré» comme chez Langston Hugues et Countee Cullen. Et l'on comprend aussi pourquoi, dès l'entrée de l'œuvre, l'écrivain camerounais, qui a fait l'essentiel de sa carrière en exil, se pose la question du devenir de cette ville, pour laquelle, compte tenu de la situation politique, rien ne sera fait pour réglementer ces activités et arrêter la saignée: «Qu'est-il advenu de la ville de Tanga depuis l'époque des événements que relate cette chronique? Comme s'il pouvait lui être advenu quoi que ce soit d'important en si peu d'années!» (16)

Mongo Béti a le mérite de mettre le doigt sur l'impact des activités extérieures des sociétés coloniales, et d'en déterminer les implications sur l'environnement, mais aussi sur les mentalités. Ce premier roman d'Alexandre Biyidi offre de ce fait de la matière pour une écologie de l'anthropologie.

Faire une écologie de l'anthropologie consiste ici à tourner le dos à l'option symbolique, celle qui interroge les religions, les rituels et les mœurs des groupes humains, dans une perspective anthropocentrique, puisque le sujet y occupe une place cardinale. Il s'agit plutôt de voir comment les composantes environnementales affectent la moralité et les comportements, tout comme à leur tour, ces derniers agissent sur l'environnement, ce tout complexe, constitué par le social et l'écosystème, dont l'humain fait partie. Dans ce contexte, le déterminisme laisse la place à l'interaction et l'interdépendance, particulièrement dans les rapports entre l'homme et l'environnement, la culture et la nature.

En effet, dans le roman de Mongo Béti, la nature est loin d'être un simple décor. La ville, cadre principal de l'action, met en scène la destruction de l'étendue sauvage et le changement des mœurs qui en découlent. Cela explique pourquoi l'auteur établit une différence entre les mentalités urbaines propres à Tanga, et celles venues des villages environnants. Comme pour illustrer le lien de causalité qui existe effectivement entre la dégradation du cadre naturel, et celle des valeurs dont il en est la garantie. Dans ces conditions, l'être humain n'est plus au centre de la biocénose,[3] voire de l'écosystème tout entier ; puisqu'il est touché autant dans son intégrité physique que dans ce qu'il a de plus cher, son intériorité. La perspective d'une écologie de l'anthropologie aurait dès lors pour finalité, de s'interroger sur les conséquences que pourraient avoir les comportements acquis sur le cadre de vie. Tel est le sens de cet extrait:

> [...] il s'était constitué parmi cette population une mentalité spécifique, si contagieuse que les hommes qui venaient périodiquement de la forêt en restaient contaminés aussi longtemps qu'ils séjournaient à Tanga. Comme les gens de la forêt éloignée qui conservaient leur authenticité, les habitants de Tanga étaient veules, vains, trop gais, trop sensibles. Mais en plus, il y avait quelque chose d'original en eux maintenant: un certain penchant pour le calcul mesquin, pour la nervosité, l'alcoolisme et tout ce qui excite le mépris de la vie humaine [...] C'était la ville de chez nous qui détenait le record des meurtres... (21)

L'autre point focal dans ce roman, c'est l'interconnexion entre l'économie, le développement durable et les flux migratoires, même si c'est de migration domestique qu'il est essentiellement question. Il est aujourd'hui établi, certes en marge des discours politiques, que c'est la richesse matérielle et technologique des pays développés, sa quête par tous les moyens, qui est la cause première de l'émigration et des désordres écologiques. Dans la continuité d'hier, l'expansion des multinationales ne fait qu'accentuer le déclin de l'économie traditionnelle, supplantant les petites productions locales, perpétuant la misère, et poussant les pauvres vers l'ailleurs. L'émigration domestique ou internationale est donc d'abord une stratégie de survie. C'est là que réside sa dimension collective, celle qui est généralement retenue lorsqu'on parle des politiques d'immigration[4] mises en place par les pays d'accueil.

Pourtant, pour gérer de manière efficiente les questions d'immigration, il est important de considérer l'aspect individuel de l'émigration. Cette perspective, présente dans *Ville cruelle*, a l'avantage de mettre en relief la rencontre des peuples, un des rares côtés positifs de l'invasion coloniale, et de la mondialisation, même si les effets pervers sont immenses. Loin de nous l'idée de louer toute la barbarie qui accompagne une entreprise visant à civiliser d'autres peuples, tant il est vrai que l'Occident n'a jamais été préoccupé par la transmission de ses valeurs civilisationnelles, en même tant qu'il a rompu la dynamique culturelle des autres, ouvrant la voie à toutes sortes de replis identitaires.

Pour analyser l'aspect individuel de l'émigration, revisitons le récit de Mongo Béti dans ses grandes lignes.

Banda quitte son petit village de Bamila pour aller à l'école de la ville, à Tanga. Après huit ans passés à trimer, «à arracher des pommes de terre, et jamais à faire ce qu'on fait habituellement dans une école» (12), il est mis à la porte parce que devenu trop grand. Mais le retour à Bamila n'est plus possible, ce village ne répond plus à ses ambitions. Il n'y restera que le temps de patienter jusqu'à la mort de sa mère. Il ne veut non plus s'installer à Tanga, la ville la plus proche, devenu «trop petit.» Le jeune homme a maintenant besoin de «vastes horizons.» Lorsque sa mère décède, Banda a déjà une compagne, en la personne d'Odilia. Il quitte alors son village pour celui de sa bien-aimée où il est fort bien accueilli, d'autant plus qu'il apparaît comme le fils providentiel qui vient remplacer Koumé, le frère d'Odilia, mort tragiquement en essayant d'échapper à la police de Tanga. Odilia et Banda sont d'ailleurs en possession de la coquette somme d'argent que Koumé a pris à son employeur, un grec qui lésinait à lui payer un salaire convenable. Les problèmes de survie qui se posaient à Banda sont donc momentanément résolus, lui qui s'est vu délesté de son cacao sous le fallacieux prétexte qu'il était mauvais. Mieux encore, il est maintenant capable de payer la dot à ses beaux-parents. Mais Banda ne pense qu'à partir pour Fort-Nègre, alors que cette ville est réputée plus hostile et plus «développée que Tanga.» Visiblement, même son oncle, petit tailleur installé sur la véranda d'un commerçant grec de Tanga, trimant pour un sou, conscient de l'échec de sa vie en ville et de l'impossibilité de retourner au village, semble admirer l'ambition de son neveu, regretter sa jeunesse perdue, et le fait de s'être arrêté à mi-chemin. Le texte de Mongo Béti se termine par ce rêve de partir, comme un appel pressant de la conscience:

> Fort-Nègre, au souvenir de Tanga lui paraissait hostile. Pour l'instant, il se réfugiait dans l'amour d'Odilia, dans l'étrange ambiance de douceur dont le baignait la présence de sa petite sœur. Mais il sentait qu'il ne pouvait pas en rester là.
> Un jour, il lui faudrait bien aller à la conquête de Fort-Nègre, il ne pouvait pas s'arrêter à mi-chemin.
> Et la voix, sa voix, dont il aimait à entendre les inflexions, toutes les intonations, ne cessait de lui susurrer: « Banda, qu'attends-tu donc pour partir?» (224)

Comme on peut le constater, ce bref résumé, et surtout cet extrait qui clôt le roman de Mongo Béti, révèle une autre motivation du départ vers l'ailleurs, occultée quand il s'agit des flux migratoires vers l'Occident, mais admise du moment que le voyage se fait en sens inverse. Nous pensons ici à la construction identitaire et à Nathalie Carré qui inscrit le séjour hors du pays natal dans «un processus d'analyse de soi.» Elle cite alors les exemples de Richard Burton, Henri de Monfreid et Mary Kingsley pour qui l'Afrique est apparu comme «une terre de liberté loin des pesanteurs et de la déliquescence de la société occidentale.»[5]

Certes, la rencontre entre l'Occident et l'Afrique s'est faite sur le modèle du viol. Mais elle a permis d'élargir l'horizon et de consacrer le voyage comme une donnée essentielle à la dynamique identitaire, concept plus pertinent que celui de crise identitaire. Le voyage devient une démarche d'intériorité, nécessaire à la construction identitaire, et non plus seulement une fuite. Une manière de dire que l'errance n'est pas toujours malheureuse et souffrante, elle peut être consciente et conquérante. Mais une conquête individuelle, qui se décline en termes de réappropriation de soi.

Inscrit dans cette continuité, le roman de l'émigration africaine en France, au-delà des questions environnementales qu'il pose, est une littérature de soi. Pour emprunter l'expression d'Achille Mbembe, c'est une «écriture africaine de soi.» Odile Cazenave va dans le même sens lorsqu'elle estime que la nouvelle diaspora africaine de Paris a un regard non plus tourné nécessairement vers l'Afrique, mais plutôt sur «soi.» Mais quel sens donner au terme soi? Edouard Glissant ne dit-il pas que la pensée de l'errance, qui est solitaire, est en même temps solidaire? Dans ce cas, le pays natal, la question du retour sont bien au centre de ce roman de l'émigration.

II.
Le développement durable dans le roman de l'émigration: du cadre physique à l'espace mental

La nouvelle génération d'auteurs africains qui vivent, publient et rayonnent sur la place parisienne revendique, sans complexe, une double appartenance à la terre d'origine et à la société d'accueil. Certains réclament trois ou quatre passeports et situent leurs écrits dans une dimension «transcontinentale.» La position de Kossi Efoui est emblématique de cette posture. Cette réflexion n'est pas l'occasion de poursuivre la controverse, pour dire par exemple que Victor Hugo a écrit ses œuvres majeures dans son exil belge, sans jamais cesser d'être un écrivain français; ou encore que Mongo Béti est resté le plus africain des écrivains africains, après de longues décennies d'exil en France.[6] Les sociologues du fait littéraire ont ici matière à réflexion, quant au rôle écrasant et surplombant de l'institution centrale de Paris, et à celui des institutions littéraires moribondes et inexistantes du continent africain.[7] L'approche environnementale qui est la nôtre semble indiquée pour montrer que le débat est ailleurs; sans doute dans les effets pervers d'une mondialisation qui a commencé sur le modèle du viol, par l'invasion coloniale; et dans les affres de la condition postcoloniale. Pour ce dernier aspect, il fait référence à tous les freins qui plombent la naissance des Etats postcoloniaux en termes de mise en place de stratégies culturelles et d'institutions fortes, au service de la citoyenneté et de la démocratie.

Lorsqu'on sait l'asservissement de la critique aux discours d'escorte des écrivains, on peut dire que c'est certainement sur la base des prises de position de ces «enfants de la postcolonie» (Wabéri 11), qui pourraient être des stratégies de positionnement périphériques aux textes, que la critique réserve, elle aussi, une portion congrue, voire inexistante, à toute thématique liée à l'Afrique et à la question du retour. Opposant les créateurs de la nouvelle diaspora parisienne à ceux de la négritude, Jacques Chevrier parle d'écrivains de la «migritude qui s'installent dans l'hybride naguère vilipendé par l'auteur de *L'Aventure ambiguë.*» Pour lui, ils produisent un discours «décentré» qui tire ses racines à mille lieues du pays natal.

Odile Cazenave de renchérir:

> Souvent peu préoccupés par l'Afrique elle-même, leurs œuvres découvrent un intérêt pour tout ce qui est déplacement, migration, et posent à cet égard de nouvelles questions sur la notion de culture et d'identités postcoloniales, telles qu'elles sont perçues et vécues depuis la France. (*Afrique sur seine* 8)

C'est l'occasion de dire que, tout comme les politiques qui se sont enfermées dans une gestion policière de l'immigration, la critique littéraire perd de vue le fait que «les migrations ne surgissent pas du néant» et que, plus qu'on ne le dit souvent, elles ont une dimension circulaire, car les migrants ne sont pas toujours permanents, ils vont et viennent. En politique comme en littérature, il faut donc admettre que la question du retour et celle des origines est au cœur des problématiques migratoires. De ce fait, trois questions sont incontournables: d'où viennent-ils? Pourquoi partent-ils? Où vont-ils?

Répondre à ces interrogations, c'est remettre l'Afrique au centre des textes de la «migritude,» et c'est le changement de perspective qu'il s'agit alors de décrypter. Le retour ne se décline plus en termes de repli identitaire, mais de voyage; le voyage apparaissant alors comme un concept clé dans l'approche du fait migratoire et des questions identitaires.

Il faut tout d'abord relever que, dans les écrits de la nouvelle diaspora africaine, la thématique liée au terroir se fait à plusieurs vitesses, suivant les parcours des uns et des autres. La critique est d'ailleurs unanime sur le refus d'une vision collectiviste et fait de ces auteurs des «individualités d'écrivains.» Si l'action des œuvres de Samy Tchack se déroule principalement en Europe et en Amérique, plusieurs romans d'Alain Mabanckou ont pour cadre l'Afrique, quand il ne s'agit pas de l'entre-deux. Chez Daniel Biyaoula, ce n'est pas toujours cette Afrique déportée dans la ville européenne qui est décrite. Une bonne partie de *L'impasse* se situe au Congo Brazzaville. C'est dans un village camerounais que nous transporte Calixte Beyala avec *Les Arbres en parlent encore.* Même Kossi Efoui fait faire à ses personnages des tours en Afrique, dans un espace où «l'odeur des forêts n'est plus celle des arbres.» (*Solo d'un revenant* 12)

Ces auteurs mettent au cœur de leurs textes, l'Afrique comme point de départ de l'émigration, mais aussi comme élément de la dynamique identitaire. Concernant l'émigration, et ce dans une perspective environnementale, la question du paysage urbain retient particulièrement l'attention. En effet, tout en dénonçant la manie qu'a une certaine mondialisation de véhiculer, par médias interposés, l'image d'un ailleurs paradisiaque, ces auteurs mettent en cause l'échec de politiques d'aménagement d'espaces urbains socialement acceptables. Les villes qui offrent, cinq décennies environ après les indépendances, un visage plus affreux que celui décrit par Mongo Béti et Jean-Marie Adiaffi, dévoilent les tourments de la condition postcoloniale. C'est d'une ambiance propice aux départs massifs, et périlleux, vers un ailleurs supposé plus vivable, qu'il est question. Le thème de l'immigration clandestine fait d'ailleurs fureur chez ces écrivains, et consacre les origines comme une thématique de premier plan. A titre illustratif, la maison que Moki le Parisien construit pour son père, est essentielle dans le schéma narratif de *Bleu Blanc Rouge* d'Alain Mabanckou. Comme le montre les titres qui succèdent à l'incipit, elle fait partie des éléments qui déterminent Massala Massala à partir, alors qu'il était de «ceux qui croyaient que la France c'était pour les autres.» (36) La description lyrique de cette «villa blanche» est en cela parlante:

> L'éblouissement fut général. [...] Elle apparaissait là, devant nous. On pouvait la contempler et mesurer le labeur de ces ouvriers qui s'étaient surpassés durant un laps de temps. Une immense villa. Elle se dressait, impériale, en quatre pentes. Ses tôles en aluminium luisaient avec les rais de soleil. Elle se distinguait de loin et dépassait en hauteur les bicoques avoisinantes qui n'étaient plus qu'un capharnaüm dont le désordre sautait aux yeux comme dans une favela. Il y avait deux mondes. Celui de la famille Moki et celui du reste du quartier.
>
> Cette impression de dualité de mondes s'accentua lorsque Moki fit mettre l'électricité et une pompe à eau dans leur parcelle. Rares étaient les maisons éclairées et pourvues en eau potable. [...] Nous payions une modique somme d'argent pour recueillir au jour le jour deux ou trois dames-jeannes d'eau. (43-44)

Dans ce contexte, l'injustice sociale n'est plus le fait de colons, mais celui de la nouvelle bourgeoisie africaine aux affaires. La gabegie et les multiples malversations de cette «élite» a poussé la misère des masses dans les limites de l'inconcevable. Ce dénuement affreux marque largement le premier roman de Daniel Biyaoula, *L'Impasse.* Pour l'écrivain congolais, les villes africaines sont de véritables nécropoles où la misère a tout figé: le paysage, les hommes et les valeurs. Une étude lexico-sémantique permettrait de voir comment les mots misère, mort, tombeau, sommeil et leurs variantes, marquent la langue du récit. Le personnage de François, bien que devenu trafiquant et adepte de Bacchus, reste d'une lucidité à toute épreuve, et soutient de manière lancinante que la misère est, en Afrique, une véritable catastrophe écologique:

> Joseph! la dynamique de la misère, la politique de l'assiette vide, du ventre creux, de la défection! Voilà notre réalité! [...] Et on chante la sociabilité de l'Afrique!!! son sens de la famille!!! Ah! Joseph! des mots tout ça! Des stupidités! Il n'y a plus de parents ici, Joseph, il n'y a pas d'Etat! Que du caca, Joseph! Par contre tu les vois, les grosses cylindrées qui passent, n'est-ce pas? Eh bien, il y en a des milliers à Brazza. C'est les riches! Ils ne bossent pas, on ne voit pas le fruit de ce qu'ils font, mais ils

> ont quand même de l'argent! Ils achètent des voitures qui ne leur servent à rien! Il n'y a pas de routes ici! Et tu vois celles qui existent? Toutes pourries, toutes crevassées! (123)

Le cadre du roman de Biyaoula est donc celui où «les conducteurs, les timoniers, ça ne pense qu'à soi, à l'entourage!» (123) En même temps qu'ils pillent les caisses de l'Etat, ils s'adonnent aux activités qui mettent en péril l'écosystème, telle la vente des défenses d'éléphants. C'est le cas de Samuel, le grand frère de Joseph Ngakatuka, qui est directeur de la recherche sur le développement accéléré et immédiat.

Au-delà des questions existentielles et environnementales, le roman de l'émigration pose des problématiques plus philosophiques, telle la quête identitaire que nous avons déjà évoquée, mais aussi la sempiternelle question de l'individu dans la collectivité. Selon les termes de Bernard Mouralis, cette production littéraire présente une «réalité autrement plus prégnante que l'espace.» La thématique liée au rapport de l'homme avec le groupe, offre en effet de la matière pour une écologie sociale. Murray Bookchin, le père de la discipline, a mis sur pied une théorie philosophique, sociale et politique de l'écologie, au travers de plusieurs principes dont trois peuvent être décryptés dans un roman comme *L'Impasse*: l'unité dans la diversité, l'interdépendance et le renouveau de la citoyenneté.

L'écologie sociale s'insurge en réalité contre l'uniformisation des êtres et des pensées. Au-delà de l'individu, généralement plongé dans le groupe, c'est l'individualité, c'est-à-dire la différence consciente et assumée, qui l'intéresse. L'écologie sociale estime que seule la différence, promue et valorisée, est à même d'apporter une diversité de talents, de points de vue et de styles, pour permettre de faire évoluer la société. L'interdépendance implique l'union organique des différentes composantes sociales, dans ce qu'elles ont de singulier. Pour cette raison, le citoyen reste le fondement de tout système d'écologie sociale. Il est nécessaire que ce dernier se réapproprie le pouvoir, afin d'être à mesure de décider de ce qui concerne sa vie de tous les jours.

Or, l'immigré fait face à trois communautés distinctes, mais toutes semblables à des hydres à mille têtes qui multiplient les mécanismes pour enfermer l'individu dans les standards, les moulages, les foules, les troupeaux ; les mots sont de Biyaoula. La première communauté, celle du pays d'accueil, raciste, individualiste et marchande, procède par pétrification. Les Noirs, aussi bien que les Blancs, végètent dans une non-existence, puisque relégués au statut d'objet, d'instrument au service de la société de consommation:

> Là-bas, on est juste une chose, une crotte blanche ou noire à laquelle on prête à peine attention: un anonyme qu'on ne juge pas sur son apparence. C'est l'une des grandes trouvailles des Blancs, exister comme une pierre. [...] Là-bas, même si l'air est tout saturé de produits qui achèvent le pauvre, on respire quand même. (96)

La deuxième communauté, c'est celle du pays natal. Elle n'a plus l'auréole mythique de la négritude. A mille lieues du pays d'adoption, cette patrie imaginaire reste présente à travers les médias. L'image de délabrement qu'elle renvoie n'incite pas à y retourner. Lorsqu'on parvient à s'y rendre, on retrouve des miséreux agrippés à des oripeaux appelés traditions. Leur extrême pauvreté les maintient dans le sommeil de l'alcool, du sexe et de la prière. Ils sont dans une enfance, qui n'a même plus la force d'être innocente, et sont prêts à infantiliser tout le monde. L'immigré qui débarque au pays retrouve le chemin de ce berceau aliénant et traumatisant. Ses convictions, sa maturité, et l'expérience qu'il a d'avoir foulé d'autres terres, sont appelées à fondre comme neige au soleil, s'il veut vivre, même pour quelques jours de vacances, avec le troupeau. Dans ces conditions, le voyage n'est pas possible, la dynamique identitaire est rompue.

La troisième communauté, *the last but not the least*, est cette Afriqueland reconstituée dans le pays d'adoption. C'est la communauté des immigrés. Comme la société d'accueil, et celle restée au pays, elle dresse des murs de préjugés entre les Noirs et les Blancs. Ici comme ailleurs, les dualismes modernes fonctionnent à merveille. Les théories sur les prétendues dispositions naturelles des uns et des autres s'affrontent. Des conditions d'exil sévères les maintiennent dans une pauvreté plus psychologique que matérielle. Un vide intérieur et une tristesse infinie les habitent, qu'ils ont tôt fait de cacher sous de multiples déguisements. Et c'est dans ce sens négatif et aliénant qu'ils veulent faire foule. En même temps que les médias véhiculent une image mythique de l'Occident, et celle délabrée de l'Afrique, ces exilés sont responsables d'une immigration clandestine qui prend tous les jours des proportions inquiétantes. C'est en effet «un concentré d'Africains parés» qui emprunte la route des vacances, dans un pays où la misère est innommable:

> Costumes de toute sorte, plus clinquants les uns que les autres. Cravates de soie. Robes de satin. Gants blancs. Chaussures vernies ou cirées à souhait. Parfois manteau

> en laine, de cuir ou fourrure sur le bras. Tout ça se croise sans discontinuer. C'est des vacanciers. [...] Mais pourquoi donc ces gens attachent-ils autant d'importance aux habits? Pourquoi veulent-ils tant qu'on les remarque? C'est évident que c'est ce qu'ils recherchent! que je me dis. Pendant des secondes, ça me parcourt la tête, ces questions. Et voilà qu'une réponse me vient à l'esprit. Elle me remplit d'effroi. C'est normal! quand le brouillard ou le vide règne en soi c'est la seule chose qui reste, que j'ai pensé. (13)

Dans ce contexte, une individualité, affirmée et consciente, est vouée à la mort, à la désagrégation complète. C'est certainement ce qui justifie la fin du roman de Biyaoula, avec une mutation, somme toute dramatique, de la personnalité de Joseph. Bernard Mouralis trouve cette transmutation «un peu forcé.» Y avait-il mieux pour signifier que l'éclosion de la nécessaire individualité, telle que la conçoit l'écologie sociale, est impossible?

En définitive, nous dirons que l'Afrique, au centre du roman de l'émigration africaine, n'est plus le lieu d'un repli identitaire, mais une composante de la dynamique identitaire. Cette dynamique est une construction spatiale et mentale qui consacre et confirme le voyage, vers l'ailleurs ou au pays natal, comme un concept clé dans l'approche des identités postcoloniales. Malheureusement, ce nécessaire voyage est rendu impossible du fait d'une gestion désastreuse de l'environnement. Dans la continuité d'hier, les romanciers de la place parisienne confirment en effet que, les villes africaines, dans leur immense majorité, sont de véritables nécropoles où les trois piliers du développement durable sont sérieusement mis à mal. Au-delà d'une gestion politique désastreuse, ce sont les fondements même de l'économie mondiale et la barbarie d'un capitalisme dévorant, qui sont ici mis en cause.

De fait, les écrits de la nouvelle diaspora africaine de France consacrent une évidence qui crève les yeux : la misère est la première catastrophe écologique de notre temps, bien avant les changements climatiques. C'est l'iniquité des systèmes mis en place par le colonisateur qui plombe le développement durable dans sa triple dimension écologique, économique et social. Comme le disait l'ancien ministre français Claude Allègre, la terre a connu, à d'autres époques, des élévations de température qui n'ont pas pour autant conduit à sa destruction. Loin de nous l'idée de minimiser les effets de ces changements, mais il faut relever que l'écrasante majorité de la population du monde souffre de la faim, de la maladie et bien d'autres maux. Au-delà de la gouvernance désastreuse des pays africains, c'est bien l'internalisation d'une économie mondiale prédatrice qui en est responsable. Ce sont elles encore qui consacrent une émigration de masse, souffrante, et dont la gestion politique par les sociétés d'accueil, ignore la part individuelle. Comme disait un personnage de *Bleu Blanc Rouge* d'Alain Mabanckou, l'émigration est faite pour les ***bouillants***. Il ne s'agit pas seulement de ces *Parisiens* à la peau «noire» devenus maîtres dans l'art de passer entre les mailles des filets des polices implacables des pays d'accueil. Mais de ces individualités qui, comme Banda de *Ville cruelle*, ont besoin de vastes horizons pour continuer la construction de leur identité.

Enfin, la pluralité des enjeux, tout à la fois politiques, économiques et anthropologiques, devrait amener la critique littéraire et les politiques des pays d'accueil, à intégrer le fait migratoire dans une vision économique, politique et sociale globale. D'où le choix de l'écocritique comme outil d'analyse, car faisant bien plus que questionner le rapport entre la littérature et l'environnement, ce courant se veut interdisciplinaire et ne cache pas son ambition militant, puisqu'il se propose d'éveiller les consciences aux dangers écologiques provoqués par le monde moderne. A ceux qui s'interrogeaient encore sur l'utilité de la littérature dans un contexte largement dominé par la triple performance technologique, économique et financière, il convient de dire que la littérature a un rôle à jouer dans le combat écologique de notre temps.

Notes

1. C'est le sens que l'histoire de l'Afrique prend dans ces mots d'Assia Djebar dans *L'Amour, la fantasia* (304, édition de 1995, Albin Michel): « Mais la légende tribale zigzague dans les béances et c'est dans le silence des mots d'amour, jamais proférés dans la langue maternelle non écrite, transportée comme un bavardage d'une mime inconnue et hagarde, c'est dans cette nuit-là que l'imagination, mendiante des rues, s'accroupit. » C'est aussi en termes de nuit que Daniel Biyaoula s'exprime dans *L'Impasse*, Paris, Présence Africaine, 1996.
2. *The Ecocriticism reader: landmarks in literary ecology*, publié en 1996, peut être considéré comme le point de départ d'une réflexion sur les rapports entre la nature et la littérature. Au-delà de la réflexion théorique,

avec des catégories critiques énoncées, ce courant est envisagé comme une contribution à la résolution des problèmes environnementaux.

3. L'écologie est une science biologique qui étudie deux grands ensembles : celui des êtres vivants, la biocénose, et le milieu physique, le biotope ; le tout formant l'écosystème.
4. L'émigration, c'est-à-dire le fait de quitter son pays pour s'établir ailleurs, n'implique pas toujours, à l'arrivée, une intégration sans heurts. Dans les pays d'accueil, les politiques d'immigration, sous le prétexte que le flot de personnes qui arrivent n'est pas facile à gérer, sont souvent dénoncées comme hostiles, voire inhumaines.
5. Nathalie Carré, « Des explorateurs aux écrivains voyageurs : cheminements littéraires », *Notre Librairie*, n°153, janvier-mars 2004, p. 9.
6. Nous employons cette tournure pour dire que la thématique des œuvres de Mongo Béti est restée centrée sur l'Afrique après plusieurs décennies d'exil.
7. Il faut dire que dans la plupart des pays africains au sud du Sahara, l'édition n'a pas véritablement pris son essor. Par conséquent, de nombreux manuscrits restent dans les tiroirs parce que les maisons d'édition existantes sont moribondes, faute d'une véritable stratégie culturelle globale, dans un contexte généralisée de récession économique et de crise de la gouvernance. Plus de cinq décennies après les indépendances, la littérature africaine continue à être publiée outre atlantique.

Works Cited

Adiaffi, Jean-Marie. *La Carte D'identité: Roman*. Abidjan, Côte d'Ivoire: CEDA, 1980. Print.

Béti, Mongo alias Eza Boto. *Ville cruelle*. Paris: Présence Africaine, 1971 (éd. org. 1954). Print.

Beyala, Calixte. *Les Arbres en parlent encore*. Paris: Albin Michel, 2002. Print.

Biyaoula, Daniel. *L'Impasse*. Paris: Présence Africaine, 1996. Print.

Carré, Nathalie. «Des explorateurs aux écrivains voyageurs: cheminements littéraires.» *Notre Librairie*. N°153, janvier-mars 2004. Print.

Cazenave, Odile. *Afrique sur seine: Une nouvelle génération de romanciers africains à Paris*. Paris:L'Harmattan, 2008. Print.

Chappaz, Maurice. *Les Maquereaux des cimes blanches*. Vevey: B. Galland, 1976. Print.

Chevrier, Jacques. «Afrique(s)-sur-seine: autour de la notion de 'migritude.'» *Notre Librairie*. N°155, juillet 2004. Print.

Efoui, Kossi. *Solo d'un revenant*. Paris: Seuil, 2008. Print.

Glotfelty, Cheryll and Harold Fromm. *The Ecocriticism Reader: Landmarks in Literary Ecology*. Athens: University of Georgia Press, 1996. Print.

Kom, Ambroise and Bernard Mouralis. "Regards croisés sur *L'Impasse* de Daniel Biyaoula.» *Notre Librairie*. Nouveaux paysages littéraires. N°135, septembre-décembre 1998. Print.

Mabanckou, Alain. *Bleu Blanc Rouge*. Paris: Présence Africaine, 1998. Print.

Rakoczy, Ferenc. *Eoliennes*. Lausanne: Editions L'Age d'Homme, 2007. Print.

Sassen, Saskia. «Les Migrations ne surgissent pas du néant.» *Manière de voir, Histoire(s) d'immigration*. N°62, mars-avril 2002. Print.

Wabéri, Abdourahman. «Les Enfants de la postcolonie. Esquisse d'une nouvelle génération d'écrivains francophones d'Afrique noire.» *Notre Librairie*. N°135, septembre-décembre 1998. Print.

L'ANALYSE DU RAPPORT ENTRE L'HOMME ET L'ENVIRONNEMENT DANS *GOUVERNEURS DE LA ROSÉE*, RÉCIT DE JACQUES ROUMAIN

Obrillant Damus

Introduction

Jacques Roumain, auteur haïtien, mort en 1944 à l'âge de 37 ans, est surtout connu pour deux textes célèbres. Il s'agit de son célèbre roman posthume intitulé *Gouverneurs de la rosée,* publié en 1946 à Paris, et de *sa Contribution à l'Etude de l'Ethnobotanique Précolombienne des Grandes Antilles,* publié en 1942.

Gouverneurs de la rosée est un récit qui a été traduit en plus d'une vingtaine de langues. Il est étudié tant au secondaire qu'à l'Université dans beaucoup de pays. Il se trouve au cœur des travaux de recherche littéraire consacrés à l'œuvre de l'auteur. Beaucoup de mémoires et de thèses de doctorat portent sur ce récit.

Le message écologique apporté par *Gouverneurs de la rosée* n'a pas été exploité par la postérité. Les rapports entre l'Homme et l'environnement dans le récit de Jacques Roumain sont complexes. L'Homme est une partie de l'environnement. Sa survie dépend de la protection écologique. La mauvaise gestion de l'environnement peut avoir des conséquences graves sur la vie humaine, les animaux, les végétaux...

Ma communication vise à décrire comment se tissent les relations entre l'Homme et l'environnement dans le récit en question. Elles nous amènent au questionnement suivant : Quels sont les enjeux sociopolitiques et économiques du discours écologique dans *Gouverneurs de la rosée*? Quelle est la logique de l'argumentation de ce discours ? Quelles leçons tirer de ce message écologique ? Quelles conséquences a-t-on déjà observées en Haïti de la méconnaissance ou de l'ignorance du message ? Quelle est la portée locale et universelle de ce discours écologique ? J'essaie modestement de répondre à ces questions en prenant appui sur le récit.

I. Approche utilisée pour commenter le discours écologique[1] parcourant le récit

Ce travail ne consiste pas à analyser le récit mais à montrer les enjeux du discours écologique qui le traverse. Il ne s'agit pas d'une analyse sémiotique qui m'amènerait à considérer le récit en question comme un système clos en m'interdisant de recourir aux faits extralinguistiques. Mes commentaires se fondent plutôt sur une approche extra-sémiotique dans la mesure où je ne fais pas abstraction des circonstances de la production et de la réception du discours écologique des acteurs du récit. J'utilise quelques outils d'analyse du récit disponibles en fonction de ce que je veux éclairer. Toutefois, je considère le discours écologique comme un sous-signe sémiotique (le récit est un signe sémiotique, un macro-signe ou une macrostructure) même si mon parcours interprétatif déborde la voie discursive à laquelle je m'intéresse. Par ailleurs, j'adopterai dans une certaine mesure une approche onomastique puisque je donnerai—quand cela me paraît nécessaire—la signification du nom de certains personnages.

II. La conscience écologique et la dimension des personnages

La vieille Délira Délivrance est un personnage[2] qui a une certaine conscience de l'environnement ou de la nature. Mais elle ne comprend pas que la poussière est la conséquence des actions de l'Homme sur cette dernière. Elle comprend cependant que l'être humain ne fait pas partie seulement de la nature. Le nous dans « nous mourrons tous » ne renvoie pas seulement aux êtres humains, aux « *chrétiens vivants* »[3] mais également aux animaux et aux végétaux qui sont avec l'Homme des piliers de l'édifice écologique. Délira Délivrance fustige dans une certaine mesure le solipsisme de l'Homme qui a tendance à oublier les autres éléments du milieu, qui oublie qu'il existe entre lui et ces autres éléments du système écologique un destin commun, à savoir la mortalité. Si Délira avait eu une conscience éduquée, elle aurait compris que la nature se révoltait contre le fait que les habitants du village l'aient maltraitée. Elle ne se pose la question de savoir la cause de cette poussière. Elle ne sait pas si cette poussière ou cette misère résulte de la mauvaise attitude des villageois vis-à-vis de l'environnement. La phrase « Nous mourrons tous » montre néanmoins la supériorité de l'Homme sur les autres créatures ou éléments de la nature. L'Homme à la différence de ceux-ci, possède un langage doublement articulé[4] qui lui permet d'appréhender le réel. Grâce au langage, la personne humaine exprime ce qu'elle voit, ce qu'elle perçoit, ce qu'elle constate et vit. La langue est un outil qui permet à l'Homme d'analyser ses expériences. L'énoncé « *Nous mourrons tous* » de Délira Délivrance est un acte de langage constatif. Le langage en tant que faculté, permet à l'Homme de saisir dans les filets de la langue ses constats, lesquels seraient sans cet outil inexprimables et évanescents. Les constats de l'Homme seraient à jamais encapsulés dans le champ de sa pensée sans la médiation du langage. Le langage permet à l'individu de libérer sa pensée. « Nous mourrons tous... et elle plonge sa main dans la poussière : la vieille Délira Délivrance dit : nous mourrons tous : les bêtes, les plantes, les chrétiens vivants, ô Jésus-Maria, la Sainte Vierge.... » (13). Malgré le constat de Délira Délivrance, elle n'est pas en mesure de proposer des solutions concrètes face à la misère des « *chrétiens vivants* », des animaux et végétaux.

Le nom de Délira Délivrance suggère qu'elle est un personnage qui se propose de délivrer les chrétiens vivants, les animaux et les plantes de « la poussière », de la misère en invoquant le nom de Dieu. Malgré la conscience de Délira de l'interdépendance entre les éléments du système écologique, cette conscience reste quasi-primaire dans la mesure où le personnage n'a pas vu que les créatures supérieures, c'est-à-dire « les chrétiens vivants » (les êtres humains) sont des forces vives qui peuvent être mobilisées pour faire face au défi écologique. Pour le narrateur, il est inutile d'implorer Dieu car il est sourd aux cris de désespoir des habitants. Implicitement, il demanderait à l'Homme de se diviniser, de s'attribuer une parcelle de divinité, de s'autodéterminer pour faire face à ses problèmes. « Mais c'est inutile, parce qu'il y a si tellement beaucoup de pauvres créatures qui hèlent le bon Dieu de tout leur courage que ça fait un grand bruit ennuyant et le bon Dieu l'entend et il crie : quel est, foutre, tout ce bruit ? Et il se bouche les oreilles. C'est la vérité et l'homme est abandonné » (13). Le mari de Délira Délivrance, Bienaimé essaie de trouver la cause de la misère ou de la poussière. Il en rend Dieu responsable. C'est un personnage pessimiste et fataliste. Un personnage qui se souvient de l'âge d'or que vivaient autrefois les habitants : « Ah ces coumbites ! » (16). L'énoncé évoque les bienfaits du coumbite. Les coumbites permettaient de réunir les habitants pour empêcher la misère de marquer leur cycle de vie. Mais qu'est-ce qui avait provoqué l'effritement de ces rituels de travail agricole collectif ?

Délira espère, a confiance en Dieu et agit par l'intermédiaire de la prière. Mais lui, Bienaimé n'espère ni agit. S'adressant à Délira, il dit : « Le seigneur, c'est le créateur, pas vrai ? Réponds : le seigneur, c'est le créateur du ciel et de la terre, pas vrai ? ... eh bien la terre est dans la douleur, la terre est dans la misère, alors, le seigneur, c'est le créateur de la douleur, c'est le créateur de la misère » (14).

> Le narrateur émet des énoncés constatifs et explique que la misère est la conséquence des actions de l'Homme sur l'environnement. L'Homme est un animal qui dévaste ce dernier. Les conséquences de ses actions anti-écologiques se retournent contre lui. Le narrateur semble suggérer aux habitants de modérer les comportements qu'ils adoptent face à l'environnement. Il montre qu'il y a des liens étroits entre l'Homme et l'environnement et énonce implicitement des solutions à la problématique de la misère. L'Homme doit tirer des leçons du passé, chercher les solutions du problème de la misère dans les actions néfastes qu'il a posées contre l'environnement :
>
> « ... les érosions ont mis à nu de longues coulées de roches : elles ont saigné la terre jusqu'à l'os. Pour sûr qu'ils avaient eu tort de déboiser. Du vivant encore de défunt Josaphat Jean-Joseph, le père de Bienaimé, les arbres poussaient du là-haut. Ils avaient incendié le bois pour faire des jardins de vivres : planté le pois-congo sur le plateau, le mais à flanc de coteau ». (15)
>
> « A l'époque, on vivait tous en bonne harmonie, unis comme les doigts de la main et le coumbite réunissait le voisinage pour la récolte ou le défrichage » (16), poursuit le narrateur.

Le narrateur souligne que le facteur humain est la cause anthropique de la genèse de la misère des habitants, laquelle est liée à la déforestation. Les habitants avaient provoqué des incendies dans les forêts pour se procurer des espaces de terre cultivables, espaces où ils pratiquaient des cultures de subsistance. Si l'Homme éprouve la nécessité d'incendier des surfaces forestières pour les transformer en espaces cultivables, il doit cependant modérer ses actions. Le narrateur semble implicitement dire que si les habitants avaient pondéré leurs actions anti-écologiques, ils n'auraient pas vécu cette situation de misère qui les touchait, aussi bien les animaux que les plantes.

Le constat du narrateur témoigne de sa clairvoyance dans la mesure où l'agriculture est l'une des causes principales de la déforestation dans le monde. Ce narrateur est un visionnaire. Il avait prévu que l'Homme serait la grande cause du phénomène de la déforestation. « En Europe, les données recueillies par la FAO permettent d'établir la surface forestière brûlée annuellement, entre 1980 et 1988, à 585 000 ha. L'Amérique du Nord totalise environ 3.5 millions d'ha forestiers brûlés par an pendant la même période, dans laquelle le pourcentage du total des incendies connus attribués à des causes humaines était d'environ 97 % en Europe, 91 % aux États-Unis et 66 % au Canada »[5]. Il faut toutefois souligner que la déforestation est un phénomène qui date de l'époque médiévale. Pour le chauffage dans les zones tempérées et l'accroissement des surfaces agricoles, les êtres humains ont toujours mis en friches les forêts.

Un écrivain est un observateur qui photographie la réalité qu'il perçoit. Jacques Roumain était un grand observateur de la société haïtienne. Il constatait sans nul doute que la couverture végétale haïtienne s'était déjà amincie. « En 1940, on estimait la couverture forestière à 30% »[6], d'après l'agroéconomiste et aménagiste Roger Michel. Selon une source indirecte, « De 1940 à l'an 2002, la couverture forestière d'Haïti est passée de 40 à 1% ».[7]

Si ici, je ne présente pas les autres causes de la déforestation d'Haïti comme les catastrophes naturelles, les aléas climatiques, les maladies et les attaques d'insectes, etc., c'est parce que je veux asseoir mes analyses sur le récit qui est ici considéré comme une réalité empirique fictive. La fiction pure n'existe peut-être pas car le discours écologique du récit aurait peut-être quelque chose à voir avec la réalité sociale de l'époque à laquelle vivait l'auteur et à la situation écologique d'Haïti d'aujourd'hui. La fiction est une re-présentation de la réalité. L'hypothèse est qu'il existe dans le texte de Jacques Roumain des analyseurs socioculturels implicites et explicites (mais je ne cherche pas à la vérifier étant donné que mon analyse n'est pas une analyse stricto sensu du récit en question).

Dans un pays où l'économie agro-sylvo-pastorale[8] domine, la déforestation est paradoxalement une nécessité. Si les besoins de subsistance des communautés ne sont pas pris en considération, on continuera à brûler des surfaces boisées.

III.
Le présent et le passé du Fonds-Rouge

Les habitants du village Fonds-Rouge vivent dans la misère, dans la sécheresse. Ils sont aux abois. Mais ils ne savent pas les causes de cette misère. La conscience des étiologies de cette pathologie qu'est la misère, permettra de créer des solutions pour y faire face. Les personnages Délira, Bienaimé semblent être incapables de tirer des leçons du passé. Pourtant, ils ont la mémoire de ce dernier. Ce sont des prototypes d'individus qui vivent dans une société théocratique et préscientifique. Pour eux, Dieu est la cause et la solution de la sécheresse. Le présent se caractérise par une situation de sécheresse, par la discorde, l'animosité, la rancœur, la haine qui empoisonnent le cœur des habitants. Le présent se caractérise aussi par la révolte de la nature dont le signe visible est cette sécheresse alarmante qui a des conséquences graves sur l'économie agro-sylvo-pastorale du village. Le passé, quant à lui, se caractérisait à une certaine période par la concorde, la solidarité, l'entraide entre les habitants, et la prospérité du village. Il y avait de l'eau, un élément fondamental dans l'environnement non seulement pour la survie des êtres humains, mais également pour celle des animaux et des plantes. Le passé renvoie au géocentrisme des habitants et à l'harmonie entre les éléments du cosmos : les conditions atmosphériques étaient favorables, il pleuvait modérément, les plantes, les animaux, les hommes, les femmes, les enfants n'avaient pas de problèmes ; la terre était fertile, etc. Mais qu'est-ce qui avait mis fin à l'âge d'or de l'économie agro-sylvo-pastorale des habitants, une économie dont l'eau était le moteur ?

IV.
La démarche méthodologique et épistémologique de Manuel pour trouver la cause de la sécheresse caractéristique du village Fond-Rouge

Manuel est un personnage qui possède toutes les caractéristiques d'un chercheur. C'est un grand observateur. Dès son retour de Cuba, il ne tarda pas à observer le village : la maison familiale, la terre, les plantes, les animaux, les humains, etc. Il les retrouva dans une situation misérable. Il a une représentation ubiquitaire de la misère. Sans nul doute, il comprend que l'environnement est un système, une totalité. C'est un homme de terrain. Contrairement aux autres personnages, il portait un regard neuf sur les problèmes du Fonds-Rouge. Dialoguant avec Délira, il dit : « Je dis vrai : c'est pas Dieu qui abandonne le nègre, c'est le nègre qui abandonne la terre, il reçoit sa punition : la sécheresse, la misère et la désolation » (43). Il ne reliait pas la cause de la sécheresse à la divinité mais au comportement de l'homme. Manuel conçoit une société sans dieu ou laïque. Dieu n'est pas responsable de la sécheresse fonds-rougienne mais ses habitants qui avaient violé les lois ou principes qui régissent le fonctionnement du système écologique, et ils en paient les conséquences. C'est un humaniste. Il croit aux potentialités des habitants. Pourtant ces derniers se croient être incapables de faire face à la « misère » du village.

Manuel transcende le traditionalisme et le conservatisme de ses parents, même s'il fait semblant de respecter les us et coutumes du milieu. Il veut comprendre tout le monde. Il se met à l'écoute des autres pour satisfaire sa double curiosité « scientifique » et vulgaire (il s'est intéressé à des activités profanes pour comprendre la culture des villageois, vis-à-vis de laquelle il a pris sa distance ultérieurement).

Après avoir tant observé la sécheresse caractéristique du village, Manuel n'hésite pas à manifester son hydrocentrisme en proposant « l'arrosage » comme solution. Pour ce faire, il réalise un entretien directif auprès d'une personne-ressource : son père Bienaimé. Ce dernier avait vécu l'âge d'or du Fonds-Rouge. Il interroge son père sur l'existence des sources : la Source Fanchon et la Source Laurier, ainsi que sur celle de la mare zombi. Ses hypothèses pourraient être formulées comme suit: L'eau est un élément qui peut rétablir l'équilibre homéostatique du village. L'eau existe quelque part dans le sous-sol fonds-rougien. D'après lui, l'eau occupe le centre du système écologique. Son absence provoque le déséquilibre de celui-ci. Contrairement à sa mère qui proposait la prière et la foi comme solutions à la problématique fonds-rougienne, Manuel y trouvait une solution concrète : l'irrigation des terres.

Racontant à ses parents les rencontres qu'il avait faites dans le village, notamment celles de Gervilen et d'Annaise, Manuel découvrit par hasard la cause de la discorde entre les habitants et de la misère sociale: les conflits mortels entre Dorisca et Sauveur pour le partage des terres. Ces conflits sanglants et mortels restent gravés dans le cœur des survivants. La haine que les uns nourrissent à l'égard des autres est un facteur qui bloque la réussite du projet de communauté de Manuel. Il s'agit en fait de retourner à la communauté utopique d'antan, une communauté caractérisée par des valeurs de solidarité, de paix, de concorde, d'entraide, ainsi que par la volonté de travailler ensemble (coumbite) pour prévenir la pauvreté.

Pour arriver à réussir ce projet, il ne s'agit pas seulement de se lancer à la quête de l'eau, mais aussi de transformer la mentalité des habitants du village théocratique. Manuel doit donc se laisser ré-enculturer en entrant dans la peau des habitants, en revêtant leur habit culturel. Il pratique donc l'observation participante. Il avait en effet participé à une cérémonie vaudouesque qui était organisée par ses parents en l'honneur de Legba, le dieu qui lui avait permis de rentrer au pays natal après un long séjour à Cuba. Manuel dansait et buvait de l'alcool comme les autres assistants. Il faut souligner que la cérémonie du vaudou est un rituel conjonctif qui avait réuni malgré eux les habitants rancuniers du village. Manuel ne croyait pas en Dieu. Il parait que, d'après lui, Dieu est dans l'Homme même. Il ne faut pas le chercher ailleurs. Il avait fait semblant de croire en cet « Être suprême » pour comprendre le fonctionnement de la mentalité des habitants, une mentalité qu'il s'acharnait à transformer afin de s'imposer comme leur leader charismatique.

Je profite de cette occasion pour dire que le vaudou en Haïti joue un rôle important dans le sauvetage des arbres. Les gens craignent d'en couper certains, pensant qu'ils hébergent des loas ou esprits. Il s'agit entre autres du mapou, du calebassier (arbre qui héberge un loa qui s'appelle Damballah ou le loa de la couleuvre), du figuier, etc.

V.
La quête de l'eau

Manuel comprend que l'eau est un élément qui peut réconcilier les habitants. L'eau représente un enjeu écologique collectif de taille. C'est un élément qui peut remettre en marche la machine du système écologique. Néanmoins, l'eau ne réunira pas les habitants si leur mentalité n'est pas préalablement transformée. Donc, Manuel doit se donner pour mission d'agir positivement par son discours sur la mentalité des fonds-rougiens. C'est un éducateur, un illettré-savant, un orateur. Sa phraséologie se distingue nettement du langage religieux des autres personnages. Manuel et le narrateur du récit se ressemblent comme deux gouttes d'eau du point de vue phraséologique et philosophique (de la vision du monde phénoménal). La réponse de Manuel à l'attitude pessimiste de Laurélien qui disait : « Regarde : il n'y a plus rien ; l'eau est tarie depuis les entrailles du morne. C'est pas la peine de chercher plus loin, parce que c'est inutile », est identique aux constats relatés par le narrateur dans la page 15 du récit. Voici la réaction de Manuel : « Mais, pourquoi, foutre, avez-vous coupé le bois : les chênes, les acajous et tout ce qui poussait là-haut ? Et voilà des nègres inconséquents, des nègres sans mesure » (59). Manuel veut dire que l'abattage des arbres est la conséquence de la sécheresse. Effectivement, les arbres favorisent les précipitations qui alimentent la nappe phréatique du sol. Manuel doit aussi faire face à la mentalité fataliste des fonds-rougiens. Il a confiance en lui-même, il a du divin en lui-même.[9] Il sait pertinemment que les habitants sont des forces inertes, des géants endormis, qu'il peut transformer en forces productives.

Pour transformer la mentalité des habitants et pour trouver l'eau, Manuel doit exercer un parcours de combattant. Il sait que l'eau ne servira à rien si la mentalité des fonds-rougiens n'est pas transformée. Le statut de certains personnages évoluera. Annaïse qui était rebelle, capricieuse comme une chèvre avait fini par accorder à Manuel sa faveur cordiale. Elle devint son adjuvante. Manuel utilise tous les moyens honnêtes : l'amour, le dialogue, etc. pour réaliser son projet, sauf le machiavélisme. Laurélien dont le nom fait penser à l'eau tant désirée est l'un des adjuvants de première heure de Manuel (le premier personnage à qui Manuel parlait de l'eau). Manuel doit faire face à des opposants, dont Gervilen Gervilus, Hilarion Hilaire, Nérestan, etc. Ces personnages-opposants ou anti-sujets empêchent Manuel de réaliser son projet. Les adjuvants sont des confidents de Manuel. Ils l'aident d'une façon ou d'une autre à réaliser sa politique. Bienaimé, Délira, Larivoire, Simidor, Annaïse, etc. en sont des exemples. Délira fut une opposante provisoire puisqu'elle n'aimait pas au départ Annaïse, la copine de Manuel. Quand la source aura été découverte, Annaïse aura pour mission de la faire connaître aux femmes par l'intermédiaire du bouche-à-oreille.

Grâce à son intuition (il vit un malanga : une plante semi-aquatique ou humidophile), Manuel avait trouvé l'eau qu'il cherchait. Mais il fallait conduire ensemble cette eau dans la plaine pour que les champs des Fonds-Rougiens fussent arrosés. Pour cela, Manuel devait se comporter comme un véritable rassembleur. Il prêche aux habitants la réconciliation, la concorde, la solidarité et l'amour. Gervilen était contre la réconciliation. Il voulait prendre l'eau de force. La réunion s'est tenue chez Larivoire, un homme respectable, adjuvant de Manuel. On devait organiser une autre réunion, puisque l'eau de la réconciliation prêchée par Manuel n'avait pu effacer toutes les gangues des rancœurs qui maculaient le tissu du cœur des invités.

Manuel est un personnage qui a une dimension messianique. Il était sacrifié sur l'autel de la haine implacable de Gervilen, pendant qu'il rentrait chez lui après la réunion qui était tenue chez Larivoire (un nom qui fait penser au mot rivière !). Manuel est mort pour sauver le village. Ce personnage christique est mort pour son amour des autres, son écophilie, sa naturophilie, sa géophilie et pour sons sens du bien-être des autres ou « son éthique du care ». L'amour de Manuel pour les habitants était incommensurable. Poignardé par le vilain Gervilen, il refusait de confier à Délira le nom de cet assassin. S'il l'avait fait, le parcours de combattant qu'il menait pour trouver l'eau n'aurait pas eu de sens. Il accepta de mourir parce qu'il avait déjà accompli sa mission.

Jacques Stephen Alexis avait raison d'écrire au sujet de *Gouverneurs de la rosée* le commentaire suivant : « Jacques Roumain a écrit un livre qui est peut-être unique dans la littérature mondiale parce qu'il est sans réserve le livre de l'amour. Toute la vie, toute la doctrine, toute la passion de Jacques Roumain semblent avoir pour dimension première l'amour, un amour encore plus vaste que celui du sermon sur la montagne parce que plus inséré dans le contexte de l'action pratique. »[10]

Après sa mort, la mentalité des gens s'est trouvée transformée. Ils savaient désormais qu'il était inutile de compter sur Dieu mais sur leurs propres potentialités humaines. Délira Délivrance avait convoqué les Fonds-Rougiens chez Larivoire. Ils acceptaient de conduire l'eau dans la savane à travers un grand canal. Le message de Manuel était compris et mis en application. Mais il faut dire que l'effet perlocutoire du message se manifesta après la mort de Manuel, alors que celui-ci s'attendait de son vivant à la réalisation de son effet illocutoire.[11] Délira avait achevé la mission de son fils. Elle mérite bien le nom de Délira Délivrance. Mais sans Manuel, le nom de Délivrance n'aurait jamais eu le sens qu'il avait finalement pris !

Conclusion

Le discours écologique qui parcourt *Gouverneurs de la rosée*, discours tenu par le narrateur et le héros du récit, s'adresse aux Fonds-rougiens. Manuel après son retour de Cuba constata une césure intracommunautaire, un cycle vendettal depuis la double mort de Dorisca et de Sauveur, cycle de vengeance qui entraina la disparition du combite (système coopératif précapitaliste entre les travailleurs de la terre), et des valeurs comme la solidarité, l'entraide, etc. Manuel devait faire face à des personnages qui s'opposaient à sa mission. L'anti-sujet principal est Gervilen, amoureux de sa cousine Annaïse. Manuel était éperdument épris de celle-ci. Les deux hommes cherchaient donc à conquérir le même objet : le cœur d'Annaïse. Gervilen avait été éconduit par cette fille, tandis que Manuel obtint la faveur cordiale de celle-ci. Devenue adjuvante de Manuel, elle contribuera à la quête de l'eau, un médiateur naturel qui pouvait assurer la rééquilibration des éléments du système écologique. Manuel trouva l'eau. Gervilen le poignarda mortellement. L'exclusion de Gervilen du village et le sacrifice du sang de Manuel avaient permis le raffermissement du lien communautaire.

La portée de ce discours sur le double plan local et universel, est que les clivages sociaux secrètent la mésentente, la discorde et la haine qui pourraient être à l'origine de la pauvreté. La disparition du combite, de la solidarité et de l'entraide avaient pour corolaire le déboisement du village, alors que ces habitants vivaient au diapason avec la terre (géocentrisme) qu'ils cultivaient, une terre qui donnait abondamment ses fruits. La logique de l'argumentation du discours est liée au fait que l'Homme est indéniablement une partie de l'environnement. L'abattage des arbres entraine des phénomènes comme l'érosion des sols, les inondations qui accélèrent la destruction progressive de l'environnement. L'Homme est le facteur écolytique principal parmi tous les facteurs qui concourent à la dégradation de la nature. Les autres facteurs écolytiques sont souvent les conséquences des actions néfastes de l'Homme sur l'environnement. Ce qui est paradoxal, c'est que la conscience écologique coïncide avec la révolte de la nature. En Haïti, le fait d'avoir vécu durant ces dernières décennies des grands phénomènes écolytiques liés le plus souvent à la destruction du tapis végétal a permis l'émergence d'une certaine conscience « co-écologique ». Et malgré cela, on n'a pas encore mis en place une politique de reboisement généralisé. Le discours écologique du récit n'est pas sans enjeux sociopolitique et économique. La conscience écologique est une conscience sociopolitique. Sur l'axe syntagmatique du discours on trouve le verbe déboiser, lequel renvoie à reboiser sur l'axe opposé (l'axe des éléments substituables ou l'axe paradigmatique). Le reboisement et l'arrosage permettront certainement de faire refleurir l'économie agro-sylvo-pastorale du village fond-rougien. L'agriculture, les arbres, les plantes ont besoin d'eau. En trouvant cette richesse naturelle, Manuel allait pouvoir permettre aux Fonds-Rougiens de répondre à court, moyen et long terme non seulement au défi écologique du village mais également à des besoins socio-économiques. L'énoncé

« Nous mourrons tous : les bêtes, les plantes, les chrétiens vivants...» fut implicitement substitué par « Nous vivrons tous ».

Notes

1. Discours de fiction : ensemble de phrases proférées qui n'ont pas de référent extralinguistique. Cf. Oswald Ducrot/ Tzvetan Todorov, 1972, Dictionnaire encyclopédique des Sciences du langage, Editions du Seuil, Paris, p. 333. Pour la description exhaustive du concept de discours, voir le « Dictionnaire raisonné de la théorie du langage » d'Algirdas Julien Greimas et de Joseph Courtes.
2. Le personnage n'est pas une personne vivante. Il n'existe pas en dehors des mots. Pour reprendre à notre compte la définition de Tzvetan Todorov, le personnage est « un être de papier ».
3. Les êtres humains.
4. Cf. La théorie de la double articulation du langage in « André Martinet, Eléments de Linguistique générale »
5. http://www.cimage-ltd.com/deforesn.html
6- www.haiticulture.ch
7. Haïti, déclaration de Jean Bertrand Aristide, Sommet mondial pour le développement durable, Johannesburg, Afrique du Sud ,03 septembre 2002.
8. Economie basée sur l'agriculture, l'exploitation des forêts (ou l'abattage des arbres) et le bétail.
9. Le nom Manuel est l'aphérèse du nom biblique Emmanuel, nom qui signifie Dieu est avec nous (cf., Louis Segond, La Sainte Bible. Matthieu 1 : 21-23, p. 949). L'aphérèse est un procédé linguistique qui consiste à supprimer une ou plusieurs syllabes au début d'un mot.
10. Jacques Stephen Alexis (en quatrième de couverture de l'ouvrage de Jacques Roumain, Gouverneurs de la rosée, l'édition Messidor de 1989)
11. Cf. John AUSTIN, 1970, Quand dire, c'est faire, Seuil, Paris (How to do things with words, 1962, de l'édition princeps)

Works cited

« Déclaration de Jean Bertrand ARISTIDE ». *Sommet mondial pour le développement durable*, Johannesburg, Afrique du Sud, 03 septembre 2002. Web.

Alexis Stephen Jacques (en quatrième de couverture de l'ouvrage de Jacques Roumain, *Gouverneurs de la rosée*, l'édition Messidor de 1989).Print.

Austin, J L. *Quand Dire, C'est Faire =: How to Do Things with Words*. Paris: Éditions du Seuil, 1970. Print.

Ducrot, Oswald, and Tzvetan Todorov. *Dictionnaire Encyclopédique Des Sciences Du Langage*. Paris: Éditions du Seuil, 1972. Print.

Martinet, André. *Éléments De Linguistique Générale*. Paris: A. Colin, 1967. Print.

Roumain, Jacques. *Gouverneurs De La Rosée: Roman*. Paris: Editeurs français réunis, 1946. Print.

Segond, Louis. *La Sainte Bible*. Paris: Alliance Biblique Universelle, 1992. Print.

ECOFEMINISM AND SARAH E. WRIGHT'S *THIS CHILD'S GONNA LIVE*

RITA B. DANDRIDGE

Sarah E. Wright's first and only novel, *This Child's Gonna Live,* was published in 1969 at the start of the ecofeminist movement, often associated with the third wave of the feminist political front. The novel focuses on a pre-1960's ecological concern—farmland preservation. Considered a "protoecological work,"[1] the novel is set during the Great Depression in Tangierneck, a fictional composite of Wetipquin, Maryland, the author's birthplace that has historically been an all-black area in Wicomico County, on Maryland's Eastern Shore. A poor black farming and fishing community, Tangierneck is home to Mariah Upshur, a twenty-three-year-old black mother, pregnant with her fifth child. The novel relates the desperate struggle of Mariah Upshur to save her sickly children in the midst of ecological crises, both man-made and natural; one child has already died, and the other three are gravely malnourished with intestinal worms. Mariah's survival struggles have appealed primarily to women critics who reference her strength.

Critical commentaries on the novel, most notably those of Jennifer Campbell and Virginia B. Guilford, have focused on Mariah Upshur's feminism. Jennifer Campbell characterizes Mariah as the "emotional anchor" in a narrative regarded as a bridge between "the movements for Black Power and for women's rights" (214). Virginia B. Guilford celebrates Mariah's fight to keep her children alive, her resistance to her strong-willed husband Jacob, and her battle against her own conscience that questions her womanhood (299). But, Campbell and Guilford have little to say about the harshness of nature or how racism and sexism figure into the despoliation of black people's farmland. However, Guilford shares information she obtained in an interview with Sarah E. Wright, quoting Wright as saying, "If I am to write about the 'Shore,' the Eastern Shore of Maryland, then the land there and the people have their personality and validity. My job as chronicler is to reveal this faithfully" (298).

This essay expands critical commentary on *This Child's Gonna Live* by offering an ecological perspective. It captures Mariah in a hostile winter environment in which racism and sexism violate fertile farmland and oppress a young black family living on the land. In the novel, Mariah Upshur initially rejects her natural habitat for what she considers the more desirous living conditions in Baltimore. Her rejection stems from environmental racism and sexism responsible for soil erosion that depletes the food chain that Mariah and her family depend on for subsistence. Her eventual acceptance of her environment comes with her realization that managing ecological setbacks rather than fleeing to the city or committing suicide offers better protection for her children, the ultimate manifestation of beauty in the natural world. Despite Mariah's feminist strength in the face of ecological crises, Sarah Wright did not set out to write an ecofeminist novel. However, because this proto-ecological novel manifests ecofeminist principles, this paper offers an ecofeminist reading of *This Child's Gonna Live.*

Ecofeminism locates women in a natural environment. A primary reason, states Norgaard and York, is that "women have been uniquely and disproportionally affected by ecological destruction" (507). Informed by this ecofeminist principle, *This Child's Gonna Live* opens with the environmentally defeated Mariah contemplating the sun's instability.

"Sometimes the sun will come in making a bright yellow day. But then again, sometimes it won't" (Wright 5). The sun's instability contributes to uncertainty in Mariah's poverty-stricken life. It determines whether or not she and her husband will be able to farm and fish for their livelihood on any given day. It also determines whether or not Mariah's drafty shanty will have extra warmth. In the Tangierneck environment where she is exposed to fierce winds, hurricanes, and the Nighaskin River that "keeps pouring water into the mouth of the Neck," Mariah is keenly aware of nature's ambiguity and its destruction (Wright 16). In a striking simile, she imagines her own deterioration as coinciding with changes in the natural environment. She muses, "My skin must be sliced up with the wrinkles the same as an old black walnut" (5). Mariah's sense of her premature aging links to her seemingly futile struggle to live a productive life. Her initial response is to leave Tangierneck, which she considers a "death trap" and where natural forces combine with human forces of racism and sexism to conspire against her at the ecological site of dwindling resources.

In *Ecofeminist Natures: Race, Gender, Feminist Theory, and Political Action*, Noël Sturgeon states that ecofeminism is "a movement that makes connections between environmentalisms and feminisms" (23). The primary connection is that the degradation of nature parallels the oppression of women. According to ecofeminists, subjugation of nature and women derives from a patriarchal construction of differences based on ideological hierarchies that facilitate and justify dominance of higher ranking subjects over lower ranking objects (Sturgeon 23, Greenfield 532, Shiva, "Reductionism" 22-24). Thus, nature is subordinated to culture, and women are oppressed by men. Since "ideologies that authorize injustices based on race, gender, and class are related to the ideologies that sanction the exploitation and degradation of the environment," then minorities are subordinated to whites; black women are subordinated to whites and to black men, and the lower economic class of tenant farmers and laborers is subordinated to upper-class landowners and businessmen (Sturgeon 23).[2] The interconnection between race, gender, and class and nature's despoliation makes life marginal for a poor black woman dependent on the soil for subsistence.

Racism is a primary ideology consolidating environmental despoliation and the oppression of blacks. It centers in the national majority's belief in the inherent right to self-empowerment without regard for welfare of blacks or for the ecological source of black people's survival. Obtrusive and destructive, racism is especially evident when white men and women who occupy the top rung of the socioeconomic ladder benefit from the processing and distribution of natural resources while they cripple blacks' chances for survival on the land.

This Child's Gonna Live fictionally manifests the reality of race bias in Maryland in the 1930s. According to the *Fifteenth Census of the U. S.: 1930 Population* for Wicomico County, Maryland, only 279 Negro male and female owners and tenants were gainful agricultural workers in the County compared to 2,147 whites (1065). The same census reports that 131 Negro males and females were gainful workers in forestry and fishing compared to 213 whites (1065). These statistics reveal gross, racial inequities in job distribution during the Great Depression, America's most severe economic downturn. What is most disturbing is that these statistics reveal black underrepresentation in ecological areas of employment (fishing, farming, and forestry) that blacks were most familiar with and that had a significant bearing on blacks' survival in Wicomico County. Without a doubt, these statistics indicate that blacks had a more difficult time subsisting on the land and water than whites, even though blacks comprised approximately half the population in Wicomico County in the 1930s.

Whereas recent environmentalists explain racial injustice by using the term "environmental racism," meaning a minority's disproportional exposure to environmental pollution, Sarah E. Wright looks at racial injustice from the perspective of blacks' disproportional exposure to farmland destruction and the consequences that accrue from land misuse. Racism is the foremost abuse in the novel's chain of connecting events and against which Mariah Upshur and her family must struggle. Racism is not depicted as a specific malicious act, nor is it revealed as an instance of institutional injustice. It is conceptualized as white privilege. As Laura Pulido points out, "[white privilege] differs from a hostile, individual, discriminatory act in that it refers to the privileges and benefits that accrue to white people by virtue of their whiteness" (13).

White privilege is a major force that adversely affects Mariah in her environment. White privilege is manifested in the actions of Miss Bannie Upshire, a well-to-do white woman and Mariah's down-the-road neighbor, who makes a high interest loan to Pop Percy, Mariah's father-in-law, and then, claims his land when he is unable to pay off the debt. Mariah and other black tenant farmers are victimized in this business transaction when Pop Percy, in an effort to pay off his debt, raises the rents that he charges his black tenants. Unable to pay the high rent, Mariah and her husband are unable to help Pop Percy to retire the debt. Also, when trees are bulldozed on the periphery of the farmland, soil erosion limits Mariah's food supply. Moreover, Mariah has no sustainable food source and no transportation to Calvertown to buy cheap food, after Miss Bannie finally claims the land as hers. In thinking about Miss Bannie, Mariah "never could figure out how the Lord prospered [whites] to have so much of the good things of life and all the say-so they wanted over other people's lives" (24).

Miss Bannie's acquisition of Pop Percy's farmland can not be attributed summarily to malicious racism. After all, Miss Bannie generously made a loan to Pop Percy to enable him to enlarge his four-room home to seven rooms, to clear his acreage for more planting, and to buy a car. Pop Percy agreed to pay back the money with high interest and signed over his property to Miss Bannie as collateral for the debt.[3] In the business deal between Miss Bannie and Pop Percy, racism is problematized as more than a willful act to harm. It is an act to empower the white self.

The white female/black male dyad, evident in the relationship between Miss Bannie/ Pop Percy, presents a different set of players in the game of white privilege. Instead of the traditional confrontation between the white man and the black man, the white female/black male duo reveals the interaction of two competitors traditionally considered inferior to the white male—the white woman because of her gender and the black man because of his race. As an unmarried white female, dependent on self-empowerment for survival in a competitive white male environment, Miss Bannie is, nevertheless, influenced by the white males in her community who want to construct a creosote mill in the proximity of Pop Percy's land. As a racial superior, she elevates herself above blacks and ignores the effects that her actions have on them. Likewise, Pop Percy, considered a racial inferior, attempts to elevate his status above his black tenant workers. He seeks wealth accumulation by progressing from subsistence farmer to wholesale farmer. Although he works hard and strives upward, he lacks the capital to fulfill his dreams and so do his tenant workers on whom he relies for money.

Capitalism connects white privilege to the environment and to class difference. Wealth ownership in America has historically been the domain of white individuals who empower themselves by means of land investment. Investing in land, whites assume control over the land which they develop based on their assumptions about progress and productivity. But, problems arise when misuse of farmland for industrial construction disadvantages those who subsist on the land and who have little capital to buy food from commercial markets. Thus, environmental despoliation creates and perpetuates a poverty class unable to sustain itself in the midst of white privilege. Women and children mostly make up the poverty class, because "they [are] excluded from the benefits" of land misuse (Shiva, "The Impoverishment," 74). The dynamic is played out in the conversation between Mariah and Aunt Saro Jane. Mariah tells Aunt Saro Jane, "We built up this Tangierneck and now they [the whites] taking it away from us." Aunt Saro Jane responds, "Can't help that Mariah. They got the money. They got the banks" (8).

While environmentalists have not reached a consensus on whether environmental injustices are based on race or income, Juliana Mantaay affirms that "some [studies] clearly show race as the determining variable ... and still [find] disproportionate burdens [placed] on minorities" (162). Environmental injustice resulting from deforestation of farmland that leads to soil erosion disproportionally burdens Mariah and Jacob who have meager incomes. Mariah works on Miss Bannie's potato farm for "gold-colored tokens," and Jacob earns less than two dollars a day harvesting oysters when he goes out on a boat with six other men. With minimum income for survival, Mariah intuits that the destruction of black farmland has occurred because blacks are powerless to act in the face of what Miss Bannie has done. She muses:

> [Miss Bannie] knowed it just as good as anything when she went out and lent him [Pop Percy] that money to get his affairs straightened out. Then she come charging him interest on top of interest with things as hard as they is. Knows we ain't able to pay it. And selling food for hogs and things as high as mighty. (7)

Barely subsisting on hog meat, Mariah has neither monetary nor political means to challenge acts of farmland destruction.

Mariah's limited income reveals how Black poverty is juxtaposed to white wealth. Unable to grow vegetables, Mariah feeds her family molasses, fat back, and cornbread three meals a day. Miss Bannie, in contrast, eats fruits and vegetables from her own garden. Without capital, Mariah is unable to buy food from commercial outlets to feed her family, yet, Miss Bannie invests in and sells produce from her own farm to blacks at a profit and hires blacks for little pay to harvest her crops. Severely burdened by Miss Bannie's destruction of blacks' farmland and by her collusion with white male bankers who hold papers to Mariah's father-in-law's property, Mariah has a more critical explanation of whites' behavior than does Jacob, who leaves everything to the Lord. Mariah tells Jacob, "Everything ain't the Lord's will. Some of these things happening is these Maryland type of white people's will. I don't care how much they go to church; they ain't living by the word of the Lord. They living by their greedy pocketbooks" (10).

Exposing the greed of Miss Bannie and her church-going male Christian cohorts, Mariah foreshadows ecofeminists who connect environmental racism and sexism to Judeo-Christian religion (Stone 66, Williams 27-28). Because patriarchal Christianity privileges man over nature, it allows for a male-centered consciousness that enables man to use the land to the disadvantage of those he considers his inferiors—minorities and women. In pointing out the connection between Christian male dominance over the land and the selfish use of land, Lynn White, Jr. sums up the Christian creation myth as follows:

> God ... created the earth and all its plants, animals, birds, and fishes....
> Man named all the animals thus establishing his dominance over them.
> God planned this explicitly for man's benefit and rule: no item in the physical creation had any purpose save to serve man's purposes .... Christianity is the most anthropocentric religion the world has ever seen. (1205)

Anthropocentric or man-centered in ideology, Christianity empowers man over nature and other living creatures. From her man-centered, Christian husband, Mariah hears a similar version of man's dominance over nature. It is an account passed down to Jacob from his father:

> I am master over all I survey;
> My rights there are none to dispute.
> From the land all around to the sea,
> I am Lord over fowl and brute. (Wright 10)

Opposing Jacob's Christianity-inspired rhetoric, Mariah warns him, "My children ain't no fowl or brute. I wants [sic] my children to live" (10). Her rebuke emphasizes that in privileging man over nature, Jacob has allowed white male Christian ideology to alienate him spiritually; that is, as a black man, he has removed himself from harmony with his family and with nature.

A major ecofeminist principle is that "the spiritual dimension of life must be restored" (McAndrew 374). That means man must "resist the impulse to control, to command, to force, to oppress and ... begin to follow the guidance of the larger community on which life depends" (Berry xiv). Spiritual ecofeminists especially advocate a reevaluation of how humanity and spirituality relate to nature (McAndrew 375, Christ 58, Ruether, 21-22). Only with such reevaluation is one able to understand how organisms and their environment interrelate and why it is necessary for humans to respect and bond with nature and other living creatures for the good of all (Merchant 128). In order for women, children, and nature to be liberated from patriarchal destruction, "connectedness in all things [is] necessary" (Mies and Shiva 17). Because spiritual alienation prevents Jacob from bonding with Mariah as his equal, sexism becomes problematic in their ecological crisis.

"Sexism and environmental degradation are interrelated processes," posit Norgaard and York (508). Sexism combines with racism and classism to set up environmental conditions that economically cripple already disadvantaged women. Studies show that "whether it is [removal] of trees and forests, unsanitary water, or lack of food production and poor agriculture ..., it is often poor women and children, particularly women and children in the South ... who suffer disproportionately the effects of environmental degradation" (Warren 152). Because the Upshur family is unable to provide adequate food it needs to sustain itself, Mariah evidences the toll that depleted environmental resources have taken on her and her children's health. Her small children have chronic colds, intestinal worms, and death rattles. She has pyorrhea of the gums and rotten teeth. With her potato and molasses diet, she has no breast milk to give to her babies. In Mariah's black church community, black man-centered thinking plays a role in environmental demise because men become primary agents in decisions made about land. In their negotiations to empower themselves, they disadvantage their wives and children, even as they unintentionally empower whites.

Because women are perceived as subordinates, they pay the cost for environmental destruction. In black households, the cost takes several forms. First, black women must contend with their husbands' wrath as a result of their damaged self-esteem from struggling with environmental racism. Patricia Hill Collins asserts, "Those black men who wish to become 'master' by fulfilling traditional definitions of masculinity—both Eurocentric and white-defined for African Americans—and who are blocked from doing so can become dangerous to those close to them" (186). Some black men abuse their wives for usurping their masculine authority when they are no longer able to eke out a living from the soil. The abuse occurs even as the husbands' blackness marginalizes them in an environment of white privilege. The abuse is prominent when women seek assistance outside black male turf.

Mariah encounters verbal abuse when Jacob denies her the right to seek welfare. "Shut up, woman," Jacob tells her. "I done told you now. I provides for my family" (17). Despite his anger, Jacob is unable to provide for Mariah and the children. Fierce winds prevent him from fishing, and soil erosion from Miss Bannie's bulldozing trees on what used to be Jacob's father's land keeps him from farming. In both instances, Jacob's self-esteem is damaged, and his thoughts of escalated abuse become proportional to his injured pride. "Humph!" Jacob mumbles. "She [Mariah] ain't going nowhere ... she's lief [sic] to make me cross that line" (47). The line that Jacob refers to is the one separating verbal abuse from physical abuse. Fortunately, Jacob never strikes his wife, but Mariah, as a black woman, continues to bear the brunt of Jacob's wrath by reason of environmental despoliation.

Another way that black women pay for environment destruction is shouldering the responsibility of providing for their families. A black family's economic insecurity shifts the provider's role from husband to wife. Historically, when black women have found their husbands' incomes insufficient or negligent in a hostile environment, they have sought days work to feed their families. So does Mariah. In her late-stage pregnancy, Mariah harvests potatoes on Miss Bannie's farm for a few tokens a day. Wright states, Mariah

> scramble[s] down those rows and flip[s] potato after potato into those four-eight baskets. Dirt flying in her face? Well, ... she wasn't even gonna mind. She'd eat that dirt and hustle on. She wouldn't even mind how the dirt got packed under whatever fingernails she had left—not even mind when the hurting from the dirt pressure made her shoulder blades cleave all up to themselves. She was just gonna suck her fingers every now and then—dirt and all—and keep on tearing down those rows (6).

The force of the dirt flying in Mariah's face, causing pressure in her shoulder blades and entrapping itself under her fingernails, suggests nature's inherent destructiveness. However, it is at this point that Mariah suppresses the notion of nature as a hostile force. Her communion with nature is measured by how hard she works in and with the soil to provide for her family.

A third way that black women pay a price for land despoliation is through gender victimization by white men who capitalize on black women's dire need to work. Mariah is victimized in such a manner. For instance, in Mr. Nelson's unheated warehouse, where only black women work in Triville, Mariah shucks oysters with her bleeding bare hands for only 25 cents a day. Working in the cold, damp warehouse fills her with cold and predisposes her to Tuberculosis. Mariah faces death as she tries to escape death. Yet, in the harshest environmental conditions, she continues to interact with nature. After working a twelve-hour shift, she trudges seven miles through swamp and gravel roads in cardboard bottom shoes. With no public transportation available between Tangierneck and Triville, Mariah walks the distance because Mr. Nelson refuses to send his car to transport his black female workers to and from his work place.

A fourth way that black women pay for environmental destruction is by sacrificing their integrity in order to receive social welfare. Mariah lies about her possessions by hiding her "few cans of food under the corn house when welfare people sent her a letter that they were coming, and

[she] even [hid] her cinnamon and nutmeg" (189). Even though she realizes that those who receive public assistance must possess no surplus items, Mariah refuses to be rendered totally dependent on the government for survival. She is also dishonest when she asks Vyella, Jacob's sister, to forge Jacob's name to the welfare application form. Yet, her decision to apply for welfare without Jacob's approval leaves her penitent as a result of her action. Mariah cries, "My children need shoes ... milk ... had to cheat! Oh merciful Savior ... show me a sign for my deliverance .... Else let me pass over now. Blessed Lord, please move the gates of time" (189).

Mariah's time continues, however, and so does her sense of ecological imbalance. She moves with her husband from one county to another—first to Chance, then to Kyle Island, and to Hillards—in order to eke out an existence as a migrant worker after white men make violent night raids on Tangierneck, kill black men, and take ownership of the land that remains. As Mariah struggles with natural disasters, degradation of the land, and social injustice, death takes those around her, including her young son, Horace, and her brother-in-law, Levi, who lived in Baltimore and who she had planned to contact for help when she decided to move with her children to that city. With nowhere to go after Levi's death, Mariah contemplates suicide and gives what little money she has to Jacob, who wants to buy at least twenty acres to make a new start. Her decision to end her life represents the extent her own life is tied to the soil that refuses to yield food for her family.

With last minute feminine intuition, Mariah rushes from the river where she has chosen to end her life. No longer resisting nature's hostility, she accepts it, especially its life-death cycles. As Mariah lives, her relatives die. As relatives die, they leave behind their living children. Evidence of Mariah's reconciliation with nature is measured by the number of her dead relatives' children that she takes in. Taking in four children, Mariah sees in them a manifestation of beauty in the natural world and her place in it to foster the children's growth.

In its portrayal of Mariah Upshur's life, Sarah Wright's *This Child's Gonna Live* offers salient ecological insight. It reveals the crushing impact of ecological crises on Mariah's family and on Mariah in the face of natural disasters, environmental racism, white privilege, sexism, and spiritual alienation. While the novel illuminates the inordinate burdens that interrelated environmental crises and social biases place on a poor black woman, Wright makes clear that the possibility for human growth is to recognize one's own worth in nature rather than to flee from it. Portraying Mariah Upshur fiercely dedicating herself to her and others' children rather than taking her own life, Wright implies that an ethical feminist imperative is needed for positive change in a resource-depleted environment. Thus, *This Child's Gonna Live* makes its greatest contribution to literary studies when it is read from an ecofeminist perspective.

Notes

1. I am indebted to Patrick D. Murphy for this term. See his "Ground, Pivot, Motion: Ecofeminist Theory, Dialogics, and Literary Practice." *Hypatia: A Journal of Feminist Philosophy* 6 (1991): 145-61.
2. Sturgeon applies her definition of ecofeminism specifically to urban geography, but the definition also offers direction for the study of rural terrain such as that in Sarah E. Wright's *This Child's Gonna Live.*
3. The situation between Miss Bannie and Pop Percy is somewhat different from that in a recent news report about the U.S. Department of Agriculture and black farmers it had blatantly denied farm loans during the years 1981 to 1987 because of their race. As a result of this act of blatant racism, black farmers either lost their land or went deeply into debt. See Blackwell, "Black Farmers Set to Get $1.25 Billion in Bias Case." *Richmond Times-Dispatch* 19 Feb. 2010: D1, D7.

Works Cited

Berry, Thomas. *The Dream of the Earth.* San Francisco: Sierra Club, 1988. Print.

Campbell, Jennifer. "It's a Time in the Land: Gendering Black Power and Sarah E. Wright's Place in the Tradition of Black Women's Writing." *African American Review* 31.2 (Summer 1997): 211-222. Print.

Christ, Carol. "Rethinking Theology and Nature." *Reweaving the World: The Emergence of Ecofeminism.* Ed. Irene Diamond and Gloria Feman Orenstein. San Francisco: Sierra Club, 1990. 58-69. Print.

Collins, Patricia Hill. *Black Feminist Thought: Knowledge, Consciousness, and the Politics of Empowerment.* New York: Routledge, 1991. Print.

Fifteenth Census of the U. S.: 1930 Population. Vol. 3, Part 1. Washington, D.C.: GPO, 1932: 1065. Print.

Greenfield, Gloria Z. "Does Hierarchy Have a Place in Women's Spirituality?" *The Politics of Women's Spirituality: Essays on the Rise of Spiritual Power within the Feminist Movement. Ed.* Charlene Spretnak. New York: Anchor, 1982. 531-534. Print.

Guilford, Virginia. "Sarah Elizabeth Wright." *Dictionary of Literary Biography: African American Fiction Writers after 1955.* Vol. 33. Ed. Thadious M. Davis and Trudier Harris. Detroit: Gale, 1984: 293-300. Print.

Mantaay, Juliana. "Mapping Environmental Justice: Pitfalls and Potential of Geographic Information Systems in Assessing Environmental Health and Equity." *Environmental Health Perspectives: Community, Research, and Environmental Justice* 110 (2002): 161-171. Print.

McAndrew, Donald A. "Ecofeminism and the Teaching of Literacy." *College Composition and Communication* 47.3 (October 1996): 367-382. Print.

Merchant, Carolyn. *Radical Ecology: The Search for Livable World.* New York: Routledge, 1992. Print.

Mies, Maria and Vandana Shiva. "Introduction: Why We Wrote this Book Together." *Ecofeminism.* Ed. Maria Mies and Vandara Shiva. Halifax, Nova Scotia: Fernwood, 1993: 1-21. Print.

Norgaard, Karl and Richard York. "Gender Equity and State Environmentalism." *Gender and Society* 19.4 (Aug. 2005): 506-522. Print.

Pulido, Laura. "Rethinking Environmental Racism: White Privilege and Urban Development in Southern California." *Annals of the Association of American Geographers* 90.1 (2000): 12-40. Print.

Ruether, Rosemary Radford. "Ecofeminism: Symbolic and Social Connections of the Oppression of Women and the Domination of Nature," *Ecofeminism and the Sacred.* Ed. Carol J. Adams. New York: Continuum, 1993: 13-23. Print.

Shiva, Vandana. "The Impoverishment of the Environment: Women and Children Last." *Ecofeminism.* Ed. Maria Mies and Vandana Shiva. Halifax, Nova Scotia: Fernwood, 1993. 70-90. Print.

______."Reductionism and Regeneration: A Crisis in Science." *Ecofeminism.* Ed. Maria Mies and Vandana Shiva. Halifax, Nova Scotia: Fernwood, 1993. 22-35. Print.

Stone, Merlin. "The Three Faces of Goddess Spirituality." *The Politics of Women's Spirituality: Essays on the Rise of Spiritual Power within the Feminist Movement.* Ed. Charlene Spretnak. Garden City, New York: Anchor, 1982. 64-70. Print.

Sturgeon, Noël. *Ecofeminist Natures: Race, Gender, Feminist Theory and Political Action.* New York: Routledge, 1997. Print.

Warren, Karen J. "Environmental Justice: Some Ecofeminist Worries about a Distributive Model." *Environmental Ethics* 21 (1999): 151-158. Print.

White, Lynn, Jr. "The Historical Roots of Our Ecological Crisis." *Science* 155 (1967): 1203-07. Print.

Williams, Delores S. "Sin, Nature, and Black Women's Bodies." *Ecofeminism and the Sacred.* Ed. Carol J. Adams. New York: Continuum, 1993: 24-29. Print.

Wright, Mariah. *This Child's Gonna Live.* New York: Dell, 1969. Print.

SELF-LOVE, LANGUAGE AND NATURE: AN ECOFEMINIST REVIEW ESSAY

BRANDY N. KELLY

Drawing on vivid imagery and an artistic style that has a deeper eye situated in human behavior and the inextricable link with the non-human world, Alice Walker in her 2004 novel, *Now Is the Time to Open Your Heart,* weaves a beautiful story of survival. This novel embodies the themes of nature, politics, spirituality, and self-discovery, while working simultaneously to deconstruct gender, race, class, and sexuality. Credited with coining the term "womanist," a black woman committed to survival and wholeness of entire people, male and female, Alice Walker has created another novel demonstrating the power of the traditionally universalist and capable (xi).

Using themes of self-affirmation, community circles, one's being shared with the natural world, Walker quilts a beautiful story of love for self, nature, and others. Defying with ease traditional writing techniques of dialogue and prose, throughout the novel Walker's use of anti-imperialist language and dialogue captures what Ngugi wa Thiong'o calls the "quest for relevance. Furthermore, Walker exemplifies Gretchen Legler's seven emancipatory strategies of ecofemenist literary criticism, rooted in an analysis of the cultural construction of nature and an analysis of language, desire, knowledge, and power.

Karen J. Warren states, "just as there is not one feminism, there is not one ecofeminism"(4). Although ecofeminism may imply that it is only concerned about the oppression of women and the earth, in actuality it is about what Warren deems the logic of domination which keeps oppressive conceptual frameworks in place (4). Walker defies this logic of domination by weaving a web of disasporic identities and revisioning nature and human relationships with the natural world. Walker takes the reader through a journey with the protagonist Kate Talkingtree.

Kate begins to connect to the natural world, with a spiritual quest into nature and into herself, purging the negative aspects of her being to find happiness in her changing world. As Kate's journey begins, she leaves behind her male partner, Yolo, to truly find herself. Walker parallels Kate's self-journey with a journey that Yolo embarks on to be able to reunite with Kate. In the process of taking his own journey to better understand Kate, Yolo, in turn, embarks on a journey of healing what he did not know was broken. Consequentlly, on their separate journeys, both Kate and Yolo learn lessons linking the domination of women, children, colonized people, and self with the oppression of nature and the non-human world. Walker's spirituality is very evident throughout the book. In addition, Walker's connection with "the world as an active subject, not a resource to be mapped" creates conversations between knowing subjects (human and non human), thus, representing two of the most salient themes in the novel (Legler 230).

The most prevalent form of nature that Walker uses as a source of healing is water. "Because it is the same water. Different worlds, you know, destroyed time and again, but the same water" (Walker 189). The element of water is used to connect all of the subjects, despite age, gender, class, "locatedness,"generations, or "humanness". This process of recycling reinforces Walker's womanist writing and her belief in the ecofeminist tradition.

Walker continues to embrace identity in this novel as in others by challenging ideas about racism and classism. The issues of classism, racism, and colonialism are introduced early in the book by presenting a main character who seeks to understand the complexities of her own identity. As a person of color, Kate engages in an inner dialogue about the effects of racism and classism that exist in the world she knows.

These questions about identity challenge not only her understanding of spirituality, but also her ability to engage in leisure and recreation. In this novel, Walker gives context to leisure and power as in her other novels and suggests that in this context the meaning of leisure between humans and nature is value-laden and politicized. According to Karen Fox, leisure is a concern for ecological feminism, "because it is integral to a healthy and self-affirming lifestyle, provides a context for or connection with the natural environment for women, and may provide one more avenue for resisting domination and sustaining cultural traditions vital to the survival of nature, women, and other groups" (160). Kate,

Walker's protagonist, embraces these challenges as she embarks on finding her true spiritual path.

Gretchen Legler's seven emancipatory strategies are woven through the novel. Throughout the novel, Alice Walker grants animals and other non-human nature subjecthood, that is, the ability to speak and feel. It is through this strategy that Walker conceives nature, particularly the earth matter, as more than that which should be penetrated or sold by humans, but as a subject that is alive with feeling and voice. For instance, the ocean has wrinkles; the rivers are swollen; and the water is our tears in this Walker novel. The sun and the moon become parents of humans, while dragons and serpents are grandfather reptile. In this world, plant mother speaks to humans as grandmother, chastising humans for cultivating and selling her. Throughout the novel, Walker "remyths" nature, giving nature feeling, as well as voice, and thus critically employing Legler's first emancipatory strategy.

Walker continues to blur the boundaries between inner and outer landscapes, the second strategy, embodied through Kate's journey. Kate begins her journey first to the Colorado River with a circle of women, and then to the Amazon, studying under shamans for healing, embraced by a group diverse in age, gender, class and spiritual experience. It is through these journeys that the "dry river" that was within Kate's dreams finds a connection with the most natural, challenging river in the real world, the Colorado. Kate's dreams bring to her an understanding not only about the natural elements of the earth, but she is also able to understand the connection with animals, particularly the anaconda that is consuming her in her dreams. When Kate learns how to embrace the "bodied" serpent through her quest in the Amazon she participates in blurring the boundaries between self and nature. She further blurs the boundaries of landscape and self as they relate to history and political movements, thus employing the fourth emancipatory strategies of "historicizing and politicizing nature" (Legler 230). For instance, Kate comes to the realization that religious indoctrination banned the serpent from the "circle," in essence, alienating it from the inner self of acceptance. Thus, Kate compares the serpent with marginalized communities that have been cast from the "circle" of privilege and power in her society. Indeed, with each chapter of the novel, Walker makes explicit political commentary about religion, colonialism, capitalism, the Civil Rights and women's movement, and war in similar ways.

The erotic is introduced in this novel in very subtle ways, but encourages acceptance and respect for sex and sexuality in the same way that one should have a personal relationship with nature. Though re-eroticizing human relationships with a bodied landscape is not as explicit as in some of Walker's other novels, it is the underlying theme and strategy that is used for reinforcing the need for self-affirmation. Walker purges the sexual horrors and abuse that Kate and other characters have experienced when they find their identities in the natural world. Kate embarks on this journey of self affirmation to repoliticize her role as lover and loved. It is by the river that she is able to regurgitate white flowers (flowers painted on a dish) which represent her disappointment with the husband she had in the past. Kate then begins the journey with disappointment that a male lover cannot understand her dreams of river, therefore, cannot understand the nature ethic within her and thus the erotic.

It is not until Yolo is able to "express an ethic of caring friendship as a principle for a relationship with nature" that he is truly able to understand Kate (Legler 230). Likewise, Walker utilizes this fifth strategy in a process of healing of a "loving eye" to connect Kate and the others on her parallel journey through the Amazon. Each of the characters has to connect with a circle of others on a parallel journey for understanding nature to truly find their inner self. By juxtaposing the characters on their individual journeys of separateness, Kate in the Amazon and Yolo in Hawaii, Walker makes critical commentary about the link not only between nature and humans, but also humans with one another. Through this journey, Kate understands that "one's struggle against oppression is meaningless... unless it is connected to the oppression of others" (Walker 93).

Finally, Walker employs Legler's sixth and seventh strategies of unseating vision and affirming the value of "bioregions" by introducing the idea of invisibility stemming from accumulation of privilege and power. It is through this colonial capital mindset that the powerful or privileged, represented most saliently in the character Rick, a white male of Italian ancestry, has the hardest time reconnecting with nature because of his alienation. The privilege of power has made Rick invisible, and he must make the greatest attempt to unseat his "mind" knowledge and affirm his true identity and self in the "unknowing." Throughout the story there is an underlining theme of humans' destruction by white men and the exploitation of the natural world by colonial male values and the relearning of all that has to happen. The importance of "bioregions" and the "locatedness" of human subjects is also clearly expressed in the understanding that both Kate and Yolo find in the indigenous crops and land, in the Amazon and Hawaii. They also gain knowledge about the difference of the human subjects in that region which helps them find themselves. It is through these diverse bioregions in human subjects and in the ecosystem that humanity is able to survive; but, without peaceful coexistence there will be devastation and calamity.

While it is not merely the task of women or writers from the African Diaspora to reimagine nature in literature, Walker captures both identities as she masterfully weaves the re-imagination and makes visible the intricate relationship between constructions of nature, knowledge, desire, power, language, race, gender, and sexuality. Walker is a superb novelist and *Now Is the Time to Open Your Heart* is a great read for understanding Legler's emancipatory strategies and the ecofeminist values linking oppression and the destruction of nature. The novel re-appropriates the meaning of life and death through an understanding of regeneration of the natural world and encourages healing through self-love and love for others within the communities in which we inhabit. As a researcher of identity studies and the praxis behind self-affirmation, I recommend this novel as an exemplar of the blend of journeys that can be deconstructed through gender, sexuality, religion, class and race.

Works Cited

Fox, Karren "Leiure Celebration." *Ecofeminism: Women, Culture, Nature.* ed Karen J. Walker. Bloomington: Indiana University Press, 1997. 155-175. Print.

Legler, Gretchen T. "Ecofeminist Literary Criticism." *Ecofeminism: Women, Culture, Nature.* ed Karen J. Walker. Bloomington: Indiana University Press, 1997. 227-238. Print.

Thiong'O, Ngugi Wa. *Decolonising the Mind.* Kingston: James Currey Publishers, 1986. Print.

Walker, Alice. *In Search Of Our Mothers' Gardens: Womanist Prose.* New York: Harcourt, 1983. Print.

Walker, Alice. *Now Is the Time to Open Your Heart: A Novel (Walker, Alice).* New York: Random House, 2004. Print.

Warren, Karen J. "Taking Empirical Data Seriously: An Ecofeminist Philosophical Perspective." *Ecofeminism: Women, Culture, Nature.* ed. Karen J. Walker. Bloomington: Indiana University Press, 1997. 3-20. Print.

RE-VISIONING A POETICS OF LANDSCAPE: RESISTANCE AND CONTINUUM IN THE POETRYOF KAMAU BRATHWAITE AND DEREK WALCOTT

JAMES McCORKLE

Kamau Brathwaite and Derek Walcott are arguably the two most important contemporary Caribbean Anglophone poets of the African Diaspora. Both of their long poems—Walcott's *Omeros* and Brathwaite's trilogy *Ancestors*—are significant works that negotiate language and colonialism as well as the possibilities of a transnational poetics. Brathwaite and Walcott have come to be viewed, as Charles Pollard points out, "to represent a series of oppositions within Caribbean poetry: Afrocentric/Eurocentric, public/private, historical/ahistorical, black/mulatto, authentic/hybrid . . . oral/written, and experimental/formalist" (29). Through an eco-critical lens, Brathwaite and Walcott provide not opposing positions, but as Jana Evans Braziel writing on Walcott states, "modes of eco-critical resistance to capitalist development and tourist economic structures in the Caribbean." As Walcott writes in "The Acacia Trees," from *White Egrets*, "I watched the doomed acres / where yet another luxury hotel will be built / with ordinary people fenced out." Walcott continues, with a flat, understated tone, to condemn the consumerist culture, calling it "a policy / that will make our island a mall . . . these new plantations / by the sea; a slavery without chains, with no blood split— / just chain-link fences and signs" (11).

The dispossession of the land—calling the resort compounds, "plantations," as some hotel chains that do not understand the history of the term have done, represents, as Walcott states, "new degradations." Both poets analyze the effects of tourism and challenge the notions of touristic paradise, linking the violence of the slave-scape (to adapt Arjun Appadurai's term *scapes*) to that of colonialism and tourism; however, more significantly, both poets offer what Édouard Glissant, in his *Poetics of Relation*, terms an "aesthetics of the earth . . . . [An] aesthetics of rupture and continuation . . . . [An] aesthetics of variable continuum, of an invariant discontinuum" (151). For Walcott, especially in his later poems, nature offers a possible and alternate continuum: watching a "frigate bird, a *ciseau*," Walcott considers "the sea so deep it has lost its stuttering memory of our hates" (61). The sea's ongoingness, as also at the conclusion of *Omeros*, offers some recompense against the realities of dispossession, for Walcott recognizes a durational time that seems in its expansiveness and in its utter presence finally to erase or diminish human histories. However, Brathwaite significantly maintains his focus on that "stuttering memory of our hates" that persists to define our relationship to the environment and to ourselves.

I will begin with a brief discussion of Derek Walcott's *Omeros* informed by Glissant's "aesthetics of the earth . . . of rupture and continuation," before turning to a longer consideration of Kamau Brathwaite's poetry. The palimpsestic relationship between the human geography—history, production, culture—and the physical environment is foregrounded in Derek Walcott's *Omeros*. This epic poem, which draws as much from the *Odyssey* as Brathwaite's does from *The Tempest*, opens with a series of naming: "eels sign their names along the clear bottom-sand," "the ground-dove's mating call / to pass on its note to the blue, tacit mountains," or "an iguana hears the axes, clouding each lens / over its lost name . . . 'Iounalao,' 'Where the iguana is found'" (4). Walcott entwines descriptions of nature into his narratives to reveal cultural degradation and loss, for as he describes in almost excessive detail and lushness the grove where Achille is felling a laurel tree to make a canoe, sediments history:

> But taking its own time, the iguana will scale
>
> the rigging of vines in a year, its dewlap fanned,
> its elbows akimbo, its deliberate tail
> moving with the island. The slit pods of its eyes
>
> ripened in a pause that lasted for centuries,

> that rose with the Aruacs' smoke till a new race
> unknown to the lizard stood measuring the trees.
>
> These were their pillars that fell, leaving a blue space
> for a single God where the old gods stood before.
> The first god was a gommier. (4-5)

Nature implicitly is timeless—the iguana is witness to centuries of genocide, as suggested in the human smoke of the vanishing Aruacs, a further allusive image signaling the Holocaust—yet it is also subject to its own disappearance in that its sacredness is supplanted again and again. Language, too, disappears: "the Aruac's patois crackled in the smell / of a resinous bonfire that turned the leaves brown / with curling tongues, then ash, and their language was lost" (6). "The massacre of the Indians, uprooting the sacred" (*Poetics* 146) writes Glissant has invalidated the idea or possibility of an edenic landscape—rather we are in the presence of compounded burial grounds, of ongoing and (dis-) placing histories of genocide and dispossession.

Nature, language, and culture intrinsically mesh together, yet set against this interwoveness is the counter-history of dispersal and dispossession, as Walcott writes at the end of Achille's reverie of his West African origins induced by heat and thirst:

> But they crossed, they survived. There is the epical splendor.
> Multiply the rain's lances, multiply their ruin,
> . . . the way that thunder-
> claps perpetuate their reverberation.
>
> So there went the Ashanti one way, the Mandingo another,
> the Ibo another, the Guinea. Now each man was a nation
> in himself, without mother, father, brother. (149-50)

Invoking the Orisha Oya in the reverberating thunderclaps that cross, both literally and figuratively as Achille does, the Atlantic, as well as his earlier poem "The Schooner *Flight*," Walcott insists that the environment is inextricable from human culture, as here the environment literally reverberates with the slave-scape where each human is dispossessed of his or her relationship to family and culture.

Such dispossession encompasses both the human soul—the very idea of one's humanness—and nature concludes Walcott: "Seven Seas would talk bewilderingly that man was an endangered / species now, a spectre, just like the Aruac / or the egret, or parrots screaming in terror /

when men approached, and that once men were satisfied / with destroying men they would move on to Nature" (300). The sea, like the land, no longer can sustain fishermen like Achille or Seven Seas: "Fathoms where / he had seen the marlin buckle and leap were sand / clean at the bottom . . . .the shrimp were finished, their bodies were curled / like exhausted Caribs in the deep silver mines" (300-01). Interlocking relations have been destroyed by "greed . . . the voracious, insatiable nets" of mechanized fishing—what is species depletion but another form of genocide—an eco-cide, implies Walcott, with the comparison of the vanished Caribs with the vanishing sea life. As Jana Evans Braziel writes,

> Carib genocide was the first act of eco-cide in the "New World," and yet it was not total or absolute. And Caribbean writers like Walcott [and] Glissant . . . create rhizomic lines of "eco-poetic" relations between Carib ancestors, Carib survivors, and African and Asian diasporics in the Caribbean. Walcott and Glissant thus imagine Caribbean relations: between Martinique and St. Lucia; between self and other; between the extinct and the survived; between ocean and sea. They imagine rhizomes of shared becoming, not commodified tourist destinations. (120-01)

Walcott's eco-poetics offers a resistance to the language of a commodified paradise: his is a counter-generative language; in the span of his work, his lines have become increasingly laden with complexly wrought images and compounding sentences. For instance, Walcott usurps the seductive powers of description—used in countless ads for resorts in the Caribbean—to de-territorialize the island: by taking control of the language, and the rhetorical structures, Walcott wrests ownership away from those who restrict control—whether of the social or the environmental. Walcott, in other words, inserts and recovers other narratives into that of the touristic myth of the secluded, edenic paradise. Walcott uses the language of the scenic—to use Charles Altieri's term[1]—to swerve away from the travelogue ("the village imitated the hotel brochure / with photogenic poverty, with atmosphere" [311]) and the implicit power invested in those who have the means for voluntary travel to reinstate the landscape's presence not as a fetishized object to possession, but as Walcott envisions through the epic's interweaving talismanic sign of the sea-swift, an integrated whole: "I followed a sea-swift to both sides of this text; / her hyphen stitched its seam, like interlocking /basins of a globe . . . . Her wing-beat carries these islands to Africa, she sewed the Atlantic rift with a needle's line, / the rift in the soul" (319).

Defining oneself in relation to the landscape not autochthonically but through a rupturing and continuously re-forming language forms a model or metaphor for sustainable or life-sustaining cultures. Kamau Brathwaite's use of his "calibanisms" and "Video Sycorax" typography creates what he has termed "word-sculptures" that complements and widens the acoustic and material space found in Walcott's incorporation of vernacular speech into his otherwise European-defined poetry. For both poets, the poem and its language provide a topography that addresses Glissant's critique of consumption—a history that stretches from the plantation to tourism—and the need for a "revived aesthetic connection with the earth." Yet Brathwaite's phonetic and semantic slippages are, as Nathanial Mackey points out, "reminders of injury and deprivation, wounds that run deep in the social fabric. These resonances are dissonance, reminders of discord, disharmony, disaster" (49). For Brathwaite, writing in his notes to *X/Self*, Caliban "has become an anti-colonial Third World symbol of cultural and linguistic revolt" (116); thereby, Brathwaite signals the importance of language as "the area," Mackey writes, "in which enslaved Africans most successfully rebelled against their masters, refusing to speak as they were taught but instead using—and abusing—English in ways that made it their own" (52).

Brathwaite begins his trilogy *Ancestors* with a mapping of his native Barbados in the poem "Alpha" (and for the purposes of this paper I will focus on the first volume of the trilogy, *Mother Poem*): "The ancient watercourses of my island / echo of river. trickle. worn stone / the sunken voice of glitter inching its pattern to the sea / memory of foam fossil" (15). In the narrator's voice one could hear of first contact, the voice of Caliban re-mapping his island in his narrative of enslavement: "I loved thee, / And showed thee all the qualities o'th'isle, / The fresh springs, brine-pits, barren place and fertile, / Curst be I that did so!" (I.2.338-340). Caliban, enslaved in Shakespeare's narrative, expresses the emerging colonial ideology of master and slave; first performed in the winter of 1612-13, and included in the 1623 Folio, *The Tempest* corresponds to the first settlement of Jamestown in 1607, and the later 1612 settlement of Bermuda. Although the particularities of each topography is represented, such topographies tend to be political rather than ecological in their intention. Roberto Retamar posits Caliban as "our symbol" though "aware that it is not entirely ours, that it is also an alien elaboration, although in this case based on our concrete realities" (16). Named and disciplined in the language of Prospero, Caliban, like Ngũgĩ wa Thiong'o, critiques the colonial schooling that destroys the mother-tongue, as the latter famously states in *Decolonising the Mind*:

"The bullet was the means of physical subjugation. Language was the means of spiritual subjugation" (9). Edouard Glissant, in his *Caribbean Discourse,* observes that "it is not difficult to see that Caliban-nature is contrasted *from below* with Prospero-culture. In *The Tempest* the legitimacy of Prospero is thus linked to his superiority, and epitomizes the legitimacy of the West"; this Totality, represented by Prospero, "excludes other histories that do not fit into that of the West" (75). This ethnocentric, Prosperian process culminates in the work of Hegel and Marx: "a discriminatory sequence—great civilizations, great states, great religions" (76). Glissant warns that such a "generalizing universality" is "the ultimate weapon in the process of depersonalizing a vulnerable people" (139).

Through the lens of Caliban-Prospero, the submergence of Caliban—his language, history and relation to the environment—is evident. From this also emerges a critique of national languages (or the aspiration toward a national language and literature) as expressed in Erin Somerville's critique of Ngũgĩ and Brathwaite. Though not dismissing their critique of colonial hegemony, Somerville argues that Ngũgĩ and Brathwaite posit Manichean visions of a national language and literature that is at odds with environmental activism. Somerville proposes that,

> Both Ngũgĩ and Brathwaite rely heavily on nature to make their case, from Ngũgĩ 's pastoralization of his Gikuyu-speaking childhood to Brathwaite's oft-quoted soundbite the "hurricane does not roar in pentameters" *(The History of the Voice* 10). Like their discussion of language, both theories take a Manichean view of the environment-nature is either colonial or indigenous, but never both. In addition, both theories are environmentally deterministic in their suggestion that certain cultures and languages belong to certain environments. The resulting statement about nature is a dangerous one: national culture is created by and lays claim to national nature and no ecological action but indigenous action is possible. In other words, you cannot comment on "my" environment because my language is the only one that accurately accounts for it. The Kyoto Treaty fails before it can be ratified.
>
> The obstacle this sort of anti-colonial thinking offers to international environmental treaties is a serious one, particularly in light of modern environmental threats to previously colonized nations where pressures from international industry and vulnerability to natural disaster combine to threaten

> national economies that largely rely on the environment. As the following discussion of Ngũgĩ's and Brathwaite's theories suggests, the success of an international solution to today's global environmental problem lies with the transcendence of national interests, no matter the nation. (84-5)

Somerville's argument is problematic—it falls into Glissant's "generalizing universality" where the particular—the Calibans—are lost. Somerville argues against a parochialism in nationalist discourses, including those which resist neo-liberal economic and cultural predation, yet her argument also risks the submergence of the accumulative locals—"pebbles become my continent of dreams," writes Brathwaite, "I had set out. crack. footstep. dhow. carrack. caravel" (466). Geological aggregates are metaphors for sound aggregates which, in turn, turn into historical accumulatives as specific as each pebble. Somerville suggests that Brathwaite and Ngũgĩ practice a nationalistic essentialism that is ultimately parallel to the "pure" wilderness espoused by North American nature writers, which as Rob Nixon has argued in his 2005 essay "Environmentalism and Postcolonialism," in Somerville's words, "exposes a racist underbelly to some forms of environmentalism" (95). Problematic in Somerville's position is that she reinstates the very dualism and Manichaeism that she questions in the work of Brathwaite—and in fact, distorting his, and to a lesser degree Walcott's, poetic practices.[2]

Language, history, and ecology are inseparable in the work of Walcott and Brathwaite. Indeed, their language practices are ecologies. Rather than offering a descriptive poetry that provides images of the landscape, Brathwaite offers an acoustic and visual space on the place that supplements the environment, and in fact, insists on the parallel histories of predations of the human world and the natural world. In the Caribbean world, the history of human exploitation is directly parallel to the exploitation of the land. To disengage the physical environment from human geography is tantamount to silencing or erasing human history. As Susan Buck Morss notes in her *Hegel, Haiti, and Universal History,* during the Enlightenment there was approbation of slavery in theory, but history was ignored in practice: "Rousseau referred to human beings everywhere—but omitted Africans; spoke of Greenland's people transported to Denmark who die of sadness—but not of the sadness of Africans transported to the Indies that resulted in suicides, mutinies, and marooning" (32-3). It is important to elaborate upon Buck-Morss's point regarding traditional and contemporary scholarship that "moral neutrality is built into the disciplinary methods that, while based on a variety of philosophical premises, result in the same exclusions," namely replicating the silence on the conditions and dehumanizing presence of slavery found in the work of Rousseau, Hegel, and American revolutionaries. In other words, returning to a consideration of Brathwaite and Walcott, to remove the human ecology from environmental questions is to perpetuate the systematic silencing of slavery and its legacies as well as to deny how the process of enslavement was a systematic desecration of human and environmental affinities and filiations.

Brathwaite's formulation—indeed a re-visioning, or as he terms it in the frontispiece, a "reinvention," of the previously issued volumes from Oxford University Press—of a "Video Sycorax" creates a fusion of environments. As he discusses with poet Nathaniel Mackey in *ConVERSations*, Sycorax, mother of Caliban, "being the submerge African and woman and *lwa* of the pla(y) . . . therefore I celebrate her in this way—thru the computer—by saying that she's the spirit/person who creates an(d) /or acts out of the video-style that workin with She's the *lwa* who, in fact, allows me the space and longitude—groundation and inspiration—the little inspiration—that I'm at the moment permitted" (189). Braithwaite locates language within a framework of physical space: "space and longitude" and his neologism "groundation." The insistence on "groundation"—and we might consider poets from other colonial histories, such as Seamus Heaney, the Irish poet, with his metaphor of 'digging' through the strata of peat-loam and political history—indicates the necessity of understanding source-streams. In "Hex," the mother figure-Sycorax-muse is directly connected to the landscape and the ecology of the landscape. The poem opens with the invocation "So she sings of streams / that are a-glutter w/boulders / of rocks that have not forgotten / their ancestry of iron" (*Ancestors* 73). At once Homeric, but also embedding Ogun, iron-monger and artist; as well as anamorphically shifting the expected *glitter* to *glutter*, the poem suggests both excess and the sluicing of water, often polluted, thus signaling the mutability of the environment and its degradation in history, particularly that of the slave-scape. "Hex" continues with Brathwaite naming "so she sits . . . on the enslaved verandah / black sycorax my mother / she is as young as the pouis / as ancient as dead leaves / she will outlast the present seasons thunder / the ovens of august / & the septembers breath of hurricanes" (74-5). Brathwaite compresses the alpha/omega of Sycorax into the figure of Oya, Orisha of the Niger River as well as of thunder, rainstorms, and hurricanes as she is transmitted across the Atlantic through the trade in enslaved West Africans.

Brathwaite sees in our origins our imprint in physical space; referring to the images generated through the Video Sycorax in *Ancestors*, Brathwaite comments "These are the images—petroglyphs—that come out of the Guyanese Amerindian landscape—out of the Amerindian tradition— . . . [*timehri*] translates something like 'the mark of the hand in the rock' . . . similar to what we find also preserved in the caves and high ground of other parts of the dry world; man's own imprint" (*ConVERSations* 200-01). Through these images—and indeed through the poetry as a whole—Brathwaite began

> to conceive of poetry itself as a kind of *timehri*: a human imprint with all that's recorded in and by that imprint, into a kind of enduring enigmatic silence—the poem singing back to life when you see it, say it; but that 'silenc(e)' encoded with that ancient memory—the sound of the first (forest) trees and rivers, slant of sunlight on the slopes of mountains, anima of dream and nightmare, the voices of all those voiceless generations—the kind of thing that Yeats is reaching—towards. (201-02)

Poetry—and here I resist the move to place it entirely as a form of cultural production which in turn denotes consumption without any form of renewal—forms a site of supplemental and generative human ecologies (always and already entwined with what we call natural ecologies) that is in a word sacred and in need of reaffirmation, hence the need for poetry, or a language of relations.

Brathwaite resists positing an origin—the trilogy's title is cast as a plural, and the opening poem, "Alpha," begins with the portrait of the island and the figure of the mother compressed:

> and my mother rains upon the island
>   w/ her loud voices
> w/ her grey hairs
> w/ her green love (*Ancestors* 15)

In the second section, the poem portrays the father: "open the door now / and watch from the verandah / the gray street where my father works" (16). That the landscape is gendered is true; yet, the gender affiliation does not participate in the Euro-American tradition of the passive, feminine landscape, for here the landscape is active, vibrant, and erotic. The traditional duality of female/mother/nature/process and male/father/urban/history begins to dismantle itself as the poem moves more explicitly into a melding of personal and public histories:

he has gone out to the world of Columbus found
to the world raleigh raided
to the plantation ground
while my mother sits & calls on jesus name
she waits for his return with her gold rings of love (16)

Rather than creating an insularity founded on a national language—or "nation language" as Brathwaite terms it—as Somerville argues, Brathwaite's poem draws together histories, a "tidalectics"[2] as he has called his poetics, where there is a constant shifting of language, allusions, references, a littoral inter-space, or fluidity. Charles Pollard contends that Brathwaite's "nation language" contributes to "cultural decolonization, but at the cost of not identifying the rich variety of spoken dialects and identities in the Caribbean . . . . Moreover, as he experiments with textual conventions to express the distinct particularity of nation language, he stretches the limits of intelligibility even further and undermines his claim to be recovering a speech and identity that is truly common" (120). In pursuit of a commonality, Brathwaite sacrifices, his critics argue, particularity; conversely his insistence on drawing upon African sources and an identification of an Afro-Caribbean identity, erase other identities and histories that in-form Caribbean cultures. While these arguments have merit, I would suggest that the framework of such arguments are problematic: first, they ignore the insistent opening metaphor—of "watercourses"—that surfaces throughout the trilogy and points to a subterranean movement as well as a palimpsestic or geologic strata that is both eroding and accumulating; secondly, we should consider Brathwaite as creating inter-ventions rather than sup-*plantations* of previous discourses.

In "Driftword," the concluding poem of the first volume, *Mother Poem*, of the trilogy, Brathwaite writes, "But my mother rails against the features of these koumforts / she stifles a dream as the whip raids her / and she calls on glint. echo of shell / the protein burning in her dead sea cells" (145). Here, as is typical throughout the trilogy, Brathwaite fuses the intimation of the personal ("my mother") with slave-scapes ("the whip raids her"), the coastal reference ("echo of shell") and the acoustic, where the "echo of shell" foregrounds the play of sounds in "dead sea cells"/dead sea shells/dead sea scrolls, or in life—sound, script and the sacred. In her mortality, the mother's body dissolves into a landscape similarly ruined—that our bodies' fluids limn that of the sea is invoked here. In his mother there are countless geographies: "in her eyes / the glow beyond green beyond blue beyond grey / that is the shadow of guinea. the loud / outwardly indigo pull from the distantest africa pool" (149). The very title of this poem, "Driftword," points to the movement—the *tidalectics*—of language and environment and history. The poem cycles back to the opening of the collection—"the ancient watercourses / echo of pebble trickle worn stone / the sunken voice of glitter inching its pattern to the sea / towards the breaking of her flesh w/foam" (153). These closing lines of "Driftword" certainly evoke generation and an organic vision, but they also enclose the poem's social and political commentaries within geographical and geological ecologies.

Embedded in *Mother Poem* are a series of twinning of Sycorax figures—not only that of the island and the mother, but also to Pixie, Pixie's mother (euphoniously named Coral Gardens), the ancestral mother ("she is alpha. She is omega" [73]), the Yoruba figure of Oya. Moreover, there are embedded references to other mother-figures, such as Saarjie Baartman (who was put on display as the "Venus Hottentot" in Paris from 1810-1815). Here we turn to the long visually constructed, mural-like poem "Pixie," which was added to the New Directions edition of *Mother Poem*. Brathwaite has transcribed the (re)invented transmissions of radio broadcasts and newspaper articles tracing the disappearance of thirteen year old Pixie Gardens from her mother, once "an able-body cane-cutter, domestic labourer & homemaker to a helpless individual force to depend on medicine & the scarce kindness of strangers & the Wildfare Board" (64). The paralyzed mother dependent on her children "in the sunhot . . . . what she call hottentot," on August fifth, "just four days after Slave Emancipation Day," begs the journalists to help find her child with the "dark lidded Benin eyes" (60-1).

As Saarjie Baartman was put on display, turning ethnography into what could only be called pornography, so Stephanie Gardens, renamed Pixie, is rendered by the media in Brathwaite's reproduction as an erotic spectacle. That Pixie is renamed, and her new name a form of diminishment, is not dissimilar to Baartman's doubled renaming. These acts are forms of dispossession and erasure of identity. Furthermore, Pixie's family's impoverished condition is sensationalized not so much to indicate the increasingly alienated and degraded circumstances of children, but also to suggest a fascination with violence, implied sexuality, and the elite's fetishistic voyeurism, an extension of sexual tourism: the selling of landscapes via women's bodies; here Pixie becomes an example of sexual tourism's victims and the co-option of economies into that of sex-work, while challenging how and why we read her life as it is scripted. The varying type fonts and sizes found throughout the poem help dramatize the unfolding story as well as marginalize other, more informing, elements. For example, the large bold font "**I need help. Please!**" is preceded by small fine, italicized type describing the physical conditions the family faced: "*We do not have much. No water, no inside toilet. We have to go down to the graveyard to get water* [this is in bold, as it is the sensational not the condition that is to be noted]. **And the pit toilet, said Carol as she pointed apologetically to a cubicle surrounded by a rusty paling, is full & want servicing**" (67). I dwell on this section as it acts as a complement to the critique of the paradisiacal Caribbean as created by European and North American travel writers. Brathwaite intervenes in the transmission of a discourse that is intended otherwise so as to portray the conditions of those who have been marginalized, the effects of poverty as documented through the voices of Carol/Coral Gardens or Stephanie/Pixie Gardens, the failure to implement basic human rights, and the violence shaped by three centuries of human exploitations. Indeed, what Brathwaite raises is the question of cultural sustainability, a necessary, twinning element to creating a life-sustaining physical environment. Brathwaite decries what he has termed in his open letter on his "Save CowPastor" website as "mental slavery" (Anthony Carrigan 66), that is destructive to place and cultures.

"Heartbreak Hotel," which follows the poem "Pixie," is Pixie's own letter as Loretta Collins writes, "transmitted by radio and *trance-scribed* by Brathwaite as a crossroads moment for the endangered girl, and a prayer for Legba to open a channel (or link) so that her plea for help be heard by society" (15). As Collins notes, these transmissions weave together allusions from throughout the trilogy. This in turn signals the transmission of spiritual traditions, or in Harriet Mullen's term "spirit writing," describing African American visual forms, which swerves away from a purely secular and overtly political graphic technology to the means, often visual, of spiritual awakening as the poem concludes with the apostrophic "o howling city needing / love" into which is inserted the Egyptian hieroglyph of a woman, before continuing "the wheels the monstrous passengers / the raped the dead the leprous scavengers" (*Ancestors* 71). Language, Brathwaite suggests, is endangered and at risk of losing its own spiritual energies, of no longer sustaining human culture: "o claude mckay h a vaughn o nuclear xplosion all / mighty sparrow singing wings / o city building houses houses houses w/out homes" (72).

The world has lost its "koumfort" or comfort, which Collins notes, Brathwaite has reshaped from the Haitian term *hounfort* for a place of worship and spiritual concentration, a community, a crossroads (6). The poem, then could be considered a *hounfort* and as such, it coincides with Brathwaite's siting of his poetic practices now largely at "CowPastor" (acoustically fusing pasture with pastor)—a sacred place, most likely a burial ground for African slaves, in Barbados where Brathwaite seeks to establish his "Alexandria library" and thereby preserve the site from being desecrated through the construction of an access road to the airport. The book then becomes a parallel site to the physical environment, particularly the sacred. The "CowPastor" is designated a place of composition—of creation and cultural production—in the book's front matter. With the presence of water and a bearded fig tree—"a symbol of Los Barbados itself—sacred to Amerindians and enslaved Africans—a miracle here on this pasture," writes Brathwaite at his website in 2005—the site is probably one of many otherwise unacknowledged African burial grounds. Thus, the topography, the erased presence of cultures, and endangered species are transposed with the making and re-generation of the book.[4] Importantly, Brathwaite implies that the book is always and already ancestral as it draws upon layers of voices that are conceived relationally; likewise, the land is always populated, humans are an intrinsic presence—such a position interrogates and resists the ideology of a blank, empty landscape, one void of humans yet destined for a particular occupation . . . the hallmark of settler colonialism.

Walcott and Brathwaite attempt to reconcile the separation of the social and the natural through, in part, a recognition of the interlocking degradation of each through plantation economies as well as the necessity to give presence to rhizomic sources and the expression of the historical and economic sources and their present conditions. Their poetics subverts the static image of a passive, ahistorical, pristine landscape and recovers a landscape that has been subject to distortion and an alienation of people from locale and history. The generative language of both Walcott and Brathwaite—as suggested toward the close of Walcott's epic, "this language carries its cure . . . its rhythm agrees / that all it forgot a swift made it remember / since that green sunrise of axes and laurel-trees" (323)—heals as it stitches the human and the natural into their ongoing relation.

Notes

1. See, for example, Charles Altieri, Jeffrey Gray, or Robert von Hallberg on the poetics of travel and description, particularly in the work of North American poets such as Elizabeth Bishop, Robert Lowell, and Derek Walcott.

2. The equation of Brathwaite and Ngũgĩ by Somerville is also problematic as the specific conditions both ecological and historical of Barbados and Kenya, or the Caribbean and East Africa, or Anglophone Caribbean literature and Kenyan literature, seem occluded; so too the genres each writes primarily in—poetry and fiction.
3. See Nathaniel Mackey's discussion in *Paracritical Hinge* of "tidalectical" or "a coastal poetics, a coastal way of knowing" (62-3).
4. For more details regarding Brathwaite's intervention in saving this site, see Anthony Carrigan's article or visit http://tomraworth.com/wordpress where Brathwaite's open letters, exchanges, and photographs are archived.

Works Cited

Altieri, Charles. *Self and Sensibility in Contemporary American Poetry*. Cambridge [Cambridgeshire: Cambridge University Press, 1984. Print.

Appadurai, Arjun. *Modernity at Large: Cultural Dimensions of Globalization*. Minneapolis: UP Minnesota, 1996). Print.

Braziel, Jana Evans. "'Caribbean Genesis': Language, Gardens, Worlds (Jamaica Kincaid, Derek Walcott, Édouard Glissant)." *Caribbean Literature and the Environment: Between Nature and Culture*. Eds. Elizabeth DeLoughrey, Renée Gosson, George Handley. Charlottesville: UP Virginia, 2005: 110-26. Print.

Brathwaite, Kamau. *Ancestors*. New York: New Directions, 2001. Print.

______. *ConVERSations with Nathaniel Mackey*. Staten Island, NY and Minneapolis: We Press and Xcp: Cross-Cultural Poetics, 1999. Print.

______. *X/Self*. London: Oxford UP, 1987. Print.

Buck-Morss, Susan. *Hegel, Haiti, and Universal History*. Pittsburgh: Pittsburgh UP, 2009. Print.

Carrigan, Anthony. "'Hotels are Squatting on my Metaphors': Tourism, Sustainability, and Sacred Space in the Caribbean." *Journal of Commonwealth and Postcolonial Studies*. 13.2-14.1 (Fall 2006/Spring 2007): 59-82. Print.

Collins, Loretta. "From the "Crossroads of Space" to the (dis)Koumforts of Home: Radio and the Poet as Transmuter of the Word in Kamau Brathwaite's "Meridian" and *Ancestors*." *Anthurium: A Caribbean Studies Journal*. 1.1 (Fall 2003): 20 paragraphs.

Glissant, Edouard. *Caribbean Discourse: Selected Essays*. Trans. J. Michael Dash. Charlottesville: UP Virginia, 1989. Print.

______. *Poetics of Relation*. Trans. Betsy Wing. Ann Arbor: Michigan UP, 1997. Print.

Gray, Jeffrey. *Mastery's End: Travel and Postwar American Poetry*. Athens: U Georgia P, 2005. Print.

Mackey, Nathaniel. *Paracritical Hinge: Essays, Talks, Notes, Interviews*. Madison: U Wisconsin P, 2005. Print.

Mullen, Harriet. "African Signs and Spirit Writing." *Callaloo* 19.3 (Summer 1996): 670-89. Print.

Ngũgĩ, wa Thiong'o. *Decolonising the Mind: The Politics of Language in African Literature*. Oxford and Portsmouth (NH): James Currey and Heinemann, 1986. Print.

Nixon, Rob. "Environmentalism and Postcolonialism." *Postcolonial Studies and Beyond*. Eds. Ania Loomba, Suvir Kaul, Matti Bunzl, Antionette Burton, and Jed Esty. London: Duke UP, 2005. 233-51. Print.

Pollard, Charles. *New World Modernisms: T.S. Eliot, Derek Walcott, and Kamau Brathwaite*. Charlottesville: UP of Virginia, 2004. Print.

Retamar, Roberto Fernández. *Caliban and Other Essays*. Trans. Edward Baker. Minneapolis: Minnesota UP, 1989. Print.

Somerville, Erin. "Doomed Kyoto: Language, Environment, and National Interests." *Journal of Commonwealth and Postcolonial Studies*. 13.2-14.1 (Fall 2006/Spring 2007): 83-100. Print.

Von, Hallberg R. *American Poetry and Culture, 1945-1980*. Cambridge, Mass: Harvard University Press, 1985. Print.

Walcott, Derek. *Omeros*. New York: Farrar, Straus, Giroux, 1990. Print.

______. *White Egrets*. New York: Farrar, Straus, Giroux, 2010. Print.

THE DOUBLE BIND: WOMEN AND THE ENVIRONMENT IN *CHAMBACÚ BLACK SLUM* AND *A SAINT IS BORN IN CHIMÁ* BY MANUEL ZAPATA OLIVELLA

UCHENNA P. VASSER

In the 1963 novel *Chambacú, Black Slum* by the Afro-Colombian writer Manuel Zapata Olivella, thousands of black families who live in degraded conditions on the island of Chambacú are once again threatened with displacement. While the young men engage in subversive acts to discomfit the aggressor, La Cotena and the other womenfolk are represented in broad brushstrokes as heedless participants in the struggle for self-determination. In this imagined community, the women are reduced to hysterical, irrational, and infirm subjects destined to suffer exploitation at the hands of their men and of the wider androcentric apparatus. Chambacú is also an environmental nightmare bearing the scars of centuries of abuse and resultant pollution. The women in this environment are in an impossible dilemma, victimized as it were by a system and ecopolitics that privilege men over women and nature. In the novel, the threat of displacement compounded by the impoverished state of the community, the subjugation of the women, and the potential ecocide all conspire against the survival of Chambacú. Typically, the novels of Zapata Olivella have given voice to a legacy of struggles and cultural contributions by Blacks, indigenous groups and their mixed offspring. What is not typical is the representation of women as equal contributors to the socio-cultural fabric of these groups. This study expands the normative analysis of Zapata Olivella's works to ponder gender representations and the preponderance of the environment in two novels published in the 1960s, *Chambacú, Black Slum* and *A Saint is Born in Chimá*.

Arguably, Zapata Olivella was not as interested in the ecological disaster in Chambacú as he was in a concerted Black Nationalism to resist domination and oppression from the center. Here it should be noted that Zapata Olivella's Black Nationalism is a process more aptly defined as:

> black resistance in the face of systematic subjugation and exploitation, yielding to instances of individual or collective acts of heroism. Zapata Olivella conjectures that the sustained struggle to overcome their physical and spiritual annihilation engendered a dual consciousness in the Afro-American, one, of the common foe, that is imperialism, and second, an innate sense of nationhood. (Vasser 8)

However, it is in his very articulation of an "ideology of nationalism without frontiers" (8) in Chambacú, that the author (in)advertently gives credence to its diseased ecosystem that must be "healed" in order for Chambacuans to achieve self-determination. Zapata Olivella's representation of a diseased ecosystem in Chambacú echoes the quintessential conflict between the European induced civilization and the autochthonous beauty and abundance of the American landscape. From *Juyungo* (1987) by the Ecuadorian Adalberto Ortiz protesting the exploitation of Blacks and nature in the Esmeraldas region of Ecuador to *Los ríos profundos* (1956) by the Peruvian José María Arguedas written in the tradition of indigenismo to point to White oppression of the indigenous groups of the Andes, to the short stories by the Uruguayan Horacio Quiroga in which the serenity of nature harbors unmitigated horrors, the Latin American literary tradition of the early twentieth century in particular articulated a correlation between the plunder of the American environment and the wellbeing of its inhabitants. With the exception of Quiroga, Ortiz and Arguedas, like Zapata Olivella were desirous of a form of territorial nationalism as the endgame in the marginalized regions of Latin America and implicit in their desire, one would argue, was a conservationist ideology. The conservationist ideology in *Chambacú, Black Slum* underlines an important preoccupation of literary ecologists, the exploitation of race, gender, and nature by the Center. Clearly, Blacks, women, children and the environment are victims of an exploitative process in Chambacú, but it would be incorrect to assert that Zapata Olivella was mindful of the fundamental tenets of ecocritics, intending as it were to cast the environment as the central subject in the clash between the center and periphery. Instead, the author would prescribe a solution that involves the appropriation of an African worldview founded on the interconnectedness among nature, man, and the gods. An examination of Zapata Olivella's illustrious literary trajectory unearths an ideological *negrismo* that taps into the memorialized vestiges of an African past augmented by the conscious re-imagining of the Afro-American present. According to Zapata Olivella, the memorialized vestiges are essential to the imaginative reconstruction of reality, and in *Chambacú, Black Slum* and *A Saint is Born in Chimá,* these vestiges inform religious attitudes and practices that undergird the movement towards self-determination. The author's conscious re-imagining of the Afro-American present conforms to the Bantu concept of man that:

> Transcends the connotation of man to include the living and the dead as well as animals, vegetables minerals and things that serve him. More than physical entities or persons, it refers to the force that unites man to his offspring and descendants in a solitary knot immersed in the universe, present, past and future.
> (transciende la connotación del hombre, ya que incluye a los vivos y difuntos, así como los animales, vegetales, minerales y cosas que le sirven. Más que entes o personas, materiales o físicos, alude a la fuerza que une en un solo nudo al hombre con su ascendencia y descendencia inmersos en el universo presente, pasado y futuro). (731)

In other words, Zapata Olivella's call for self-determination involves the perception of a pervasive ecological disharmony, an existential disconnect, if you will that must be restored. Furthermore, the author's recognition and appropriation of the archetypal imagery of nature as mother/virgin, able or unable to reproduce, reinforces the notion of the corroborative relationship between nature and the women of Chambacú as restorative partners of the diseased environment.

In *Chambacú, Black Slum,* and *A Saint is Born in Chimá,* two novels that inform the present study, it is the women who shed ample light on the heuristic binary relationships between master and subaltern, man and nature, man and woman, and ultimately on the condition of women as casualties of the double bind in marginalized segments of the Colombian population.

In the early 1960s, Zapata Olivella produced a string of literary works decrying the socio-political apparatus that ostracized certain segments of the Colombian society. In these novels including *La calle 10* (1960), *Chambacú, corral de negros* (1963), *Detrás del rostro* (1963), and *En Chimá nace un santo* (1964), the author argues for Colombia's acceptance of its multiracial/multiethnic constitution, but in particular Zapata Olivella insists on the growth of self-awareness among the marginalized groups as an integral part of their inclusion into Colombia's national polity. *Chambacú, Black Slum* (*Chambacú, corral de negros*) and *A Saint is Born in Chimá* (*En Chimá nace un santo*) thus comprise two overlapping and complementary themes: resistance and self-consciousness. How then does Zapata Olivella adapt his constant themes of resistance and self-consciousness to include ecocritical and feminist considerations? Critics point to Zapata Olivella's recourse to African mythologies vis-à-vis Yoruba cosmogony and Bantu philosophy to explain away several components of the Black Nationalist ideology inherent in his novels, including cultural nationalism, religio-cultural identity, and *Africanidad* to support the argument for a Colombian national discourse that foregrounds its tripartite legacy, but invariably, these same critics have failed to study the representation and role of female characters in tandem with environmental degradation.

A rereading of these novels through an ecocritical lens provides a different perspective to Zapata Olivella's representation of a harrowed environment, and permits its contemplation as a central character sickening the community, particularly the women, whose potential as mothers and matriarchs is thwarted by an epidemic of barrenness. The ecocritical ideology that must support this approach insists, as does Lorraine Code, on "a revisioned mode of engagement with knowledge, subjectivity, politics, ethics, science, citizenship, and agency that pervades and reconfigures theory and practice" (5). Of course, Code is here referring to a mode of engagement in ecological discourses that interrogates the master narrative of man at the center of the universe. Ecocriticism, seen by proponents as offering a critical approach to literary studies, suggests a revision of the way we appraise the intersection of literature and environmental concerns to "take an earth-centered approach" (Glotfelty). In *Chambacú, Black Slum* and *A Saint is Born in Chimá* the plots and physical settings are so inextricably linked that their study warrants the in-depth analysis of the environment not as an interesting backdrop to communal abjection but a principal figure in the narrative of resistance and self-determination.

The role of women as restorers of the relationship between man and nature in *Chambacú, Black Slum* and *A Saint is Born in Chimá* harkens back to the ideology propounded by ecological feminists that ecocriticism and feminism combined, or ecofeminism, allows a multifarious interrogation of literary texts from ecological and feminist perspectives. This approach favors the situation of either entity as subject rather than object. In particular ecofeminism emphasizes the role of women as healers of nature. According to Gretchen Legler:

> Ecofeminists argue that dealing with practical environmental problems (where to place nuclear waste dumps, where to build garbage incinerators, how to design water systems in Latin American villages) is both an ecological and a feminist task because the uses and abuses of the environment that have led to what they see as the potentially catastrophic present are largely due to a patriarchal environmental ethic that has conceptualized land as "woman." This patriarchal land ethic has been mostly uninformed and uninfluenced by the ways in which gender, race and class come into play in the definition of nature and what is natural. (227)

Ecofeminism requires that attention be directed to the women of Chambacú and Chimá, cast in their roles as victims and unwitting saviors, as passive and heedless participants, to show rather their inherent collaboration in the struggle for self-determination. The women and the environment, due to a biological disposition, commune through a natural symbiosis that gives the women an innate understanding of the inevitability of filial sacrifice. That sacrifice occurs in both of the novels here.

In *Chambacú, Black Slum*, and *A Saint is Born in Chimá*, La Cotena and Rafaela have given birth to sons that will play the central roles in the emancipatory processes in their communities. Máximo is La Cotena's oldest child, and from the outset it is clear that he is different from the rest of the inhabitants of Chambacú. He is an activist whose ailments denied him a typical childhood and youth to make him a man unsuited for the kinds of jobs available to the men in his community. Instead, Máximo's physical weakness allowed him the luxury of reading books. His autodidacticism haunted La Cotena who worried that "those damned books if it weren't for them they wouldn't persecute him. Thirty-five years old and he had already been in jail thirteen times" (10). In Chambacú, "they" were the authorities from Cartagena who engaged in periodic raids on the island to quell seditious sentiments and, during the more recent raid, to capture men to fight for the United States army in the

Korean War. Chambacú is hell on earth. It is an island slum bordering a mangrove swamp full of "packed hovels, all of straw and paper" (13), where mosquitoes and gnats feed freely on the inhabitants and garbage from the hovels float around in stagnant water. Throughout the novel, Zapata Olivella is careful to remind the reader of the contagion that is Chambacú with descriptions of the island as a spreading "Black cancer" (106) or "Chambacu is the land of death" (21). The environmental pollution in Chambacú sickens and dehumanizes the inhabitants. In particular the women bear the consequences of their degraded community as widows, unwed mothers, infertile women, prostitutes and servants. La Cotena raises her five children alone after her husband died from the spur of a gamecock. Her only daughter is raped by the white Emiliani and gives birth to Dominguito. La Cotena's sister Petronila is barren and resigns herself to playing mother to José Raquel, one of La Cotena's sons. In the community, Rudesinda's daughters know no other life except one of prostitution and the stigma of having been impregnated by Constantino, their step-father. The authorities eventually capture several Chambacuan men including José Raquel. They are conscripted and sent to Korea. After a two-year tour of duty, José Raquel returns to Chambacú with his Swedish wife Inge.

In the novel set in Chimá, Domingo is also different. He is a thirty-three year old man suffering from the ravages of microcephaly. He is immobile and without speech. Already an intensely religious community, the town of Chimá, hemmed in by mountain, swamp, and the Sinú River is galvanized by the miraculous rescue and "sanctification" of Domingo. A fortuitous thunderstorm had set Rafaela's home on fire and inside was her son Domingo. Padre Berrocal ran into the burning building and saved Domingo who was spared injury. Jeremias the sacristan emerged as the spokesperson for the community, and capitalizing on the people's belief that Domingo's salvation is a miracle, began the systematic exploitation of the situation for self-aggrandizement. Like Chambacú, Chimá suffers cycles of extreme weather. The cooler seasons are marked by heavy rainfall that inundates the community, and punctuated by thunderstorms that set fire to the homes. The other seasons are marred by intense heat reaching 40 degrees Celsius. The houses in Chimá are built with cane and mud walls and are covered with thatched roofs. In Chimá, "the horses die of cold and cramps or lose their hooves in the dampness. Fevers thrive in the swamps and in the late afternoon, the mosquitoes penetrate the awnings, suck the blood and poison it. The river undermines the foundations of the houses; the swamps fill up more and more with water and the flooded roads lay siege to the towns"

(49). Like Chambacú, the people of Chimá are sickened by their physical space. Rafaela's son suffers mental and physical deformities, and her daughters Balaude and Andrea are barren. In the community other women like Blasina and Eduviges are also barren (one of the miracles wrought by Domingo was to give a child to Eduviges.)

Zapata Olivella's recourse to the Caribbean coast of Colombia as the setting for *Chambacú, Black Slum* and *A Saint in Born in Chimá* resonates at both a personal and historiographic levels, and strikes at the heart of his concept of *Africanidad*. Born in 1920 in Lorica, a city on the Atlantic Coast of Colombia, Zapata Olivella lived the oppressive history of millions of slaves from Africa who were deposited along the Caribbean/Atlantic littoral. In his collection of essays *La rebellion de los genes: El mestizaje americano en la sociedad futura,* the author espouses the ideology of *Africanidad* as "a movement to seek Black liberation from oppression and alienation" (Vasser 4), and explains that:

> In America, africanidad is synonymous with liberty. This as much as indianidad emblematizes the defense of the land and culture and criollismo speaks to independence. From the first African that disembarked on this continent, the chains on his menacing fists became a symbol of rebellion and liberty. Having lost all hope of return, America became life, wife, family and a new homeland. Now a warrior, his fight against oppression is the epic of freedom.
>
> (En América, africanidad es sinónimo de libertad. Así como la indianidad emblematiza la defensa de la tierra y la cultura, y el criollismo la independencia. Desde que el primer africano desembarcó en este continente, las cadenas de sus puños amenazantes se constituyeron en símbolo de rebeldía y libertad. Perdida la esperanza del retorno, América le significaba vida, mujer, familia y nueva patria. Convertido en guerrero, su lucha contra la opresión es la epopeya de la libertad.) (56)

Indeed, in *Chambacú, Black Slum* Máximo instructs Inge on the historical premise of the island's fight against displacement stating that "it is no coincidence that Chambacú, this black slum, was born at the foot of the city walls. Our ancestors were brought here to build them. The trading ships arrived crowded with slaves from all parts of Africa. Mandingas, Yolofos, Minas, Carabilíes, Fiafaras, Yorubas, more than forty tribes" (101).

The story of Chambacú begins with a raid by soldiers to capture the men responsible for scrawling graffiti on the fortified walls that separate the fetid slum from the city of Cartagena. The men captured would suffer punishment in the form of a two-year enlistment serving in the United States army to fight in Korea. The Chambacuan men disperse and hide in the swamps leaving their women to be harassed by the invading soldiers. La Cotena has four adult sons and bristles as the soldiers approach her porch: "'What you want' This is just great, they don't even let us sleep! They only remember to fuck us over! If they were looking for hunger and misery they'd find plenty. But that doesn't matter to them. It's just two women and a child here. Do you want the little one for the war too?" (8) Máximo understands that Chambacú must mount a concerted effort to resist the periodic harassment by the soldiers but is unsuccessful in conveying his vision to members of the community. Even La Cotena fails to grasp the extent of Máximo's activism and her uneasiness compels her to burn his books fearing that his knowledge was bad for Chambacú and certainly worse for him. It takes the presence of Inge to begin a gradual dawning of awareness among Chambacuans. Inge met José Raquel in Stockholm and they got married. She returned to Chambacú to slowly learn about the "descendants of slaves only read about previously in the history of African slave traffic" (101). In Chambacú, Inge experienced the aftermath of "a past that was confused with legend. Now it emerged in the flesh. She could reach out and touch it. She knew its names" (101). In Chambacú, Inge's marriage to José Raquel wouldn't survive, but she remained in the household and under Máximo's tutelage learned of the historical legacy of Blacks along Colombia's Caribbean coast, a history of brutality and marginalization that has continued into the present. In a speech that weaves a thematic thread between *Chambacú, Black Slum* and *A Saint is Born in Chimá,* Máximo accuses his fellow Chambacuans of passivity in the face of centuries of oppression and alienation. In his speech, Máximo acknowledges Saint Pedro Claver who "took pity on the slaves' wounds . . . and cured them and eased their death promising them a life without chains in heaven" (102) during the construction of the fortification around Cartagena, while simultaneously admonishing them that "those redeemed by Saint Pedro Claver are still looking for a saint. They believe in a miraculous liberator" (102). In Chimá, the miraculous liberator would come in the form of the crippled Domingo.

Domingo's rescue offers no other interpretation to the Chimaleros than a divine intervention for a community burdened by its catastrophic weather for humans, livestock, and crops. After their home is destroyed,

Rafaela and her children take refuge in the church where they remain until a new home is built. In the meantime requests for miracles grow and soon the Chimaleros and visitors from neighboring communities push against the sacristy of the church to catch a glimpse or touch Domingo shouting "God has designated Dominguito with a bolt of lightning" (4). Domingo works miracles to heal the sick and the environment. He gives Eduviges a child after years of infertility and during a severe flood in which he almost drowns, Domingo is saved by Jeremías and the men of Chimá, who place him in a canoe to row up and down the streets so that his powerful presence calms the swollen waters.

The emergence of a religio-cultural identity in Chimá troubles the Church, which sees the belief in "Saint Domingo" as subverting the master narratives of Christian saints. It is not that the Chimaleros deny their Catholicism, but rather that the process of veneration of Domingo invokes polytheism. Specifically, what it reveals is Zapata Olivella's attitude towards an African mythico-religious worldview. In the pronouncements and actions of the Chimaleros is subsumed a religious syncretism that marries variants of the African cosmogony and Christianity. In *A Saint is Born in Chimá*, Zapata Olivella "covets two important sources of black religio-cultural expression in the Americas; Yoruba mythology and Bantu philosophy. For instance, Yoruba mythology boasts a [multitude of deities armed with] a complex collection of proverbs, myths, and legends contained in the Ifá corpus" (Vasser 37). Polytheism as constituted of Yoruba mythology certainly made its way to the New World with the slaves from Africa and found new forms of expressions in colonial and postcolonial America. What Padre Berrocal witnessed among the Chimaleros appeared to be a revival of Afrocentric ritualism:

> The idolatrous gathering is reaching its high point of intensity; the smoke spread by Jeremías with the censer, the chant of the litanies, the sobbing of the mourners, and the thing that most angers the priest –Saint Emidius in the street accompanied by the saints of crudely carved wood. He bursts among those who are praying with bowed heads and, in his fury, rebukes them severely: "Pagans! Desecrators! Get these satanic images out of here!" (34)

The inherent syncretism of worldviews on display in Chimá is the result of a subtle process that began with the advent of Europeans and later African slaves to the New World. The European, African (and other groups in later centuries) brought with them degrees of superstition and religion which they merged with indigenous expressions to forge a world at once complementary and contradictory. Chimá also displays the inevitable outcome of centuries of cohabitation. Miscegenation in Chimá parallels the syncretism of divergent worldviews, and just as the black, white and copper bodies of the sons of the oldest citizen of Chimá, José Dolores Negrete, "show that their father was without prejudice when it came to the color of his women" (22), so the veneration of Saint Domingo is the result of an irreversible adaptation to a New World Order. Indeed, the Chimaleros express "astonishment and confusion . . . They do not rebel, their religious training will not allow them to be incited against the minister. They are incapable of reflecting on their own fanaticism and unable to analyze or comprehend the priest's condemnation of their conduct" (25). When Jeremías finally defies Padre Berrocal, and declares "bury me in hell if I am a sinner! I have faith in Saint Domingo! I believe in God the father who has sanctified him" (34), it is clear that the incipient subversive process occasioned by Domingo's miraculous presence in life and death has morphed into a religio-cultural struggle upon which the Chimaleros are erecting a collective self-identity. Saint Domingo replaces Chimá's patron saint Emidius, who, interestingly, was a missionary murdered circa 303 AD by angry Germanic tribes because he destroyed their idols. A similar fate befalls Padre Berrocal for desecrating Domingo's corpse in an effort to deter the fanatical Chimaleros and the standoff between Padre Berrocal and Chimá overwhelms the priest, who suffers a stroke. Unable to speak, Jeremias infers that Berrocal's facial contortions mean a wish to be buried upon death at the cemetery, next to Domingo. The death and burial of Padre Berrocal beside Domingo suggest the final annihilation of his life's mission to stamp out the regenerative superstitions that informed the behavior and attitudes of marginalized miscegenatic communities like Chimá. But more significantly, I believe that his death and the act of burying him beside Domingo is a statement affirming the equality of the divergent parts that comprise the belief system of the Chimaleros. Based on Zapata Olivella's recourse to an African mythico-religious ideology, it was important that in the struggle between superstition and religion there are no clear winners, because in the end the self-determination of the Chimaleros will be based on their acceptance of who and what they are. In the end the prophet Jeremías is killed by the police sent from Lorica, and even in death, the authorities sense that Jeremías' leadership in conjunction with the miracles of Saint Domingo have unleashed the suppressed tempest of the Chimaleros. The authorities "understand that the people need only a pretext to fight and with those machetes and shotguns they would be capable of carrying out greater prodigies than all the miracles attributed to Domingo Vidal" (109).

The proliferation of evidence of environmental abuses such as the deforestation of lands at the head of the Sinú River creating periodic floods in Chimá, the pestilent water awash with excrement of the swamp that surrounds Chambacú, or imagery of climactic upheavals bespeak the destruction of the interconnection between nature and these communities. In this regard, the ecocritical position of analyzing literature from the perspective of such interconnections, or their lack, is in alignment with a crucial piece of the African worldview that supports Zapata Olivella's articulation of a Black Nationalist ideology. Here the concept of *muntu,* derived from Bantu philosophy that speaks of a cosmic totality involving the delicate relationship between the terrestrial and celestial realms to assure the continuity of man and society, addresses equally the correlation between the suffering of the inhabitants of Chambacú and Chimá, and the surrounding environmental degradation. Ecocritics would applaud Zapata Olivella's explicit metaphors that highlight the contagion of Chambacú and Chimá, his musings on the potential ecocide, and his explicit argument that the surroundings have sickened and oppressed the peoples in these communities. However, they would wish the author to reverse his approach from a perspective of man's harmful domination of the environment to a nature-centered approach that discusses cultural survival in alignment with environmental well-being. Finally, they would wish the author to conclude his narratives of the triumph of Black Nationalism in conjunction with conservationist practices. The argument against Zapata Olivella, then, is that, in spite of the obvious correlation between culture and environmental well-being, he fails to tie the nationalistic outcome to the restoration of an ecological balance in the communities. Zapata Olivella is concerned with such interconnections only as they relate to the awareness of the process of a transculturation that must inform Black Nationalist endeavors as a prelude to the broader acceptance of marginalized groups and their cultural contributions into mainstream Colombia. Perhaps to the author that acceptance would lead to Land Reforms and elimination of the practice of sporadic evictions from the land of certain segments of the Colombian population, and so ultimately lead to land ownership and the attendant conservation.

The number of female characters that populate *Chambacú, Black Slum* and *A Saint is Born in Chimá* warrants a closer look at the roles they play in the process of self-determination. For Zapata Olivella, women have played an important role as culture bearers, a point that Antonio Tillis notes in his critical work *Manuel Zapata Olivella and the "Darkening" of Latin American Literature,* and that he explains as Zapata Olivella's recognition of a historical process of miscegenation that precedes the arrival of Europeans to the Americas. Indigenous groups practiced inter-breeding and this practice, desired or forced, continued with Europeans and Africans and became part of the social milieu of the Americas. But the women's ability to engage in cultural dissemination is thwarted by myriad factors including a degraded environment and a suffocating social hierarchy. Women in Chambacú and Chimá are plagued by barrenness, and those who give birth, like Rafaela Vidal, produce children with congenital defects. But the social hierarchy encourages what Legler describes as "the oppression of various 'others' in patriarchal culture by ranking them 'closer to nature' or by declaring their practices 'natural' or 'unnatural'" (228). Legler is making reference here to the larger global hierarchy in which those cultures closer to "mother" earth in practice and attitudes are oppressed by the more technological cultures. This patriarchal attitude is, on a smaller scale, the bind that oppresses the women of Chambacú and Chimá, who are ranked closer to nature in terms of their biological constitution and level of awareness. These women are scripted into the texts as part of the natural order of existence and in their capacity to serve the men. When the soldiers arrive in Chambacú, the men hide and silence befalls the community as the women cower in the dark. They pray, seeking divine interventions from Bonifacio's magical incantations. The business of the struggle for dignity and civil rights is the responsibility of men, and the women like La Cotena, who resorts to burning Máximo's books, do not understand and are reduced to mindless hysteria.

In her work on ecological thinking, Lorraine Code proposes a definition of ecology as "a study of habitats both physical and social where people endeavor to live well together; of ways of knowing that foster or thwart such living; and thus of the ethos and habitus enacted in the knowledge and actions, customs, social structures, and creative-regulative principles by which people strive or fail to achieve this multiple realizable end" (43). The survival of the communities of Chimá and Chambacú is threatened from within and by exogenous circumstances, and it may not be accidental that Zapata Olivella populates his novels with women who will play important roles as restorers of the natural harmony in these communities and, by extension, of the relationship between man and nature. A closer look at the habitats of Chambacú and Chimá exposes a dysfunctional ecology that exacerbates human suffering. On the one hand, Zapata Olivella insists that the situation in these communities is born of the conflict between the hegemonic racism of the patriarchal/white dominant group and the Black/miscegenated groups at the periphery. On the other hand, the situation is the result of a fissured covenant between an Afrocentric essence and the New World Afro-American. In the first instance, Zapata Olivella advocates opposition, and in the second instance, a process of self-awareness. However, in Chambacú, Máximo's books are not enough to mobilize Chambacuans to self-determination, nor are Domingo's sainthood and Jeremías "as the defender of the saint" (47) in Chimá sufficient to effectuate change. It is the women of the communities who, as reproducers of the home grown liberators whose deaths will usher in a new world order, will "remake the planet around a totally new model" (Françoise d'Eaubonne qtd. in Code 17). Thus, La Cotena, Rafaela, and Atilio's mother are cast in their roles of mothers who "understand" that their children will die in order to restore the ecological balance of their communities. Clotilde's son Dominguito will perpetuate the activism begun by Máximo.

In Chambacú, Máximo's death is preceded by a series of events that foretell the dawning of a new age. Inge's presence had sparked a curiosity among the men of the island that was initially sexual, but that proved to be a lure to listen to Máximo's preaching. That was enough for Máximo and Inge to initiate a series of meetings at the elementary school run by Miss Domitila to discuss methods of resisting the attempts to dispossess them of their land. A few days before his death, Máximo convened a meeting at the square and this time the people came to listen. "The little square filled with men and women. A swarm of petticoats, sweat-soaked flannel, and dusty feet. The same repeated expression of anxiety. Anxiety in the eyes. Never had so many gotten together on the island" (98). The meetings at the school and town square, including the plan to protest the visiting members of the American Peace Corps, signal the coalescing of the resistance against further exploitation. During the visit of the Peace Corps, Atilio's mother is killed as she mounts a desperate plea to protest the conscription and death of her only son. Atilio's mother has been representative of the portrayal of women in *Chambacú, Black Slum* and *A Saint is Born in Chimá* who either railed against the disruptive activism of their men folk or observed fearfully the constant incursion by law enforcement. Máximo regarded Atilio's mother as belonging "to the band of the resigned ones" (11), but her death further fanned the revolutionary flame and Máximo organizes a funeral procession to carry her coffin to Cartagena. The authorities were waiting at the bridge to arrest Máximo but as the procession was set to cross the bridge, José Raquel shot Máximo.

Even in death, Máximo is defiant, as La Cotena is unable to close his eyelids. His defiance is contagious and has spread to Máximo's nephew Dominguito, who like other young Chambacuans, will continue to paint slogans of protestations on building façades. Indeed, as the narrator intones, "with four sutures, the tobacco roller sewed Maximo's eyes closed. Many people in Chambacú now had theirs open" (128). Similarly, the Chimaleros are even more energized by Domingo's death than by his rescue, for in death his miracles promote a calmness and return to normalcy. Their only problem remains the refusal of the Church to officially sanctify their saint, as Padre Berrocal, alarmed by the fervor surrounding Saint Domingo, accuses the community of heresy. It is clear, however, that the enigma of Domingo has unleashed the catalytic impulses that propel the people to protect their own and mobilize towards self-determination.

Several critical works on Zapata Olivella list his principal thematic to include social protests against the marginalization and oppression of peoples of color, and a nationalist ideology founded in part on an African mythico-religious ideology. Marvin Lewis, for instance, argues that "the onus of Zapata Olivella's works is the plight of the downtrodden. Zapata Olivella's avowed affinity with the oppressed masses yields a constancy of violence and oppression in his novels" (qtd. in Vasser 22). Similarly, Yvonne Captain-Hidalgo notes that "Zapata Olivella's nationalism is expressed through his reinterpretation of black history by appropriating well-known historical occurrences like the Land Reform movements, religious and political changes, slavery and the clash of cultures" (qtd. in Vasser 23). Zapata Olivella himself confirms that, beginning with his novels in the 1960s, the heightened afrocentrism of the sixties in the United States and elsewhere influenced in great measure his attitude towards race relations in Colombia. Thus *Chambacú, Black Slum* and *A Saint is Born in Chimá* protest a social ordering that privileged androcentric, white segments of the population. The novels also have merit in their aestheticism. Undoubtedly, the pervasive innovation in form and content that transformed Latin American literature in the second half of the twentieth century found expression in Zapata Olivella's novels. Like his compatriot Gabriel García Márquez, or Guillermo Cabrera Infante and Julio Cortázar writing during the period of the Boom, Zapata Olivella's novels experimented with language registers, anthropology, and in the specific case of Zapata Olivella, *Africanidad*, to underscore the socio-political commentaries in his works. Unfortunately, Zapata Olivella's politicization of race relations, and their attendant alienation, to advocate an inclusive system failed to address gender equality as a fundamental component of such inclusivity. The salvation of the women of Chambacú and Chimá hangs in the balance even after the Chambacuans and Chimaleros experienced victorious outcomes. The author's affirmation of a nationalist endgame in his novels is at best a partial triumph because gender inequities remain unresolved. Ecofeminists like Ynestra King[1] will argue that the domination of any one of the classifications of sex, race, class, or nature mutually reinforces the domination of the others, and thus would insist that failure to emancipate women in Chambacú and Chimá is a failure to safeguard against environmental abuses, and ultimately signals the demise of the nationalistic project.

Note

1. See Ynestra King, *What is Ecofeminism?* (New York Ecofeminist Resources, 1989) esp. "Ecological Feminism," 38-43.

Works Cited

Aibar Ray, Elena. *Identidad y resistencia cultural en las obras de José María Arguedas.* Perú: Pontificia Universidad Católica del Perú, 1992. Print.

Captain-Hidalgo, Yvonne. *The Culture of Fiction in the Works of Manuel Zapata Olivella.* Columbia: University of Missouri Press, 1993. Print.

Code, Lorraine. *Ecological Thinking: The Politics of Epistemic Location.* New York, New York: Oxford UP, 2006. Print.

Garcés González, José Luis. *Manuel Zapata Olivella, caminante de la literatura y de la historia.* Bogotá: Ministerio de cultura, Editorial El Malpensa, 2002. Print.

Gaard, Greta. "Strategies for a Cross-cultural Ecofeminist Ethics: Interrogating Tradition, Preserving Nature." *New Essays in Ecofeminist Literary Criticism.* Ed. Glynis Carr. Lewisburg, PA: Buckness UP; London; Cra, 2000. 82-101. Print.

Glotfelty, Cheryll. "What is Ecocriticism?" *The Association for the Study of Literature and Environment.* New Hampshire. Web. 10 March 2010.

Legler, Gretchen T. "Chapter Thirteen: Ecofeminist Literary Criticism." *Ecofeminism: Women, Culture, Nature.* Ed. Karen J. Warren. Bloomington and Indianapolis: Indiana UP, 1997. 227-238. Print.

Lewis, Marvin A. *Treading the Ebony Path: Ideology and Violence in Contemporary Afro-Colombian Prose Fiction*. Columbia: University of Missouri Press, 1987. Print.

Ortiz, Adalberto. *Juyungo: Historia de un negro, una isla y otros negros*. 3ª ed. Quito: Seis Barral-Letraviva, 1987.

Tillis, Antonio. *Manuel Zapata Olivella and the "Darkening" of Latin American Literature.* Columbia: University of Missouri Press, 2005. Print.

Vasser, Uchenna P. *Nationalism and the African Worldview in Changó, El Gran Putas.* Diss. UNC-Chapel Hill, 2002. Ann Arbor, Michigan: UMI Dissertation Services, 2002. Print.

Waugh, Patricia. "Modernism, Postmodernism, Feminism: Gender and Autonomy Theory." *Postmodernism: Reader*. Ed. Patricia Waugh. New York, New York: Routledge, 1992. 189-204. Print.

Zapata Olivella, Manuel. *Changó, el gran putas.* 1983. Bogotá: Rei Andes, 1992. Print.

______. *A Saint Is Born in Chimá.* Trans. Thomas. Kooreman. Pittsburgh, Pennsylvania: U of Texas P, Austin, 1991. Print.

______. *Chambacú: Black Slum.* Trans. Jonathan. Tittler. Pittsburgh, Pennsylvania: Latin American Literary Review P, 1989. Print.

______. *La rebelión de los genes: El mestizaje americano en la sociedad futura.* Bogotá: Altamir Ediciones, 1997. Print.

SECTION 5

—

OTHER PERSPECTIVES: FROM TRANSLATION TO PEDAGOGY

POWER AND RESISTANCE: READING THE COLONIZED AFRICAN TRANSCRIPTS IN KOBHIO'S *LE GRAND BLANC DE LAMBARENE*

Olubunmi O. Ashaolu

In this paper, I propose to study traits of resistance [1] as evidence of a shift in power relations between colonized Africans and French colonizers in Bassek ba Kobhio's *Le Grand Blanc de Lambaréné* (1995), a film that treats colonial relations between the French and Africans in French sub-Saharan Africa. Resistance in my argument is an important tool of the colonized, one that forces the colonizer to struggle constantly to provide evidence that his form of civilization is superior. It is my aim to pay close attention to seemingly innocuous cultural roles that the colonized depend upon as strategies of resistance against the colonial hegemony. I will argue that Africans employ overt and covert methods of resistance to challenge colonizers' oppression. My arguments will depict how colonized Africans in the film employ a strong rhetoric of misrepresentation as a mask of resistance that allows us to move beyond binary opposition in colonial discourse.

Le Grand Blanc de Lambaréné is a 93-minute feature film, a fictional adaptation based on the life story of Albert Schweitzer,[2] a medical doctor and priest in Gabon, a Central African French colony. *Le Grand Blanc de Lambaréné* [The Great White Man of Lambaréné] is narrated from the perspectives of the colonized and is set in a time period extending from the Second World War through the 1960s after Gabon achieved independence. Schweitzer's persistent disdain of Africans' humanity and their rich culture ultimately suggests that the colonizer's mission might lead to nationalistic fervor on the part of the colonized. Fundamentally, this story laments power relations in which the colonizer resolutely rejects the opportunity to discover the colonized.

In colonial relations, Foucault explains, dialectics of power and resistance are less about binary opposition than they are about concomitant relations. Power and resistance both occupy the same hegemonic medium and are synergetic one to the other; like power, resistance can be adapted to support diverse global strategies (142). I draw principally on James C. Scott's theories of hidden and public transcripts as weapons of the weak to examine signs of resistance as a shift in colonial power relations in *Le Grand Blanc.* Works of theorists such as Homi Bhabha, and Christopher Miller also provide important theoretical perspectives when investigating power and resistance in this film.

In *Domination and the Art of Resistance: Hidden Transcripts,* Scott identifies public transcript as a shared space of power relations in which the colonizer and colonized conceal or misrepresent the social reality between them. Because they encounter one another in this shared zone, public transcript allows the colonized to watch for the colonizers' vulnerabilities. In turn, the dominant group also looks out for and stifles any form of resistance on the part of the dominated. Apart from its use to counter power, the colonized employ public transcript to assuage the dominant power's suspicion about a possible resistance.

Drawing from the power relations between nineteenth-century French oral narratives of landlord and tenants, Scott maintains that public transcript is a performance of misrepresentation or a weapon of resistance employed by dominated tenants. Public transcripts, manifest in the relations between the dominant and the dominated, are gestures or expressions that are part of a dialectics of misrepresentation and control. According to Scott:

> The theatrical imperatives that normally prevail in situations of domination produce a public transcript in close conformity with how the dominant group would wish to have things appear. The dominant never control the stage absolutely, but their wishes normally prevail. *In the short run,* it is in the interest of the subordinate to produce a more or less credible performance, speaking the lines and making the gestures he knows are expected of him. (emphasis added 4)

Scott locates public transcripts of resistance within the confines of the danger of speaking the truth to power; through rhetoric the dominated hides his intention of misrepresenting the social reality and cajoles the dominant into thinking that he is in control. The tenant's discourse in the presence of the landlord is a public transcript enabling the former to discern the intentions and mood of the power holder. It is an outwardly false guide to the opinion of the subordinate group; the public transcript masks their inner strategy of anger and revenge against the oppressive hegemony. Part of the dominated's public transcript seen in the strategies of the tenants involves playing as accomplices to subordination in the presence of the dominant landlords. Public transcripts are performances of deference, silence, consent, saying or acting one thing and meaning another, that the dominant accept as expressions of subordination but which actually allows the dominated to read the intentions of a dangerous power holder.

While the dominant employ control and surveillance to assert power, the misrepresentations of the dominated cannot be underestimated, taking into consideration their implicit strategies of coping with oppression. David Krasner, another theorist in the African-American context, describes such masks as the "appearance of accommodation; attitudes of adjustment as a means of resisting ... without calling direct attention to oneself" (5). These acts of deference are tactics of survival that the dominated employ to deceive the powerful in order to navigate the vicissitudes of living under oppression. They allow the dominated to project inauthentic identities of acquiescence to confound the dominant. Their dissimulation serves two purposes. It misleads the power holder by perpetuating the stereotype of the dominated and it enables the dominated to frustrate the oppressive means of the power holder. On the whole, the public transcript can be read as a covert or indirect form of resistance.

Scott also elucidates the practice of the hidden transcript in resistance theory, which he describes as an offstage discourse of power or an indirect resistance (184). The hidden transcript consists of backstage tactics of survival that the oppressed fantasize about or plan to carry out in the open in order to resist hegemonic power. They are the hidden acts of breaking the oppressive laws of the system to chasten the power holder or to compensate the dominated for social injustice. Within a hidden transcript, the dominated hold sway over social realities of domination, as their reactions remain offstage and unknown to the powerful dominant. Virtually everyone experiences this hidden transcript, e.g. simply when considering saying 'no' to an overbearing acquaintance.

A direct derivative of this form of resistance is an open statement of the hidden transcript (8), also known as the discourse of the dominated, which violates the etiquette of power relations. Open statement of the hidden transcript assures a shift in power relations that transforms and authorizes the subordinate, giving him the voice to confront the power holder using rhetoric of retaliation previously rehearsed offstage. These moments are expressed in rhetoric in which one reads the dominated's "character status as speaking subject as against spoken object" (Robert Stam and Louise Spence 111). It is an often repeated backstage discourse of revenge and confrontation that the dominated addresses to the dominant. Scott gives an example of such rhetoric's effectiveness in the address of Mrs. Poyser (a representative of tenants) to the squire landlord in George Eliot's *Adam Bede*. Conversely, the hidden transcript presents the other side of the coin of resistance; unlike the public transcript, it involves speaking the truth to power.[3] As my argument will show, these pronouncements bare the mind of colonized but prick the colonizer's conscience, thus unsettling the balance of power relations.

In *Le Grand Blanc*, colonized African characters become adept at outsmarting the colonizer with their acts of resistance. Cognizant of the colonized's public transcript as a performance, the power holder does not take the deference of the colonized for granted. Realizing that the authenticity of colonized's performance of public transcript cannot be taken for granted, the power figure counters by putting on a 'performance of mastery' that allows him to feel the grip of his power on the subordinates. This power, seen as inevitable from the colonizers' perspective, is a way of reassuring themselves about their control over the colonized Africans. Thus Schweitzer's performance of mastery begins with the physical fact of his accoutrement, which consists of a white uniform and a colonizer's hat. In fact, in the film viewers first see him in an impeccable white uniform performing a surgery on a less well-lit African. Here the whiteness of the costume, bright lighting, and medical skill all work to suggest the importance on the colonizer.

All through the film, only French hospital staff members don white uniforms, marking them as the masters within the setting. Viewers see a perfect example at the point where Schweitzer's French hospital staff awaits him at the porch of his house, their white garb accentuating their superiority and power. In contrast, respectful and cheering Africans in casual shorts and shirts stand outside facing Schweitzer's building as if awaiting the arrival of a hero. Low-angle shots of the colonizers on an elevated front of Schweitzer's house register their transcendent position, while high-angle shots of cheering Africans underline their subordination. Their servile role appears reassuring to the colonizer, who misses the point of the performance in relying on his absolute authority.

What is striking here is that the colonized's feigned acquiescence is a deliberate ploy to thwart colonizers in their attempts to read the opinions of the subordinates, as will soon be discovered.

Power is further invested in the colonizer's side when Berta, a French nurse, gleefully announces that Schweitzer has just been awarded a Nobel prize; exclaiming that "C'est le plus grand prix du monde. C'est le prix qu'il est vu comme Dieu au dessus de vous." The thread of the French colonizer's supremacy is picked up almost immediately as an African man among the crowd outside retorts, much to the satisfaction of the almighty French colonizers, "Et Jesus!" Eventually, Schweitzer emerges from inside, and the French staff remove their hats in respect as he marches past, powerfully signifying his authority. His gait suggests a military officer inspecting a guard of honor as he walks past the nurses, and the effect of his positioning with the admiring and respectful nurses to his right allows viewers to read colonized society as three levels. On the first uppermost level, Schweitzer, the male colonizer, appears as the most powerful, next to God, as suggested by Berta. On the second level are the French nurses, who are women. On the third, the lowest and outermost level, Africans —mostly male— occupy the lowest social class in the setting.[4] The emphasis of this scene falls on colonialism as a gender-conscious institution that elevates the white male as the most powerful, followed by white female. The scene also calls one's attention to colonial society as a highly stratified one, with the colonized at the lowest rung of the social ladder.

A reading of the true public transcript of the colonized involves unpacking the glances, silence, deference, and body language used to counter the colonizer. French and African characters exchange stares and glances that express both the study of power relations and of resistance. The strength of a gaze, the power to look and to see, represents a crucial sign of control and resistance in colonial settings where the "whites maintain a tenuous control over the exchange of glances" (135). In his medical practice Schweitzer gives only placebos to his patients, using them as guinea pigs in his medical research about African medicine. Certain critics[5] who read the scene literally dismiss the operation of power in Schweitzer's administration of placebos to Africans. Their response suggests his international fame in the European world. However, rather than accepting the Second World War cut backs in hospital supply as his legitimate alibi, I argue that the doctor's quest for power explains his penchant for using Africans as research tools. He confesses to Hélène, his wife, that his medication cannot heal Africans and laments that:

> Schweitzer: Je n'arrive pas actuellement à mésurer l'efficacité de cette médicine!
> Hélène: Ce qu'on donne n'est pas un médicament, ça s'appelle un placebo.
> Schweitzer: Grace à mes expériences je trouverai un médicament né sur l'Afrique pour mes primitifs.

Nevertheless, as Lambi, the African male nurse, listens to the Schweitzers' conversation, his gaze meets Hélène's in a way that challenges the colonizer's management of the empire, allowing one to recognize another dimension of power relations and resistance in the film. His gaze destabilizes Hélène; she looks jittery and lowers her gaze to avoid making eye contact with him. If the colonizer's gaze at the beginning of the film serves to challenge and control the colonized,[6] Lambi's later gaze at the colonizer-doctor who administers only a placebo to treat Africans challenges the colonizer's credibility. His gaze can be read as a demonstration of passive anticolonial resistance which reverses power relations in the colonial system. The gaze affords him a panoptic stance towards his masters; it makes them fall under Lambi's surveillance, granting him momentary control over the unreasonable colonizer. I read Lambi's gaze as one of Homi Bhabha's "strategies of subversion that turn the gaze of the discriminated back upon the eye of power" (42).

In another perspective, the public transcripts seen in foot-dragging and disobedience are often weapons of the weak geared toward resistance to the colonial system. For instance, members of Schweitzer's church congregation are outwardly submissive colonized Africans who appear to take in every aspect of his preaching. But, although they pretend to listen deferentially to Schweitzer's sermon, they repudiate Christian doctrines in their lifestyles. Their resistance consists in holding steadfastly to their traditional beliefs. Their apparent acceptance of the white man's preaching is a mere act of deference, a social facade which the colonizer reads as submissiveness. Further, their act of deference creates a false reassurance which causes the colonizer to remain ignorant of Africans' wits. Their capacity for agency is exemplified in their insistence that Schweitzer smear wet white chalk on the face of African babies he delivers in his hospital. As Schweitzer himself admits "Ils [Africains] pensent que ça chasse les mauvais esprits." Even though he passes it off as superstition, he consents to their demand.

On the one hand, Africans' insistence on the use of a white chalk mark is a gesture of resistance against the white man's culture, specifically his religion. Their role suggests that Schweitzer's congregation's deference to his preaching is a public transcript that deceives the colonizer. On the other hand, the colonizer's evangelization is futile and signifies a loss of power, because the Africans to whom Schweitzer preaches are phony converts who reject the colonizer's god. If one pays closer attention to his role, he concedes cultural power to the colonized by performing an African ritual that runs counter to his French and Catholic belief and practice. More importantly, Schweitzer as a priest appears to have lost his religious bearings; not only are the Africans resisting his beliefs, but they also acculturate him as he participates in their ritual. Much later, Africans will follow through in their resistance to the colonizer's religion at Schweitzer's funeral, when they do not bury him as a Catholic but with the fanfare of African culture, wearing the same chalk mark on their faces. This scene shows that Africans are successful at resistance and also points to the inefficacy of the French cultural policy of assimilation. Their resistance to the colonizer's religion suggests that the colonizer is incompetent.

From another viewpoint, Africans' acts of deference in the Church are on the surface a false representation; they are acts of a hidden agenda meant to deceive the power holder. Such ruse as resistance is a public transcript in use to fool the colonizers who are "completely duped because they are blind" to the capacities of the colonized and their strategies of resistance (136). Part of what makes *Le Grand Blanc* so interesting is that it presents an excellent example of how Africans employ rhetorical subtlety to dupe the colonizers, who in spite of their power and watchful eyes do not recognize the Africans' resistance. For example, Schweitzer's African interpreter in the Church renders messages that oppose the colonizers' expectations of Africans. Schweitzer's original sermon emphasizes salvation and work for the colonized; the interpreter renders it in local language, subtitled in English: "fornicator or drunk, you're sure to have a place in heaven if you work." The subtle rhetoric in this translation should not be read as an example of misinterpretation; rather, translations of this sort are essential weapons that the colonized use: hearing one thing and saying another to resist power. It is a rhetorical subversion very relevant to the survival of the colonized under the yoke of colonizer. Besides, the coolness with which the congregation accepts the translation, nodding and smiling, is another way of reading beyond deference to the power holder. It shows Africans' skillfulness and diplomacy through which they outsmart the colonizers' authority. This rendition is not a linguistic deficiency and neither is it used in a random manner. To use Benita Parry's language, the Gabonese interpreter's skill shows how "Europe fabrications of Africa were deflected and resisted by Africans... transgress [ing] their immersion in European languages and literatures, seizing and diverting" (41) the instruction of the power holder. On reading this passage closely, one sees that power is elusive to the colonizer; his words are altered so that the colonized can disobey him to his face without his realizing it.

Africans show other forms of resistance that counteract the ruling oppressor in *Le Grand Blanc*. Midway through the film an African veteran of the Second World War feigns inebriety to carry out an act of resistance. In a drunken state he gives a mocking salute before his sleeping French boss, rolls his eyes, and yells an uncoordinated "dors le patron, quand un patron dort on ne le reveille pas." Using inebriety as a cover, the African soldier displays his insubordination to his sleeping French officer, and his choice of language places him and the officer on equal footing when he uses the imperative 'dors,' an informal expression that undermines his superior's authority. To further show his calculated resistance, the subordinate African soldier goes on to reverse military order when he charges his officer's colleagues to tell him that he (the African) has gone on a tour. No doubt his false drunken state allows him to hold the momentary power by which he gives orders to his French military superiors.[7]

This resistance becomes poignant as the African soldier sarcastically turns the French national anthem into mocking lyrics. His subversive message fully chastises France, the ambivalent advocate of freedom in the Europe of the Second World War, but sustainer of colonial oppression in Africa. By jeering at the French and their nation, he demonstrates the colonized's ability to publicly employ satire to say "no" and condemn the ruling colonizer. It is significant that this short scene takes place after the French characters celebrate their victory in the war, without recognizing that African soldiers fought diligently to save France from the Nazis. Realizing the colonizer's ingratitude, the drunken African soldier mounts a cultural resistance, the kind Edward Said describes as re-inscription, which in "a certain degree work[s] to recover forms already established or at least influenced or infiltrated by the culture of empire" (201). This African practices re-inscription by showing himself as a consequential participant in the victory of France, and, as I argue, such re-inscription is a covert strategy that subordinates use to confront the dominant power. By employing a performative act, his drunkenness, he demands the recognition that the French deny him and his fellow Africans, who fought the European war.[8]

As the film continues, the Africans are more and more able to exploit the colonizers' vulnerable points and demonstrate a resistance to the colonial hegemony. One such moment occurs in the film when Schweitzer stays out very late one night. Hélène looks lost, overwhelmed, and concerned about her husband's safety. She inquires fretfully how safe the night is in Africa. Jean, her African domestic servant, senses her paranoia and startles her by saying that "Mais non madame, ce sont les animaux qui mangent les hommes." As Jean exaggerates a feral image of the night in Africa, he derides Hélène in a burlesque manner; she in turn panics, exhibiting a frightened behavior which marks her as the distraught and irrational ruler within the colonial setting. Hélène's distress can be read in two ways. Her fear enables the colonized to gain the upper hand in the colonizer/colonized power relations, because Jean the servant demonstrates a mastery of a situation that controls and frightens Hélène. The more Hélène's fear mounts upon hearing Jean's replies, the more he gains confidence, having revealed the colonizer's vulnerability. In colonialist discourse only the colonizer claims to know the colonized, as Chinua Achebe's words put it, "understanding being a pre-condition for control and control constituting adequate proof of understanding" (74). By way of contrast, Jean's response accords him the power to know, understand, and control Hélène. Through Jean's knowledge, Kobhio succeeds in bringing to viewers' attention the uneasy shift of power between the colonizer and the colonized; power shifts to Jean the African in this interaction with Hélène. No wonder he ends by teaching her African patriarchal codes: "Une femme ne demande jamais ce que fait son mari dehors la nuit." Eventually, ridicule is the only way to interpret the power holder.

This film also reveals that the line of demarcation between public and hidden transcripts[9] can be nuanced, particularly when open statement of a hidden transcript challenges the colonizer. This opportunity presents itself to Mata, a sick African chief who finds out about the inefficacy of the medication Schweitzer prescribed for him. Mata reproaches the colonizer:

> Mata: Pourquoi es-tu venu chez-nous si tu n'aimes pas les Noirs?
> Schweitzer: Je suis venu sauver les Noirs.
> Mata: En trahissant leur chef? Tu veux être le roi de ce royaume et faire de nous tes sujets.

Mata, who had trusted the colonizer doctor, demonstrates a metamorphosis of the oppressed from false to true consciousness by these questions. Hitherto an ardent believer in the integrity of the colonizer, when Mata learns about Schweitzer's false medication, the scales fall from his eyes. He is consequently able to read the falseness of the colonial world and to inform viewers from the perspective of the deceived colonized. While Mata's accusation suggests an awareness of the colonizer's bad reputation, Mata's rhetoric becomes a chastisement that repudiates the colonizer.

But, Mata's reproach of the colonizer should not be read as a personalized rhetoric of resistance by himself alone. He speaks for all the colonized. His speech lays bare what other colonized Africans have been saying offstage, in their hidden transcript of resistance. Mata's form of resistance to the colonizer is not mere coincidence; his position as a chief of the Eshira, an ethnic group in Gabon, suggests that he acts on behalf of the oppressed people of Africa; his challenge to the colonizer enables viewers to read his astuteness in representing the colonized. As his words lord it over the oppressor, his speech allows viewers to understand how this role reversal reduces Schweitzer's power. Upon hearing Mata's words, Schweitzer becomes confused, revealing his inadequacy as the supposed skilled medical practitioner and colonizer. As Mata shows, the rhetoric of the colonized is courageous, and it runs counter to the dominated's feigned support of the social order seen in silence and consent. The speech enables Mata to speak truth to power. While, for the colonized, the speech is a breach of social limits by the subordinate, it is a symbolic defiance that reduces the power of the colonizer.

Hitherto the power relation in *Le Grand Blanc* has been contested mainly between colonizers and African males, justifying the assertion of many colonialist theorists that colonial discourse is gender oriented. In this film, however, gender relations become all the more meaningful considering Gayatri Spivak's description of the subaltern woman as carrying a heavier colonial burden; she is oppressed by African men, who themselves are oppressed by the colonizer (82-83). By way of contrast, Kobhio strikes a balance in *Le Grand Blanc* by showing a direct yet intimate rhetoric of resistance existing between the colonizer and colonized female. He enriches the African experience of cinema by according his colonized female protagonists the right to speak as well as the right to be heard in the cinematic texts that document intimate relationships between them and the colonizer (Ayari 181-184).[10] By showing how African women's roles extend beyond covert resistance, Kobhio gives voice to the subaltern woman, showing that colonial power relations go beyond the traditional colonizer-to-African-male gender limitations. African women[11] in *Le Grand Blanc* do not seem to take in or accept the same rules of the public transcript or feigned consent in addressing the colonial power as do their male counterparts.

Perhaps no other female character possesses sharper rhetoric of resistance than Bissa, a Gabonese mistress whom the King of Lambaréné introduces to Schweitzer. Being adept at her relations with white men in Libreville, Bissa is assertive in her interactions with Schweitzer. In an attempt to consolidate their relationship, one night she enters Schweitzer's bedroom uninvited and asks him for sex. Bissa's gentle touch irritates and destabilizes him, revealing him as a spiteful man who will not compromise his superiority by taking an African mistress. A close-up of Schweitzer betrays him as an aloof power holder rather than a lover; he recoils at her touch, trembling and mumbling an uneasy "Non Bissa, je ne dois pas." Bissa's wit comes to the fore as she reads his response along the color line: "Parce que je suis Noire?"

As a colonized woman, her audacity at inviting Schweitzer in the above scene enables her to cross the barrier that reduces African women to docile mistresses in texts that treat the colonial encounter.[12] What is particularly striking here is that by asking Schweitzer for sex, she acts on an equal footing with him. Rather than to see Bissa's role as that of a femme fatale, I argue instead that her role places her on the same pedestal as the colonizer. In all respects, Bissa's roles underscore directness as a form of resisting the colonizer - her invitation suggests self-affirmation as a means of rejecting the position of the lower class before the power holder. Bissa's agency means she evokes a model of self-assertion and resistance underscoring equality between the colonizer and the colonized lovers, and so she calls into question the authenticity of the colonizer's power.

From another perspective, Bissa's advance is a way to call the colonizer's virility into question. Sexuality has often been paired with power relations in colonial discourse (Miller 139). As Bissa's invitation reveals a sexually ineffective Schweitzer, Kobhio leads viewers to doubt Schweitzer's 'manliness' and subsequently his power. Revealing Schweitzer's doubtful virility suggests that he is powerless, lacking what it takes to act in a manly manner, and thus, he deserves no respect. In yet another instance of direct resistance, Bissa confronts and condemns Schweitzer for his indifference to African culture. She castigates Schweitzer for being a prolific polyglot who refuses to learn any African language. In her words, "La piste qui mène au cœur de ce pays t'était largement ouverte. Et tu as préféré longer ses bords." This rhetoric is a thought-provoking open statement of the hidden transcript that underlines a transposition of power relations between this African woman and Schweitzer.

Although African women may be seen as weak in colonial discourse, their approach to colonizers in *Le Grand Blanc* leads one to believe that they are defiant in their subversive roles. Their agency consists in making their voice heard—telling off the colonizer in plain language—a feat that makes them surpass their male counterparts. Their resistance becomes significant as it accords them a say within the society, where women experience double oppression from both African men, and the colonizer.[13] Female characters in Lambaréné are the colonized who take charge of their own lives and who through rhetoric campaign for recognition and inclusion in the order of social relations with the colonizer.

I hope I have shown that *Le Grand Blanc* is an ironic title; in fact, the film depicts Africans' skills at resistance and the shift of power from the colonizer to the dominated. The colonizers' aloofness from the culture of Africans blinds them to the understanding that Africans' resistance is embedded in their culture and that they are active contenders for political power. The film dramatizes the same phenomenon that Amilcar Cabral describes as the most serious error committed by the colonizers in Africa, which "is to have ignored or underestimated the cultural strength and resistance of African people" (60). The colonizers' clinging to power brings about their constant need to reaffirm it, causing, ironically, their rejection of Africans' humanity and rich culture. Their preoccupation with the repression of the colonized inhibits their ability to look closely at the culture and detect the diverse cues of resistance that ultimately lead to loss of power.

One point in the film stands out: Kobhio's version of history confirms that Africans were neither passive nor silent in the affairs that shaped their lives. By implication it raises a basic and pertinent question: can power and a colonial civilizing mission truly coexist? The hidden and public transcripts enable the colonized to create a social artifice that allows viewers to appreciate their logic of resistance and its necessity. Even though the colonizer may possess weapons of suppression, the colonized may thwart this power in many subtle ways, and the application of such skills prepares the colonized to visualize possibilities for nationalist resistance and eventual independence. Evoking the transcripts as weapons of the weak, the colonized characters show the tactful agency that shifts power relations in their favor. In *Le Grand Blanc*, evidence of that shift in power proves that the silence of the dominated must not be taken at face value. The resistance seen in public and hidden transcripts is the secret strength of the colonized that haunts the ruling colonizer and finally undermines his authority.

Notes

1. In most cases colonizers' fictional and historical accounts remain silent on the capacities of Africans to repel colonial occupation, though there are many accounts of the nineteenth-century revolutionary war of resistance that Africans launched against colonizers. One example is the long-term offensive that Samory Touré launched against the French in Guinea. It is not my intention to discuss violent resistance to the colonial acquisition of Africa. Rather I focus on the rhetorical skills Africans display in tactically resisting the power of the representatives of the oppressive colonial system. See Robert Stam and Ella Shohat *Unthinking Eurocentrism*, 77-82.
2. Bassek ba Kobhio's, *Le Grand Blanc de Lambaréné* is a feature film done on the life of Dr Albert Schweitzer, a French physician and colonizer from Alsace, France. Schweitzer served in Lambaréné, where he built a hospital, in Gabon, a Central African Republic. In 1952, he earned a Nobel Prize for his love for humanity in his colonial service in Gabon. However, his biography reveals many inconsistencies between his humanitarian ideals and his actual practice with the Gabonese. In this film, Schweitzer's character claims to have a deep love and passion for Africa, but his complex pattern of maltreating and denigrating Africans runs contrary to his professed civilizing mission of saving Africans' bodies and souls.
3. One should not misread the open statement of a hidden transcript as an example of aggressive resistance. It is not my intention to deconstruct violence as a means of resistance in this work.
4. Rather than read this scene in line with what Edward Said calls "positional superiority" (*Orientalism*: 7), my arguments about this film will show that Africans' social class in the colonial system does not translate to their being inferior compared to colonizers. In fact, I argue for the need to look beyond binary theory to read agency in Africans.
5. For instance, Eloïse Brière argues that cuts in medical supplies due to the Second World War "menace l'action humanitaire de Schweitzer" (145). This perspective stands to undermine Schweitzer's confessed research goals of looking for native treatment for his "primitifs," which would further substantiate imperialist discourse that Africans do not have the same humanity as the French.

6. In his consulting room, Schweitzer directs a reprimanding gaze toward Rebecca Ngon, an African patient, causing her to wince and look downward, allowing Schweitzer to feel superior.
7. In these two instances the African soldier uses the imperative to address his commander and other French officers, who normally should be the ones to give commands to their subordinates. This subordinate soldier thus subverts the military language of command in his choice of imperative forms which, according to Susan St. Onge and Ronald St. Onge, "are used to give commands, directions and instructions" in French (10).
8. In *Le Grand Blanc de Lambaréné*, Mikendi, an African veteran, alludes to the ungratefulness of the French towards African Second World War soldiers. Sembene Ousmane's film *Camp de Thiaroyé* (1987) is a fictional representation of the French massacre of African soldiers who fought to liberate France, only to be killed on their own continent by the French they had saved.
9. Mikendi offers ample examples of hidden transcripts as he constantly meets with other Africans to plot against the colonizers. His meetings often result in resistance, as he arranges for Koumba, Lambi's son, to study medicine with the ultimate goal of supplanting Schweitzer. Mikendi's choice of education is a radical step in resistance; his decision evokes Africans' agency found in the adage "knowledge is power."
10. Africans' cinematic accounts of colonial relations present African female characters' heroic roles against forces of colonial acquisition. Examples abound in the work of male frontline directors e.g. Sembene Ousmane's *Emitai* (1971), and Med Hondo's *Saraouinia* (1987). Real-life stories of anticolonial African heroines, such as Alienetou in *Emitai* and Saraouinia in the film of the same title, are rarely seen in the colonizers' cinema.
11. A typical example is where Schweitzer takes polygamy for promiscuity and censures Rebecca Ngon for being married to a polygamous man. Rather than allow an insult from the colonizer, Rebecca, who does not speak French, simply walks out of the consulting room, rejecting the colonizer's insult and his superior stance to African culture.
12. In most novels or films produced by the French or Africans, colonizer protagonists position their African mistresses such that the latter rarely show assertiveness as a form of resistance. Fatou in Pierre Loti's *Le roman d'un Spahi*, Sophie in Ferdinand Oyono's *Une vie de boy*, and Thérèse, in Claire Denis' film *Chocolat* are all examples of subjugated colonizers' mistresses. Bissa in *Le Grand Blanc* is radically different from the above mentioned women as she resists the colonizer both directly and indirectly. It is significant to note that where Schweitzer and African women have a direct encounter, most of the shots are two shot frames that place the colonizer and the African women at equal levels, on the same camera

angle. These shots underscore the women's roles as advocates of social parity in their relationships.

13. Evidence of patriarchy is seen at the village gathering when the local chief chides women who murmur in disproval of his decision. The chief's pronouncement "hommes occupez-vous de vos femmes" and the ensuing silence of the women lay bare the patriarchal operations in Lambaréné.

Works Cited

Achebe, Chinua. "Colonialist Criticism." *The Post-Colonial Studies Reader*. Ed. Bill Ashcroft, Gareth Griffiths and Helen Tiffin. New York: Routledge, 2005. 73-76. Print.

Ayari, Farida. "Images of Women." *African Experiences of Cinema*. Ed. Bakari Imruh and Cham Mbye. London: British Film Institute, 1996. 181-184. Print.

Bassek, ba Kobhio. *Le Grand Blanc de Lambaréné*. San Francisco: California Newsreel, 1995.

Bhabha, Homi. "Sign Taken for Wonders." *The Post-Colonial Studies Reader*. Ed. Bill Ashcroft, Gareth Griffiths and Helen Tiffin. New York: Routledge, 2005. 38-43. Print.

Brière, A Eloïse. "Recycler l'Histoire de la Décolonisation: Fiction et lieux de mémoire."*French Colonial History* 8 (2007): 139-154.

Cabral, Amical. "National Liberation and Culture."*Colonial Discourse and Post Colonial Theory. A Reader*. Ed. Patrick Williams and Laura Chrisman. New York: Columbia Press, 1994. 53-65.

Foucault, Michel. *Power/ Knowledge: Selected Interviews and Other Writings, 1972-1977*. Ed. Colin Gordon. Trans. Colin Gordon et al. New York: Pantheon Books, 1980. Print.

Krasner, David. *Resistance, Parody and Double Consciousness in African-American Theatre, 1895-1910*. New York: Saint Martin Press, 1997. Print.

Marshall, George and Polling David. *Schweitzer*. Baltimore: John Hopkins University Press, 2000. Print.

Miller, Christopher. *Nationalists and Nomads. Essays on Francophone African Literature and Culture*. Chicago: University of Chicago Press, 1998. Print.

Parry, Benita. *Postcolonial Studies. A Materialist Critique*. New York: Routledge, 1994. Print.

Said, Edward. *Orientalism*. New York: Vintage Books, 1994. Print.

Scott, James C. *Domination and the Arts of Resistance: Hidden Transcripts*. New Haven: Yale University Press, 1990. Print.

Shohat, Ella, Stam Robert. *Unthinking Eurocentrism*. New York: Routledge, 2007. Print.

Spivak, Gayatri. "Can the Subaltern Speak?" *Colonial Discourse and Post Colonial Theory. A Reader*. Ed. Patrick Williams and Laura Chrisman. New York: Columbia University Press, 1994. 62-111. Print.

Stam, Robert and Louise Spence. "Colonialism, Racism, and Representation" *The Post-Colonial Studies Reader*. Ed. Bill Ashcroft, Gareth Griffiths and Helen Tiffin. New York: Routledge, 2005. 109-112. Print.

St. Onge, Susan and St. Onge, Ronald. *Interaction. Langue et Culture*. 8th edition. Boston: Heinle Cengage Learning, 2010. Print.

VIOLENCE, THE TEXT, AND THE CHILD SOLDIER: A PEDAGOGY OF TRANSCENDENCE

ERNEST COLE

The teaching of violence, trauma and recovery in African literature has almost always been directed at audiences outside of the geographical location in which the violence itself occurred. As such, the focus has largely been on approaches to teaching violence in African literature to non-African audiences and strategies for their engagement and understanding the social, cultural and political contexts that engender violence and in which it is subsequently manifested. African scholars, for instance, in American classrooms have been confronted with the task of "making familiar" what is considered strange, other, and at times, absurd to students whose cultural and psychological sensibilities are at odds with the dynamics of violence, its ethical and physical realities as well as its psychological import in post-conflict societies in Africa.

While this is certainly productive and viable, I argue that as a result of the geo-spatial shift of emphasis, it denies post-conflict societies the possibilities of transcending violence and trauma and of reclaiming lost or damaged values. This contextual shift also takes away agency from survivors in these societies for it deprives them of the opportunity to engage in meaningful ways with their past and to work out a new basis of relationship to it that is crucial to healing and reconciliation.

Given the fact that in post-conflict societies in Africa, both victims and perpetrators have to live together in communities after the end of atrocities, it is important that they confront their history from a new and different perspective and work out strategies for sustainable development through engaging the literature that depicts that aspect of their history. Thus, how new meanings of self, other, and society are constructed through an engagement of texts like *A Long Way Gone* and *The Bite of the Mango* in post-conflict Sierra Leone, I contend, is crucial to healing and the future of that society.

At the same time, the role of the classroom in the construction of new meanings, in mapping out strategies for "narrating" individual and societies and in re-configuring new identities, roles and responsibilities cannot be overstated. Hence, a pedagogy that addresses violence not essentially as a moment of suffering, destruction and dehumanization but rather as an ethical moment of recognition and acceptance is axiomatic to transformation, transcendence, and humanization of both victim and perpetrator.

This approach to the teaching of literature involves or requires that the victim and perpetrator be brought into conversation about roles and responsibilities with a view to deconstructing the master narrative of domination and control and of re-working the binaries and strictures of power and domination expressed in rape, amputation, and in some instances, mutilation, dismemberment and decapitation of victims during the 10 year civil war in Sierra Leone.

It is in this regard that I want to imagine a situation, where 15 years after the cessation of hostilities, the former child soldier, now a teenager, finds himself in the same classroom with victims whose limbs he may have amputated, whose sexuality he may have violated, and whose siblings, relatives or friends he may have killed. How does the literature of war and of violence help them recover from the psychological trauma? How do we as teachers of literature use these texts in classrooms in post-conflict situations? What lessons, if any, can be learnt from using Ishmael Beah's *A Long Way Gone* and Mariatu Kamara's *The Bite of the Mango* in the Sierra Leone classroom? Could these texts be used as a transformative tool for both child soldier and amputee in the classroom?

Therefore, using *A Long Way Gone* and *The Bite of the Mango*, I attempt at exploring a pedagogical practice that would allow for a reworking of the polarities of victim and perpetrator and would address issues of identity, responsibility, forgiveness, and nationhood. In my analysis, I show that the texts provide a template to reconstructing a sense of both individual and collective selves: the intersections between the individual and national psyche and identity in Sierra Leone. In this way, the classroom then becomes a platform for recreating identities, reconnecting with and understanding the past, fostering the spirit of forgiveness and reconciliation, establishing a therapeutic and psychological function and of transcending both spiritual and physical limitations.

I. Understanding the Context of Violence: Making Sense of Amputation in Sierra Leone

In this section of my paper, I argue that transcending violence and trauma requires first an understanding of the context in which the violence played out in the society. Here, I focus on punitive amputation as a military strategy. It is clear that amputations are intended to send a signal or message to opposing combatants and the state apparatus. The body is used as site for engraving fear and to call attention to the desire for compliance with the demands and expectations of the insurgents. As such, between 6 and 29 January 1999 in Sierra Leone, arguably over 5,000 people lost their limbs to the machete of the RUF rebels.

From punitive amputations, a number of questions can be asked: why would an individual use a machete to chop off the limbs of his fellow human being? What message is he or she inscribing on the body of the victim? Why would the perpetrator adopt this particular act of violence as medium to convey that message? Of what significance is the body to both victim and victimizer after its mutilation? Or, put another way, what new meaning or meanings are ascribed to the body after it is mutilated? How much of these meanings have the victim internalized and what new sense of self has he or she embraced? What is the connection between the amputated body and the body-politic?

From these questions, I theorize that punitive amputation is about pain and punishment and the perpetrator's desire for "remembering." Thus, the body becomes the site for the inscription of pain, fear, anger, and revenge. It is both a physical and psychological branding of the soul, and since amputation is permanent, the message inscribed on the body by the perpetrator is meant to be always remembered. Here, the stump of the amputee becomes the permanent marker of remembering; a reality that he or she has to live with for the rest of his or her life.

Thus, I assert that the amputated body is a text for interpreting and remembering individual and collective violence and trauma. It ascribes to the victim a new identity and predisposes him or her to internalize a master discourse from the perpetrator's perspective of control and domination which defines his situation as a life of handicap, self-hate, subservience, and shame. The amputated body thus provides an index of the state of society and an indication of social disembodiment and psychological trauma.

II.
Reading Violence and the Self: *A Long Way Gone* and *The Bite of the Mango*

In exploring the connections between violence and the self, I draw from both texts to illustrate the nature and extent of the violence but also attempt to posit a new discourse of resistance whereby the body becomes the site for objection and where through irony and mimicry, role play in community theater, the victim transcends the confines of his or her body to assert agency and achieve self-liberation and humanization.

Ishmael Beah's text provides a snapshot into the nature of the atrocities and for my analysis I would cite a few sections. Here, Beah gives us a narrative of his first killing:

> My face, my hands, my shirt and gun were covered with blood. I raised my gun and pulled the trigger, and I killed a man... Every time I stopped shooting to change magazines and saw my two young lifeless friends, I angrily pointed my gun into the swamp and killed more people. I shot everything that moved...I was not afraid of these lifeless bodies. I despised them and kicked them to flip them... (119)

Beah's narrative is compelling in its graphic depiction of mass murder and the apparent lack of sensitivity by the narrative voice to the gravity and import of the situation. In this context, violence begets violence and the persona sees it as merely retribution for a crime committed. Thus, he is justified by shooting everything that moved and even kicking with contempt the lifeless bodies of the rebels. Further, he tells of a new way of killing introduced by the corporal of the group of child soldiers: "when the young muscular rebel was captured, the lieutenant slit his neck with his bayonet. The rebel ran up and down the village before he fell to the ground and stopped moving. We cheered again, raising our guns in the air, shouting and whistling" (122-123). In the next few pages, he tells us how he was perfecting the act of murder in his decapitation of a captured rebel:

> The morning after the lieutenant's speech, we proceeded to practice killing the way the lieutenant had done it...we were supposed to slice their throats on the corporal's command... The corporal gave the signal with a pistol shot and I grabbed the man's head and slit his throat in one fluid motion. His Adam's apple made way for the sharp knife, and I turned the bayonet on its zigzag edge as I brought it out. His eyes rolled up and they looked at me straight in the eye before they suddenly stopped in a frightful glance as if caught by surprise... (124-125)

This excerpt is memorable for the acute sense of emotional detachment that the persona coveys to his action in spite of the horror it depicts. To him, it was a routine; an exercise and procedure required for acceptance into the ranks of the army and an outlet to demonstrate bravery, commitment and loyalty to the cause. The references to "slice their throats," "grabbed the man's head and slit his throat," "I turned the bayonet on its zigzag edge" and "his eyes rolled up" demonstrate the extent of the violence and brutality in the civil war in Sierra Leone.

Similarly, Mariatu Kamara's novel depicts the horrors of war. She recalls the loss of her limbs to the machete of the rebels:

> Two boys steadied me as my body began to sway. As the machete came down, things went silent. I closed my eyes tightly, but then they popped open and I saw everything. It took the boy two attempts to cut off my right hand. The first swipe didn't get through the bones, which I saw sticking out in all different shapes and sizes. He brought the machete down again in a different spot, higher up on my arm. This time, my hand flew from the rock on to the ground...It took three attempts to cut off my left hand...I sank to the ground as the boy wiped the blood off the machete and walked away.(41)

The excerpt reveals the sheer brutality and inhumanity of the perpetrator and the pain and agony the victim suffers. It brings out the deliberate and calculated intention to inscribe a message on the victim's body through punitive amputation. Again, like the decapitation scene in Beah's novel, the sense of emotional detachment of the perpetrator is staggering. After the third attempt, the boys succeeded in amputating the victim's hand. Then, the one that wielded the machete merely "wiped the blood off the machete and walked away."

From the excerpts examined above, it is clear that both victims and perpetrators are traumatized and in need of therapy. The perpetrator is confronted with the burden of the past in terms of guilt, fear, and anxiety while the victim is plagued with a sense of helplessness, shame, and humiliation. The perpetrator is not only anxious of being forgiven and accepted back into society, he is dogged by a fear of revenge and retribution from victims. At the same time, the victim struggles with the new sense of self that he or she assumed after the amputation and fights against isolation, alienation, and anger. Moreover, as victim he or she is caught between revenge and forgiveness. Clearly, then, a situation of mutual trauma, suspicion and entrapment prevails in post-conflict societies between victim and perpetrator. Therefore, the crucial question is how do we as teachers of literature develop a pedagogy of writing that uses the literature of violence to transform victim and perpetrator and transcend guilt, shame, humiliation, hate, vengeance, and revenge?

III.
Role-Play, Story-Telling and Writing-the-Self: the Classroom as Community Theater

Mariatu Kamara's *The Bite of the Mango* in many ways offers a basis for transcending "remembering" and exploring possibilities for healing, reconciliation and reconstruction. Using this text, I explore how role-play, story-telling, and the written composition can be used as teaching strategies to transform self and society.

In the novel, Kamara introduces the reader to the notion of Community Theater and its healing effect on individual and society. The troupe, she tells us, comprised about 25 members, all of them war amputees. They meet regularly on weekends in the camp and rehearse plays about war. She writes:

> They met every Saturday and Sunday in the center of the camp. Some of the members have lost a foot, others had no hands…Mariatu played herself, a young girl from a small village in Northwestern Sierra Leone who'd come to Freetown with her mother in the hope of avoiding the rebels. Two boys played the part of the child soldiers who maimed her… (112)

In playing herself, Mariatu is confronting the stark realities of her past and the difficulties of coming to terms with that past. By putting together child soldier and amputee in the same cast, the troupe is providing a basis for both parties to engage in introspection, for the child soldier to accept responsibility for his actions and demonstrate remorse, and for the amputee to accept the child soldier's remorse and forgive him. Through role play, both perpetrator and victim are offered the possibility of humanization and of reworking the binaries of self and other. By providing a platform of this nature, and in essence, using the classroom as a platform for role play, survivors of the civil war would begin the process of healing by confronting issues of forgiveness and reconciliation.

Accordingly, in subsequent pages, she tells us of the troupe's enactment of a new skit about forgiveness and reconciliation. She talks about a scene from the war in which some of the youths played victims while others played the child soldier. While focusing on the atrocities of "cutting of their victims' hands and then to burn down the village," the boy rebels in the penultimate scene "huddled together crying. They admitted their crimes to one another and wished they could return to their own villages and their old lives..." (119). In addition, "the final scene had the boy rebels and the victims walking out onstage, arm in arm, and singing about peace" (119).

From the above, the therapeutic dimension of Community Theater is clear. The shedding of tears is crucial on three fronts: it is an indication of acceptance of responsibility, a plea for forgiveness, and sign of the humanization of the child soldier. In this way, the victim-perpetrator dynamic is ruptured and the way is paved for mutual recognition and acceptance.

Crucial to the notion of transcendence is survivor's understanding of the language and rhetoric of resistance and transformation embedded in the narrative of the text. Kamara's observation of the injured weaver bird in chapter 6 of *The Bite of the Mango* is helpful here:

> One afternoon when I was little, I was sitting underneath a coconut tree when a tiny yellow and brown weaver dropped suddenly from the sky...For the longest time, I watched as that stubborn bird tried to stand upon its crooked little legs, flapping its wing wildly, only to topple over and lie still before trying all over again. Then something miraculous happened. After the bird had lain motionless for so long I thought it was dead, it stood up as solid as ever and lifted off into the sky. (59)

A close examination of the excerpt would reveal language operating on two axes: a language of resistance exemplified in the stubborn determination of the bird to overcome its deformity and the limitations that go with it; and second, the gesture of this form of language toward engaging a language of oppression and of domination. These two discourses of language play first into the master discourse of the perpetrator and the subsequent act of amputation that seek to disempower the victim and confine him or her to a level of helplessness and subjugation and second to the discourse of liberation through elements of language like irony, pun, paradox, mimicry, and hyperbole. In essence, the discourse of the victim seeks to assault the language of oppression by deconstructing its mechanics of power and control embedded in language and manifested in the amputated body. In drawing the readers attention to the stubborn resistance of the bird, its unwavering determination to transcend its physical limitations, and its eventual flight into the sky as "solid as ever," Kamara is using the rhetoric of transcendence to outdo the violence of the perpetrator and to expose the slippage and reversal inherent in power, its constituents, and its channels and mechanics of operation. Thus, a pedagogy that focuses on violence not as replication but as discursive tool of deconstruction of the master discourse is crucial to healing and transcendence in post-conflict societies. In this regard, the classroom could develop learning modules that explore the multilayered dimension of language and its representation in these texts to start a conversation on the slippage between oppression and resistance.

Perhaps more important in the process of healing is the opportunity that the theater affords victims to redefine and re-create new identities. *The Bite of the Mango* is very helpful in this regard. Mariatu acknowledges to Victor, the head of the troupe, the therapeutic value of the theater but also the opportunity to see herself in a new light. She tells her violator, Salieu, that she plans to have a "long and very good life, in which [she would] start doing good things to help people" (118). From this excerpt, it is clear that she has moved from the sense of victimhood and the identity of the "beggar girl" who averts her eyes in order not to meet the gaze of donors to one of a humanitarian. In England, she tells us that she "found the self-confidence to listen to my inner voice and speak up for what I needed or wanted" (157). The use of the personal pronouns "my" and "I" is indicative of self-reflexivity and (re) possession, an acceptance of self, and a move from the periphery to the center. At the same time, it brings out the issue of voice and the need to break the silence. This sense of voice and the need to break the silence are an indication of re-possession of one's life, of being in control, and of having the self-confidence to embrace the challenges of the future. Importantly, Abou tells her: "you may not have hands, but you still have your mind" (176).

Of particular importance in role play and the re-creation of new identities is the victim's appropriation of her body in ways that contest the master discourse of domination and paradoxically disempowers the victimizer. In chapter 16, Mariatu writes: "people were using their prosthetic hands to eat, drink, cook, and clean themselves. But I felt more comfortable doing things on my own, with the body parts I had remaining" (163).

In embracing her amputated body and using it to more productive ends, the victim is providing a re-formulation of amputation to assert agency and re-define identity. Mariatu as subject refuses to allow the site of violence to control her. She demonstrates resolve to go over and beyond the trauma and break out of the realm of silence and subjugation in which the victimizer wants to keep her. In this way, the amputated body achieves a new meaning, an indication of the power of the mutilated body to transcend the confines of the body and to assert itself in ways that cannot be controlled or dominated by and within the confines of the body. Through role play in the classroom, the survivors of the war would be given a chance to re-examine their past, accept responsibilities for crimes committed, establish new individual and collective identities, and walk towards mutual forgiveness and healing. For the amputee, the amputated body is now constructed around an ambivalence that allows it to engage in an act that transforms what it resembles. Thus, the amputee is no longer a victim but a survivor who transcends the victim-perpetrator dialectic and becomes a resister to domination and control.

Apart from role play, story-telling in both oral and written forms could be used as pedagogical strategies of transcendence. In the preface to *The Bite of the Mango*, Ishmael Beah writes: "In my culture, every story is told with the purpose of either imparting knowledge, repairing a broken bond, or transforming the listener and the teller" (7). Mariatu Kamara's narrative, if adopted in the classroom, and in view of the dual agency it posits, would make it possible for teller and listener, victim and victimizer, to be transformed. By allowing survivors to reconstruct their life's experiences through oral narratives and in the written composition, they would not only be given the opportunity to re-write themselves and re-create new identities but would engage and revise the narrative that defines them in parochial and debasing terms.

This approach to writing from multiple perspectives is indicative of polyphony and the need for varied voices and converging initiatives of people to bring into the open the atrocities committed and individually and collectively forge a way forward by breaking into the realm of silence. This polyphonic approach to oral narrative exposes and affirms the content and diverse nature of the crime, allows individuals and groups to acknowledge its occurrence and take responsibility, creates a platform for dialogue and conversation, and paves the way for remorse, forgiveness, and healing.

At the same time, story-telling provides the basis for repair of damaged identities and allows for reclaiming lost ones. In being offered the opportunity to write her story, Mariatu engages in the task of looking back with fresh eyes and of giving a new name to her circumstances. Through her writing, she was able to correct the false assumption that she was raped and impregnated by the rebels. By allowing other survivors to tell their stories in the classroom, they would take ownership in the reconstitution of the self, and the restorative and transformative functions of the written narrative would also be achieved. In essence, the silence is broken and the stereotypes confronted.

Apart from *The Bite of the Mango*, Ishmael Beah's novel, if used in the classroom, would also contribute to the process of healing and transcendence. It would provide a lens for an examination of the conditions under which children are used as child soldiers in armed conflicts and of understanding the physical and emotional challenges that child soldiers face after the end of hostilities. The "burden of normalization" in the sense of the child soldiers' struggles to reclaim the normal would be laid bare and addressed. Through this process, students would be exposed to the efforts of local and international agencies to eliminate children from armed conflicts and strategies to integrate former child soldiers back into their communities.

In this regard, *A Long Way Gone* would provide a basis for developing learning activities and outcomes that address issues of power, authority and influence and of their connection to exploitation, the role of individuals and governments in civil societies. Students would then be introduced to human rights discourse, the Conventions on the Rights of the Child, and would begin to grapple with controversial questions as the one relating to the child soldier as victim or perpetrator. Beah's narrative would then be used as starting point to re-visit the role of children in armed conflicts, of locating conflicts in Africa in a global context, and of re-thinking the relationship between victim and victimizer. In this form of pedagogy, the focus is not on the violence in the text as an object of consumption but rather what the text can promote, and how it can be used to productive ends and foster new and meaningful relationships between teacher and students, students and peers and with the community as a whole.

Therefore, a reflective classroom community in post-conflict societies that uses its own war literature to address the past and examine issues of roles and responsibilities; one that teaches its students to write and tell their own stories; that explores new ways of reading, telling, and writing about those stories; that uses the theater as vehicle of restitution and transformation; that creates conducive classroom environment for dialog, conversation, inquiry, and response; and one that develops classroom activities and learning outcomes that foster understanding of violence, trauma and recovery is using a pedagogy of transcendence.

In adopting a pedagogy of transcendence, survivors of civil wars in post-conflict societies in Africa would move from embracing victimhood and handicap to becoming resisters and transformers who, like the weaver bird in Kamarg solid as ever and [would] lift off into the sky" (59).

Works Cited

Beah, Ishmael. *A Long Way Gone: Memoirs of a Boy Soldier*. New York: Farrar, Straus, and Giroux, 2007. Print.

Kamara, Mariatu. *The Bite of the Mango*; with Susan McClelland. [Toronto]: Annick Press; Buffalo: New York; Distributed in the USA by Firefly Books, 2008. Print.

FOE'S INTERTEXTS, SUBTEXTS AND PALIMPSESTS

EVE EISENBERG

> The earth seemed unearthly. We are accustomed to look upon the shackled form of a conquered monster, but there—there you could look at a thing monstrous and free. It was unearthly and the men were.... No, they were not inhuman. Well, you know that was the worst of it—this suspicion of their not being inhuman. It would come slowly to one. They howled and leaped and spun and made horrid faces, but what thrilled you was just the thought of their humanity—like yours—the thought of your remote kinship with this wild and passionate uproar. Ugly. Yes, it was ugly enough, but if you were man enough you would admit to yourself that there was in you just the faintest trace of a response to the terrible frankness of that noise, a dim suspicion of there being a meaning in it which you—you so remote from the night of first ages—could comprehend. (Conrad 91-2)[1]

Just in the moment in which he acknowledges the humanity of black African people, Marlow takes care to dehumanize humanity itself. Marlow, narrator of Joseph Conrad's *Heart of Darkness* (1899), faces a turning point in the road: he has a choice to make, but no choice about having to make a choice. He cannot avoid acknowledging the shared humanity of all peoples, but this acknowledgment does not obligate him to recognize Africans as coeval; that is only one of the directions offered at this moment of forking. Marlow chooses the other. Rather than value the African/Other, this shared humanity *de*values the White/Self: *Heart of Darkness* asks us to know that each of us, given access to limitless power and then left to the influences of isolation and wilderness, might—*would*—descend into a Kurtz-like state of rapacious greed and perverse cruelty. Anyone spending enough time in the Congo might eventually become able to communicate with the natives, not (only) by learning a language, but by tapping into the early stage of pre-evolutionary existence (the "night of first ages") embedded in every civilized consciousness, momentarily suppressed by culture but never erased, and eternally metaphorized by wilderness.

Part One: Wilderness Ethics

Chinua Achebe and many other critics suggest that *Heart of Darkness* describes "the break-up of one petty European mind" and that Africa itself serves as no more than a backdrop for this psychological thriller (Achebe 344). We could broaden this thesis by saying that the natural world—most particularly wilderness-identified landscapes—often situates the disintegration of the civilized mind: in other words, artists metaphorize both Africa and wilderness in order to tell tales about the human psyche, especially moments in which it ceases to operate according to normative ethical standards. Coming up with a full list of all the literature, film, and pop culture texts in which white or otherwise civilization-identified people go into isolated wilderness spaces and lose their minds, reverting to practices of animalistic barbarity, might take a lot of time but it would not be otherwise difficult. William Golding's 1954 novel *Lord of the Flies* (polite British schoolchildren go wild and tribal on a jungle island), Neil Marshall's 2006 film *The Descent* (polite British women kill one another in a backwoods Appalachian spelunking trip gone awry), and the 2000-2010 reality TV series *Survivor* (relatively quotidian people become fiercely Machiavellian as they metaphorically pick one another off, usually on an island of some sort) all frame encounters with wilderness as the provocation for human regression to various states of animalistic survivalism.

Jungles, islands and other isolated wilderness spaces metaphorize multiple possibilities for explaining and describing human regression. In Guns'n'Roses's 1987 track "Welcome to the Jungle," "You can taste the bright lights/ but you won't get them for free:" the jungle metaphorizes the city, of course, where "It gets worse here every day" and "Ya learn ta live like an animal" in order to survive. The 2004-2008 NBC reality show *The Apprentice* offers the TV equivalent of such urbanizing metaphorization, as it accesses many of the jungle tropes pioneered by *Survivor*, displacing them to the boardroom: the show invokes a spirit of wilderness so as to heighten a sense of the business world as elementally amoral, an ethical wilderness within so-called civilization. Wilderness lives in popular imagination as the myth of each person's potential to regress to barbarity given the appropriately provocative circumstances.

Of course, not all wilderness narratives follow the aforementioned pattern. In the 2004-2010 ABC series *LOST*, for example, some—though not all—characters seem to become more ethical in the face of the challenges of surviving in a dangerous wilderness. They build physical structures, imagined communities, and almost psychic bonds with the mysterious forces of the wilderness itself. Once more, we could well exhaust ourselves trying to list all the texts which frame contact with wilderness as the chance to re-connect with the truest, noblest aspects of humanity itself. Travel brochures would provide an especially rich source of images and language. In the recent Baz Luhrmann-directed TV commercial for Australia's tourism industry, a woman who is "not the same person" her husband fell in love with (she spends all her time at work, where she seems to be a petty perfectionist) learns (from a mostly-naked pre-adolescent Aboriginal dream-boy) that "sometimes we have to get lost to find ourselves:" that is, she has to "go walkabout" in vast, empty Australian wildernesses in order to become herself again.[2]

Indeed, arguably the very first novel ever written in English is a wilderness narrative in which man *vincit omnia*; he conquers, subdues, and brings into order the chaotic wilderness around him. Robinson Crusoe—like Kate from the Luhrmann commercial, or John Locke on *LOST*—finds that his experience in the wilderness purifies him. Prior to his island adventures, Crusoe had been a rather unimpressive youth with little work ethic, who disobeys his father's wishes when he runs away to join the merchant marines. When Crusoe labors to civilize his barbaric desert isle, he builds civilization from the ground up, and founds it on solid English principles of order, discipline and usefulness. Think, perhaps, of the 1960 Disney classic *The Swiss Family Robinson*, only with fewer ostrich races and more cannibals: in both *Swiss Family Robinson* and *Robinson Crusoe*, enterprising shipwreck-ees tame wild islands into utopias, new civilizations whose worth derives from the labor of human hands. A Protestant work ethic underlies such narratives, in which the earth rightfully submits to the (white) hand which tills it; in *Robinson Crusoe*, by extension, Crusoe also becomes Friday's rightful Christian owner, so that dominion over black people equates with dominion over nature itself.[3]

Part Two: Intertext, Palimpsest

On its surface, literally as well as figuratively, J. M. Coetzee's 1986 novel *Foe* re-tells Daniel Defoe's *Robinson Crusoe* from the point of view of Susan Barton, a woman who joins Cruso(e) and Friday on their island and shares in their castaway existence for a time. Literally, the back matter of the book claims that "J. M. Coetzee reinvents the story of Robinson Crusoe;" figuratively, the superficial details of the plot and characters of Coetzee's *Foe* conform to the basic outline of Defoe's *Robinson Crusoe,* with some notable divergences which I shall discuss.

Because other critics have already theorized the intertextuality between *Foe* and *Robinson Crusoe* quite brilliantly, this essay briefly references some of those other critical works in order to build off of them, theorize through them, and collaborate with them. While I do not contest the connections between *Foe* and *Robinson Crusoe,* I hope to complicate some of these theorizations by adding another layer—that is, by reading *Foe*'s references to Joseph Conrad's *Heart of Darkness* and by doing so to offer a broader theory about Coetzee and the way his work plays upon isolation, otherness, wilderness and gender-race matrices. Other critics perform similar analyses—not with *Heart of Darkness,* but with other texts. One such example is Sue Kossew's essay arguing, quite rightly, for the dialogue between *Foe* and Shakespeare's *The Tempest.* Thus I offer my reading alongside such other critical works, not in contestation but in chorus. *Foe*'s complexity fully enables such a multiplicity of referencing.

Like *Heart of Darkness, Foe*'s narration comes to us through quotation marks: Conrad's unnamed narrator receives and reports Marlow's description of his time in the Belgian Congo, and Coetzee's Susan Barton delivers her tale in epistolary style, in a series of letters to the author Foe, whom she hopes will fictionalize and publish Cruso's story; likewise, both texts are written mainly in the first person, and frequently their narrators (or narrators within a framing tale) address the "you" of a constructed audience (in Conrad, the listeners on the *Nellie*'s deck; in Coetzee, the author Foe). Like *Heart of Darkness, Foe* begins on the water, a heavily metaphorized space of transition, uncertainty, danger and metamorphosis: *Heart of Darkness* begins on a yacht waiting for the tide to take it back to London from the mouth of the Thames, and *Foe* begins when Susan can "row no longer" the little boat she has been cast away on by the mutineers (Coetzee 5). Both novels concern the fates of more-or-less corrupt, aging white men who die on the way back to

Europe from isolated colonized-peripheral spaces. Both men become king-like rulers of Otherized wildernesses, but cannot, as they say, take it with them when they go. Both succumb to illness in the wilderness, and though leaving the wilderness is their best hope for survival, neither wants to go.

There are other parallels, too,[4] but the aforementioned offer sufficient grounds for me to say that *Foe* obviously references *Robinson Crusoe,* but it also palimpsestically over-writes *Heart of Darkness.* Therefore, if *Robinson Crusoe* narrates the subjugation of colonized wilderness to the civilizing order of British Empire, *Foe* accesses *Heart of Darkness* to counter-narrate a wilderness whose dark mesmeric power always already contests both order and knowledge. Indeed, *Foe* revises *Heart of Darkness* as much as it does *Robinson Crusoe.* Cruso's Kurtz-like death-after-rescue and Friday's tonguelessness mark *Foe*'s two greatest points of departure from *Robinson Crusoe,* and indeed from the entire imperial/masculine ethic on which *Robinson Crusoe* depends for its organizing ontology. *Foe*'s engagement with the problem of metaphorization in turn contests *Heart of Darkness,* always within the framework of its own, and *Robinson Crusoe*'s, historical moments.

This essay looks at the ramifications of Coetzee's palimpsestic inscription, his rewriting of *Robinson Crusoe* on top of *Heart of Darkness.* The resulting complex matrix of interflowing texts and textual practices allows Coetzee to strip the tricky artifice off the bones of metaphorization, to lay bare literary complicity with imperial ontology, and to propose a literary ethic of gap-making, of space-opening. Coetzee's invocation of different modes of intertextuality could be said to force two canonical English texts to cancel one another out, to silence one another, possibly just long enough to give the stage to another speaker. Yet it is also possible that Coetzee's destabilization of the literary canon (and of one of its favorite tricks, the metaphor) in turn destabilizes the value of writing itself as a practice of meaningful intervention.

Part Three: The Island

In his essay "The Silence of the Canon," Derek Attridge proposes that *Foe*'s intertextuality derives in part from its style, and that the style's purpose is to mark the text's canonical status, and to remark upon the condition of canonicity. Attridge notes (correctly, I feel) the similarities between Shakespeare's *The Tempest* and *Foe,* not just because both are island castaway narratives, but because of stylistic parallels, particularly word choices (Attridge 66). Attridge goes on to argue that Coetzee's novels "claim to belong to an existing canonical tradition" through their "*style*," whose characteristics Attridge links to Joyce and Beckett, among others (69, emphasis orig.). Thus "the overt intertextuality in Coetzee's novels can [...] be read as an implicit claim to a place in the established canon" (73). Coetzee's 2003 Nobel Prize in Literature would seem to secure him canonicity whether he wants it or not, but Attridge's point is more complex than my brief overview suggests: the main body of his essay wrestles with the particular problems of canonizing Coetzee's often "departicularized" South African literature (71).

For Attridge, Coetzee's prose style in *Foe* references *The Tempest* through word choices, and more generally alludes to "an earlier literary style" through techniques such as "rhythmic and syntactic repetitions" and "slight archaisms, like the prepositions 'about' and 'upon'" (66). Quite aside from Attridge's theory about the role of Coetzee's drive for (and comments upon) canonicity in his stylistic choices, obviously such references make sense in the context of a novel told through the voice of Susan Barton, an eighteenth century woman.

For Chinua Achebe, Conrad's use of similar prose style "raises serious questions of artistic good faith" in the context of *Heart of Darkess* (Achebe 338). In Achebe's view, "[Conrad's prose] method amounts to no more than a steady, ponderous, fake-ritualistic repetition of two antithetical sentences, one about silence and the other about frenzy" (338). Achebe accuses Conrad of a sort of cheap literary mesmerism, claiming that Conrad "is in reality engaged in inducing hypnotic stupor in his readers through a bombardment of emotive words and other forms of trickery [...]" (338). Moreover, because *Heart of Darkness* describes Africa, "normal readers," who are usually "well armed to detect and resist such underhanded activity," give in to hypnosis because Conrad merely conveys "comforting myths" about Africa which these readers already accept as true (338-9).

Interestingly, while Attridge notices Coetzee's use of rhythmic repetition and archaic prose style, he suggests that Coetzee intertextually references a number of authors (from Shakespeare to Joyce) rather than looking for just *one* text that, as they say, has it all. I would argue, and I think Achebe might agree, that *Foe*'s closest stylistic companion, other than *Robinson Crusoe*, is *Heart of Darkness*. *Heart of Darkness* employs mesmeric techniques to characterize wilderness as strangely both empty and full, resonating with a mysterious incomprehensibility which also characterizes ethnic otherness. In *Foe*, the island's sleepiness and lulling qualities represent its refusal—inability?—to fulfill Cruso's desires, while the text's repetitions further underscore the sameness of island life, the island's lack of progress towards civilization.

When Susan roams the island, "too often [her] eyes would settle on the horizon in a kind of fixity til, lulled by the beating of the wind and the roar of the waves... [she] would fall into a waking slumber" (26). In such a state, she realizes that "in truth the island no more belonged to Cruso than to the King of Portugal or indeed Friday or the cannibals of Africa" (26). Indeed, despite all his terrace-building and his claims to want to prepare the island for future cultivation, "[the] simple truth was, Cruso would brook no change on his island" (27). In *Foe,* prolonged contact with the wilderness bends the human mind to its will, and not the other way around; in *Robinson Crusoe,* Crusoe gradually makes his island over into a rather complete little world, with structures and tools to suit his needs and purposes. And in *Heart of Darkness,* the repetition lulls and entrances the reader into accepting a frenzy-silence binary representation of the African wilderness, as Achebe demonstrates.

Coetzee references Conrad's use of hypnotic prose by explicitly invoking the mesmeric quality of waves upon the shore, only to subvert Conrad's intent: in Conrad, language lulls the reader, and in Coetzee, nature's persistence lulls and eventually subdues all attempts at conquest. *Foe* contests the relationship between Western man and nature in *Robinson Crusoe,* which Dominic Head (specifically in reference to *Foe*'s relationship to *Robinson Crusoe*) calls "an embodiment of the great myth of Western imperialism, an enthusiastic narrative of the project of 'civilizing' virgin territories and indigenous peoples, even against all odds" (113).

Often, Coetzee's "direct" references to Conrad subvert *Heart of Darkness,* taking a famous Conradian phrase and re-configuring it. "The heart of man is a dark forest," Susan reports (Coetzee 11), making literal and obvious the metaphor implied by Marlow's statement that "[we] penetrated deeper and deeper into the heart of darkness," the literally dark forest, the metaphorically dark heart of Kurtz, which Marlow, the manager and the "pilgrims" approach, physically and psychologically, as they advance upriver (Conrad 90).[5] What happens to an outed metaphor? Susan's comparison is so direct as to be nearly a simile: it has no power to trick the mind. Thus *Foe* calls attention to its own—and, more generally, to literary—uses and misuses of natural metaphors. If one agrees with Achebe, the opposite holds true for Conrad: he seeks to mesmerize, and in so doing to lull to sleep the reader's suspicion of metaphorization, and the assumptions and historical, material realities therein concealed.[6]

Moreover, Susan's re-formulation of the Conradian truism, while calling attention to the metaphorization of nature, also encapsulates "the forest" within the human body—that is, within imaginary schema for explaining the human psyche. Various critics, Attridge included, mark Coetzee's fondness for self-reference; indeed, Susan's comment suggests and makes plain the entry of the natural world into language, culture, and imagination, the literary text especially.

Despite Coetzee's re-configuration, some phrases remain recognizably Conradian. Take, for instance, Susan's remark that "They say Britain is an island too, a great island" (Coetzee 26). Compare it with Conrad's line: "'And this also,' said Marlow suddenly, 'has been one of the dark places of the earth'" (48). The two lines, while not the same, resonate off each other, especially when put in context. Marlow makes this declaration while contemplating the view of London from the Thames, and goes on to imagine a Roman trireme captain sent to Britannia, among "marshes, forests, savages," enclosed by "all that mysterious life of the wilderness that stirs in the forest, in the jungles, in the hearts of wild men," which is both "incomprehensible" and "detestable" to a civilized Roman (49). This passage sets up the novella's entire ontological framework, in which one's temporal and physical distance from wilderness indexes one's capacity for civilized consciousness.[7] Thus, all places were once wildernesses, and all peoples exist at different points along the same unidirectional trajectory from savagery to civility.

By contrast, Susan's observation that Britain's island status "is a mere geographer's notion" rejects the universality of civilization-geography, the idea that all places must someday come to resemble Britain (26). "The earth under our feet is firm in Britain, as it never was on Cruso's island," Susan explains, referencing both geological and existential specifity; life on Cruso's tiny, sandy island cannot be directly compared to life in Britain just because they are both called "islands" (26). Susan points to the arbitrary quality of language, and to language's inability to accommodate the incommensurate.

Coetzee's lines demarcate a significant break from Conradian ontology: in *Foe*, each physical space has its own trajectory, and no amount of metaphors or similes can erase their unique qualities. In Susan's imagination, the island drifts: "[The] rocking persisted, the rocking of the island as it sailed through the sea and the night bearing into the future its freight of gulls and sparrows and fleas and apes and castaways [...]"

(26). Thus, Cruso's island is cut free of the rigid timeline of savagery-to-civility Conrad imagines: it moves through time into the future, unconstrained. The same logic renders null all justifications for imperial practices which depend on the notion of an altruistic civilizing of the world's savages. Susan breaks all the old metaphors apart, deconstructing the ideologies which endow them with ontological sense: neither the natural world nor any other force makes one version of modernity, or civilization, inevitable. *Foe* points out how naturalized these assumptions appear in *Robinson Crusoe*.[8]

Part Four: Cruso (e) and Kurtz

Cruso himself marks Coetzee's most significant revision of Defoe's novel; Cruso's similarity to Conrad's Kurtz lends this revision its meaning, particularly in relation to rhetorics and ethics of wilderness.[9] Defoe's Crusoe masters both Friday and the island, becoming a colonizer in miniature, assuming (in both senses of that word) his "rightful" place as a white man in a peripheral landscape. Through toil and determination, Crusoe cultivates and organizes the disordered, savage island and its resources. Defoe's Crusoe is a benevolent king, whose labors render useful and good the previously empty, "barren" landscape (Defoe 43). After he constructs a fortified home for himself, as well as a sort of warehouse space "to separate every thing at large in their places," Crusoe reflects: "[It] was a great pleasure to me to see all my goods in such order": Crusoe's writing transmits and makes legible the labor of his hands and the logic of his labors (56). "[W]hile my ink lasted," Crusoe brags, "I kept things very exact": the conquest of the island enters into writing and thus into imperial discourse (53). Crusoe tames the wilderness with his pen as much as with his trowel.

Through Kurtz, and Kurtz's writing, Conrad illustrates what happens to the myth of imperial productivity and altruism when empire comes into contact with isolation, wilderness, and the ethnic, temporal other. Kurtz metamorphoses from an idealistic altruist into a murderous, lecherous tyrant. His regression marks "a moment of triumph for the wilderness," for the twin influences of too much power and too much time spent in unruly nature combine to re-make Kurtz (144). In Conrad's Africa, much the same might happen to any white European adventurer: as the Belgian doctor tells Marlow prior to his journey, very few whites ever return from Africa, where "the changes take place inside, you know" (56), a remark he makes before asking,

"Ever any madness in your family?" (57). But genes play no role in the sort of madness the doctor references. As Conrad reveals, the African wilderness has its own agency, and takes its own revenge. References to the African wilderness's eerie power to drive white men insane continue throughout the text.

The spatio-temporal framework of a wilderness which also encompasses an earlier epoch in mankind's development situates Kurtz's madness according to his distance(s) from civilization. "Going up that river was like traveling back to the earliest beginnings of the world, when vegetation rioted on the earth and the big trees were kings," Marlow reflects (88). The deeper Marlow's boat penetrates into the African wilderness, the earlier it goes. Eventually, "[the] rest of the world was nowhere [...];" Conrad heightens the sense of isolation whenever possible (97). Marlow's expectation that his audience will not understand serves as a rhetorical device, permitting him to delineate precisely what nature both lacks and permits:

> [Kurtz] had taken a high seat amongst the devils of the land—I mean literally. You can't understand. How could you?—with solid pavement under your feet [...] in the holy terror of scandal and gallows and lunatic asylums—how can you imagine what particular region of the first ages a man's [...] feet may take him into by the way of solitude—utter solitude without a policeman—by way of silence—utter silence, where no warning voice of a kind neighbor can be heard whispering of public opinion? (109)

In this scenario, people are only good in response to communal monitoring: left to their own devices, freed from social conventions and endowed with god-like powers, all people could—*would*—become Kurtz-like. In Conrad's African wilderness, madness constitutes both a psychological influence exerted by immersion in barbarity and a state of freedom from social constraint; the society of Africans does not count, for in Conrad's figuration they lack any ethical code which they might enforce (as signaled by their nudity), nor would they seek to enforce any rules on Kurtz, whom they view as god-like.

As is fitting in a postmodern novel, Coetzee's Cruso evades easy classification as insane, evil, cruel, or even powerful. Cruso's ambivalence derives from his position between two poles, we might say: between Crusoe (benevolent, self-disciplined, Christian) and Kurtz (malevolent, self-indulgent, demonic). Crusoe surveys his island and all his works "with a secret kind of pleasure, [...] to think that this was all my own, that I was king and lord of all this country [...] as completely as any lord of a manor in *England*" (Defoe 80, emphasis orig., *sic*); but though Kurtz thinks he is a king, Marlow reflects:

> 'My Intended, my ivory, my station, my river, my—' everything belonged to him. It made me hold my breath in expectation of hearing the wilderness burst into a prodigious peal of laughter [...]. Everything belonged to him—but that was a trifle. The thing was to know what he belonged to, how many powers of darkness claimed him for their own. (Conrad 109)

The binary, both simple and complex, consists of the balance between wilderness and authority, rule of others and rule of the self. Crusoe, with his careful diary-keeping and rigid self-discipline, his pious prayer and desire to convert heathens, rules over the natural world in a position of unquestioned (moral) authority. By contrast, "Mr. Kurtz lacked restraint in the gratification of his various lusts" and so "the wilderness had found him out early, and had taken on him a terrible vengeance for this fantastic invasion" (Conrad 123).

Between Crusoe and Kurtz, Cruso moderates, negotiates, converses: though "king of his tiny realm," his "indifference" (Coetzee 14) generally prevents all but the most futile or necessary action; indeed, unlike Crusoe, Cruso "keeps no diary," not for lack of pen and ink but "because he lacked the inclination to keep one" (16); by the same token, he produces no Kurtz-like altruistic pamphlets on the moral salvation of African peoples. When Susan makes a Crusoe-like suggestion that they make "a lamp or a candle so that [they] should not have to retire when darkness fell, like brutes," Cruso demonstrates the scale of his indifference by replying, "'Which is easier: to learn to see in the dark, or to kill a whale and seethe it down for the sake of a candle?'" (Coetzee 27). If a whale had passed within harpooning distance of Crusoe's island, it would not have been safe; Kurtz only has use for elephants, for their ivory, though he generally prefers to extort ivory from Africans. Coetzee's Cruso lacks both the wit and the will to bring nature under his sway. He performs colonial kingship, but only in a lackluster fashion.

Given the obvious intertextual reference to *Robinson Crusoe,* Cruso ironically mocks the myth of the endlessly innovative British explorer-conqueror by suggesting he is merely revised—and a E added to the end of his name, to lend a little class—to appear to great advantage in order to sell both books and the image of a great and benevolent

Christian empire. However, the comparison between Cruso and Kurtz poses more difficulties: Kurtz has all of the Belgian Congo in which to degenerate, to indulge his lusts. Is Cruso's relative goodness merely the restraint dictated by his bare environment?

Part Five: Friday

Coetzee's revision of Friday offers one possible route to an answer, though undeniably a very difficult one to interpret. By depriving Friday of his tongue, and by denying both Susan and the reader a clear explanation for how Friday lost it in the first place, Coetzee frustrates Defoe's narrative of the happily enslaved/saved African and also any clear reading of Cruso's morality. The best key to Cruso is his relationship with Friday; Coetzee keeps it deliberately obscure.

Defoe's Friday eventually learns English, so that in addition to doing "all the work for [Crusoe]," he also begins to converse with his master:

> [...] besides the pleasure of talking to him, I had a singular satisfaction in the fellow himself; his simple unfeign'd honesty appear'd to me more and more every day, and I began really to love the creature; and on his side, I believe he lov'd me more than it was possible for him to love any thing before. (Defoe 168)

Crusoe's relationship with Friday illustrates an imperial ideal: a benevolent British Christian gets a hard day's labor out of a person of color, and in return educates him in various ways. Crusoe's dominion over Friday imbricates with his dominion over the island itself: Crusoe's race, religion, work ethic and familiarity with the tools of modernity authorize his rulership over both the natural world and those people most closely associated with it.

Susan never discovers who removed Friday's tongue, but she acknowledges the possibility that Cruso did it himself. Friday's refusal to communicate—except by drawing his enigmatic "O"—compounds the mysteries of both his own past and Cruso's. *Foe*'s refusal to make or to let Friday speak suggests a gap—an O—in the colonial record, one Coetzee refuses to fill, not even in response to Susan's "desire to have our story told" (150). "[The] story of the island, as lifeless from [Foe's] hand as from [Susan's]" is not necessarily also Friday's story (151). Thus *Foe* removes Friday from his explanatory role: Friday, as subject in his own right, will not, as an object-Other, reflect a "true" image of Cruso or Cruso's morality.[10]

In *Foe* a curious displacement occurs: Friday wavers between being a subject—capable of producing his own story—and a text, to be read and interpreted by others. Discovering how impossible it will be to set Friday safely free, Susan complains of him, "He is like the old man of the river!" and goes on to explain the fable of "an old man waiting at the riverside" who accepts a ride across the river on another man's back, but then refuses to be put down again and becomes a burden to his rescuer (148). Beyond a metonymic (and problematic) implication of the long-persisting burdens the slave trade imposed on subsequent (European/Afrikaner) generations, Susan's fable seems to reference Kurtz, an old man on a river who will not release Marlow, not even after death. Susan declares, "[It] is I who have disposal of all that Cruso leaves behind, which is the story of his island," more than a simple copyright claim, Susan announces a duty, but it turns out not to be one she can complete unaided (45). Similarly, Marlow has to carry Kurtz's documents back to Brussels, and he also has to lie convincingly to Kurtz's fiancée, to conceal the truth of Kurtz's behavior from her, preserving the myth of Kurtz's moral greatness and protecting her from the truth of "the colossal scale of his vile desires" (Conrad 144). As Susan struggles to help Friday learn to write, so that he can tell his own story and in so doing reveal the true—and otherwise inaccessible—Cruso, his refusal to produce signs she can interpret causes her to experience his presence as a burden. Just as *Foe* refuses to make Friday an easily legible participant in the story of one white man's wilderness narrative, the novel also refuses to make Friday the mouthpiece of the wilderness speaking back to the civilized metropole. Friday will enter discourse on his own terms and with his own signs or not at all: Coetzee refuses to be Marlow, to bear the old man of the river's discourse home, to explain, apologize and lie for him.

In an excellent essay entitled "Speech and Silence in the Fictions of J. M. Coetzee," Benita Parry acknowledges and then challenges this type of reading of Friday's silence. For Parry, although a "failure to project alterities might signify Coetzee's refusal to exercise the authority of his dominant culture to represent other, subjugated cultures," in fact Coetzee's silent others "reinscri[be]" what she terms "European textual power" (40). I would agree with Parry except for the manner in which I see *Foe* deliberately tracing a gap that, while empty in the 1719 of *Robinson Crusoe*, begins to be filled by 1789, with the advent of Olaudah Equiano's narrative. I shall return to this problem in my final section, but remind the reader here that Coetzee's novel deals deliberately with the writing of novels in which no true alterity comes to voice. I am thus in at least partial agreement with Marni Gauthier, who counters Parry by saying, "*Foe* foregrounds the absence of the female voice and the irretrievability of the subaltern voice from the largest part of subaltern history" (53). I hope this paper shall help suggest a modification of Gauthier's argument in which the subaltern voice appears not irretrievable so much as not yet retrieved, or in the process of being retrieved and written.

In fact, writing itself centers *Foe*'s critique of imperialism: that is, the novel problematizes modes of representation by suggesting their role in imperial ontologies. Crusoe keeps his diary to record his great deeds and the piety with which he commits them. Kurtz writes an altruistic tract about the suppression of savage customs, meant to demonstrate his faith in the joining of European economic and Christianizing efforts, but his footnote—"Exterminate all the brutes!"—announces his eventual change of heart, suggesting by a starting point and an ending point the sharp hell-ward trajectory of his soul. And in *Foe*, according to the critic Lucy Graham, Coetzee frames his critique of authority by having Susan "[take] up the writing implement of the male author," and in so doing "appropriate" male (phallic) authorial power in order to critique its uses (Graham 221).

Yet Susan's appropriation feels incomplete: her inability to force Friday to communicate leaves her with a partial narrative. *Foe* is full of Susan's expressions of authorial inadequacy: might we then question how much power she truly appropriates? Certainly her vexed relationship to narration and language suggests the inadequacy of writing as medium for self- or event-expression. And so *Foe* stages an intervention between the certainties of its referents: Crusoe transparently transmits events and feelings through his diary, which we are meant to receive without questioning it; Kurtz's eloquence of the pen has a double-edged quality, so that it betrays the true and horrific state of his soul, as if he has no choice but to put his confession into writing—the written word reveals the truth, even against its author's will. Susan's relationship with writing is the most quarrelsome of the three, the most problematic.

Susan's anxiety delineates both the problems of the subaltern writing herself into discourse and also the failures of discourse itself, particularly pertaining to representations of so-called subalterns (what Parry calls "alterities") and non-metaphorized accounts of the natural world. Moreover, Friday's lack of participation, and the frustration Susan experiences as a result, imply the need for a supplement: without Friday's narrative,

Susan's—and, by extension, Coetzee's—remains incomplete. "The waves picked me up and cast me ashore on an island, and a year later the same waves brought a ship to rescue me, and of the true story of that year [...] I remain as ignorant as a newborn babe," Susan laments (126). Neither Defoe nor Conrad exhibit a sense of suffering for want of a supplement: for the proto-realist Defoe, and the proto-modernist Conrad, the written word suffices. For the postmodern Coetzee, it never can.

Notes

1. This article is an excerpt from my thesis project investigating different modes of intertextuality in African Anglophone literature. I would like to thank Ranu Samantrai for her guidance and advice on this project. I would also like to thank my ALA colleagues for inspiring and encouraging me.
2. Links to two versions of the commercial I reference: http://www.youtube.com/watch?v=gQGMuxJ0vCc http://technorati.com/videos/youtube.com%2Fwatch%3Fv%3DgQGMuxJ0vCc
3. I am hardly the first to interpret *Robinson Crusoe* this way, or to propose its historical complicity in the British imperial project. Ayo Kehinde's "Post-Colonial Literatures as Counter-Discourse: J. M. Coetzee's *Foe* and the Reworking of the Canon" specifically addresses both Defoe's representations of Africa as well as how *Foe* writes back to *Robinson Crusoe.* Kehinde's notion of textual "dialogue" is very useful and provides a vocabulary of intertextuality based on the idea of conversation. Kehinde also lists "other postcolonial writers" who "have rewritten particular works from the English canon," such as "Chinua Achebe, [...] Wilson Harris, George Lamming, Patrick White, Margaret Atwood" and "Jean Rhys" (44). An interesting future project might be a fuller comparison of how these writers variously re-write canonical works from a postcolonial perspective.
4. A more comprehensive list of these parallels might include some of the following: 1. At the bottom of the ocean lies Cruso's sunken ship, which Cruso cannot be bothered to raise (Coetzee 32). To explore deeper into the heart of darkness, Marlow must first raise the sunken steamship (Conrad 69); 2. Cruso labors nonsensically to construct terraces which he cannot cultivate, but which he imagines will stand in for his intention, show some future visitors his work ethic, to show that "'not every man who bears the mark of a castaway is a castaway at heart'" (33). Marlow encounters numerous examples of apparently pointless labors, from the "objectless blasting" of the hills of the first station to the digging of purposeless holes (Conrad 62-3); 3. Reflecting on how dull the story of the phlegmatic Cruso

seems, Susan claims that "the idea of a Cruso on his island is a better thing than the true Cruso tight-lipped and sullen in an alien England" (Coetzee 35). Acknowledging the brutality involved in imperial conquest, Marlow adds, perhaps ironically and perhaps not, "What redeems it is the idea only. An idea at the back of it; not a sentimental pretence but an idea; and an unselfish belief in the idea—something you can set up, and bow down before, and offer a sacrifice to..." (Conrad 50, ellipsis orig.); 4. Cruso responds to Susan's inquiry about the laws of his island by saying that "'Laws are made for one purpose only [...] [:] to hold us in check when our desires grow immoderate. As long as our ideas are moderate we have no need of laws'" (Coetzee 36). Susan then realizes that "all things were possible on the island, all tyrannies and cruelties" (Coetzee 37). No laws restrain the officials overseeing King Leopold II's conquest of what is Zaire/Democratic Republic of Congo (DRC), the consequences of which are too numerous to mention in full, but might be summed up by what Marlow witnesses in the small stand of trees where the enslaved Africans gather in the shade to die (Conrad 63-4); 5. Susan says, "Your master is dead, Friday" (Coetzee 44). "Mistah Kurtz—he dead," announces the manager's boy (Conrad 139).

5. Although it falls outside the scope of this essay, the phrase "heart of darkness" itself appears in so many (con)texts and versions as to merit its own special study, particularly in relation to representations of wilderness in literary texts such as those mentioned in this essay. At the end of Golding's *Lord of the Flies*, for instance, "[...] Ralph wept for the end of innocence, the darkness of man's heart [...]" (187). It is worth asking where Conrad got the phrase from in the first place (the Bible maybe?) and then whether and how we might trace specific Conradian references to dark hearts as opposed to other, unrelated instances of its appearance. I would argue that in the case of texts like Golding's, the reference to Conrad is obvious.

6. See Omis'eke Natasha Tinsley's "Black Atlantic, Queer Atlantic" for an extensive analysis of the problems with metaphorization. Briefly: Tinsley claims that Paul Gilroy and others metaphorize oceans and oceanic experiences in order to discuss topics such as mobility. In doing so, argues Tinsley, these critics elide actual lived experience, as well as historical materialism. She gives the example of Rehoboth Beach, which Judith Butler uses metaphorically to reference queer sociality, without ever connecting that beach to the Middle Passage and the Atlantic slave trade, and thus also missing the connection between white queer privilege and the omission of people of color from queer theorizing.

7. *Heart of Darkness* is a novella, not a novel. Daniel Just theorizes that the novella form itself comes into play in moments of social and/or literary upheaval: for Just, Conrad's use of the novella form toward the end of the age of the realist novel marks Conrad's vanguard position, leading the way from realism into modernism.

8. Interestingly, Sue Kossew also argues that Susan Barton is "a literalization of a metaphor," though in Kossew's case she means that Susan's status as a "castaway" literalizes a castaway metaphor in an earlier Coetzee text, *In the Heart of the Country* (Kossew 171). Kossew interprets Magda's statement "we are the castaways of God" as a reference to both Afrikaners and women colonizers, so that Susan Barton, a literal castaway, also represents these groups (171).
9. I am certainly not the first to say this much: Dominic Head's excellent chapter "The Maze of Doubting: *Foe*" does an excellent job of contrasting Crusoe and Cruso.
10. Coetzee published *Foe* in 1986, just four years after the hugely influential anti-colonial activist and founder of the *Negritude* movement Aimé Césaire published *moi laminaire*, a collection of poetry in which "humanity, restored to nature, will find the 'rock without dialect, the leaf without keep, the fragile water without femur'" (Césaire, qtd. in *The Norton Anthology of World Literature*, 2nd Ed., Vol F, 2220). In 1966, Césaire published *Une Saison au Congo*, a play about the fate of the Belgian Congo (later Zaire and then DRC) and its murdered leader, Patrice Lumumba, and in 1969 Césaire published *Un tempête*, a re-write of Shakespeare's *Tempest* which explores the slave-master relationship between Prospero and Caliban (Césaire 2220). Therefore yet another way of reading Friday, and perhaps all of *Foe*, is as Coetzee's possible response to Césaire's body of work; could Friday possibly "prefigure" the too-soon-silenced Lumumba?

Works Cited

Achebe, Chinua. "An Image of Africa: Racism in Conrad's *Heart of Darkness*." Armstrong 336-48. Print.

Armstrong, Paul B., Ed. *Heart of Darkness: A Nortion Critical Edition*. 4th ed. New York: W.W. Norton, 2006. Print.

Attridge, Derek. "The Silence of the Canon: *Foe*." *J.M. Coetzee and the Ethics of Reading: Literature in the Event*. Chicago: University of Chicago Press, 2004. Print.

Attwell, David. "The Problem of History in the Fiction of J. M. Coetzee." *Poetics Today*. 11:3 (1990): 579-615. Print.

Coetzee, J. M. *Foe*. 1986. New York: Penguin, 1987. Print.

Conrad, Joseph. *Heart of Darkness*. 1899. *Heart of Darkness and Selected Short Fiction*. Ed. Michael A. Martin. New York: Barnes & Noble Classics, 2003. Print.

Defoe, Daniel. *Robinson Crusoe*. 1719. Ed. John Richetti. New York: Penguin, 2001. Print.

Dovey, Teresa. *The Novels of JM Coetzee: Lacanian Allegories*. Cape Town: Creda Press, 1988. Print.

Gauthier, Marni. "The Intersection of the Postmodern and the Postcolonial in J. M. Coetzee's *Foe*." *English Language Notes*. 34:4 (1997), 52-71. Print.

Graham, Lucy. "Textual Transvestism: The Female Voices of J. M. Coetzee." *J. M. Coetzee and the Idea of the Public Intellectual*. Jane Poyner, ed. Ohio: Ohio University Press, 2006. 217-36. Print.

Guns'n'Roses. "Welcome to the Jungle." *Appetite For Destruction*. Geffen, 1987. Sound recording.

Head, Dominic. "The Maze of Doubting: *Foe*." *JM Coetzee*. Cambridge: Cambridge University Press, 1997. 112-28. Print.

Hegel, Georg. *The Philosophy of History*. New York: Dover, 1956. Print.

Just, Daniel. "Between Narrative Paradigms: Joseph Conrad and the Shift from Realism to Modernism from a Genre Perspective." *English Studies*. 89.3 (2008): 273-286. Print.

Kehinde, Ayo. "Post-Colonial Literatures as Counter-Discourse: J.M. Coetzee's *Foe* and the Reworking of the Canon." *Journal of African Literature and Culture*. 4 (2007): 33-57. Print.

Kossew, Sue. "'Women's Words': A Reading of J.M. Coetzee's Women Narrators." *Critical Essays on J.M. Coetzee*. New York: G.K. Hall, 1998: 166-179. Print.

Parry, Benita. "Speech and Silence in the Fictions of J. M. Coetzee." *Critical Perspectives on J. M. Coetzee*. Eds. Graham Huggan and Stephen Watson. New York: St. Martin's Press, 1996: 37-65. Print.

Suleri, Sara. "Woman Skin Deep: Feminism and the Postcolonial Condition." *Critical Inquiry*. 18:4 (1992), 756-69. Print.

AN 'UNINTENDED' READER WRITES BACK: LINGUISTIC AND ECOLOGICAL CONSIDERATIONS OF THE EVANGELICAL TRANSLATION OF THE BIBLE IN WOLOF

George Joseph

Is it possible to create a translation for a specific audience to the exclusion of others? The purpose of this presentation is to study the reception of the Evangelical translation of the Bible into Wolof (supervised by Marilyn Escher under the auspices of the missionary group World-Venture), based on a written critique I commissioned in 1998 from a Protestant church worker Jean-Baptiste Mende, who is a convert from Catholicism. Jean-Baptiste Mende is not the type of reader for whom the translation is intended, but his reactions raise a host of questions that can be best understood from the perspective of language ecology, defined below. According to an old cliché, "books are like children: after all the love and attention, they fly the coop and have independent lives." (Cosic) The Evangelical translation of the Bible is no exception to this rule. I have been studying and watching the growth of this translation since 1994. Much of my research is based on conversations with the translators in the field. I also make it a practice to show them my work once it is published so that they can offer their response. Departing from the usual practice of seeking an ecumenical translation of the Bible, the Evangelical team intends its translation for Muslims who speak Wolof as a mother tongue opposed to half the speakers of Wolof who use it as a vehicular *lingua franca,* but whose true mother tongue is one of the other national languages of Senegal such as Sereer, Jola, Soninke, Mandinka, or Diola.

Marilyn Escher signs her newsletter: "Marilyn with WorldVenture, coordinating the translation of the Bible for 4 million Wolofs [about half the number of people who speak Wolof in Senegal]." (*Senegal Express*). The Evangelical team therefore does not translate for Roman Catholics or other Senegalese who are already Christian. The team eschews Roman Catholic terminology on the basis of the team's research among Wolof speaking Muslims, and is unwilling to work with the Roman Catholic translation team on the grounds that most Wolof-speaking Catholics speak Wolof as a vehicular language in which the mother tongues such as Jola or Sereer have too much of an influence for the Wolof to be trustworthy. But in terms of language ecology, one can ask, is such an insistence on a "pure" Wolof truly sustainable?

I submit that, like the child of the cliché, the Wolof translation, once published, invariably has an influence beyond the intended audience. Many Catholics in the Gambia as well as Senegal have voiced their appreciation of the text to me. These readers include priests who work in remote Senegalese villages, diocesan officials in charge of Christian education in the Gambia, and monks at the Benedictine Monastery of Keur Moussa. I asked Jean-Baptiste Mende to write his commentary because he too falls outside the intended audience. His mother tongue is Sereer and, although now Protestant, he was brought up in the Catholic church. Nevertheless, Jean-Baptiste Mende worked closely with the Wolof translation. In the 1990's he served as a simultaneous translator from French to Wolof during the bilingual church services at the Methodist church in Grand Yoff. (The church was founded by Korean missionaries in 1987 according to the church website). Furthermore, Jean-Baptiste Mende holds a License d'Anglais from the University Cheikh Anta Diop, Dakar, and he of course, speaks fluent French. After several conversations during which Jean-Baptiste Mende voiced his opinions about the Evangelical Wolof translation, I realized that a commentary would be an invaluable source of dialogue and a challenge that would bring to bear ways in which the Wolof translation is received by the Wolof speakers for whom it is not intended.[1]

The theory of language ecology helps to bring together and shed light on the underlying network of relationships that Jean-Baptiste Mende's commentary implies. The classic definition of "language ecology" was given in 1972 by E. Haugen:

> Language ecology may be defined as the study of interactions between any given language and its environment . . . The true environment of a language is the society that uses it as one of its codes. Language exists only in the minds of its users, and it only functions in relating these users to one another and to nature, i.e. their social and natural environment. Part of its ecology is therefore psychological: its interaction with other languages in the minds of bi- and multilingual speakers. Another part of its ecology is sociological: its interaction with the society in which it functions as a medium of communication. The ecology of a language is determined primarily by the people who learn it, use it, and transmit it to others. (qtd. in Creese and Martin 325)

According to this definition, the psychological aspects of Wolof language ecology would be determined by the relations between Wolof and the other languages of Senegal such as French, Pular, Sereer, Jola, Mandinka, and Soninke in the minds of multilingual speakers. It is generally acknowledged that Wolof is spoken by 80% of the population whereas only 43.3% of the population is Wolof. (CIA Factbook). The rest speak Wolof as a *lingua franca* throughout the country, largely because Dakar, the capital of Senegal, is in Wolof-speaking territory. As in many other parts of Africa, multilingualism is a common phenomenon in Senegal.

The sociological aspects of Wolof language ecology would be determined by the relations between the Wolof and other cultural groups in Senegal as well as factors such as the class structure and the influence of French colonialism among other possibilities, but I shall concentrate here on the implications of inter-religious relations, most importantly Islam and Christianity, and, to a lesser extent, Catholicism, Protestantism, and Evangelism.

Catholic translation theory provides a useful starting point for our discussion, mainly because of its evolution toward a more pluralistic perspective over time. In Catholic practice, especially since Vatican II, "inculturation" in translation is the product of "the creative and dynamic relationship between the Christian message and a culture or cultures." Of course, from an African colonial and post-colonial perspective, one can legitimately ask if "inculturation" is simply a nice way of referring to a hegemonic takeover of a given culture. But according to Aylward Shorter, the process implies a two-way exchange.

> Inculturation means the presentation and re-expression of the Gospel in forms and terms proper to a culture. This

> process results in the reinterpretation of both, without being unfaithful to either. Anything less, is not inculturation. In other words, it would be a syncretism and not a synthesis—the juxtaposition of non-communicating meanings.

The relationship between the Christian culture and a given non-Christian culture is more complex than simply that between a distinct self and a distinct other which come into contact for the first time. According to Shorter,

> Christians believe that the Holy Spirit is active in human cultures, even before they are explicitly evangelized [sic], and that the Spirit is responsible for Christ's saving presence in them. It is the duty of inculturation (evangelisation) [sic] to reveal this presence and this activity, to discover and affirm the seeds of truth and to challenge everything in the culture, which impedes the full manifestation of God's truth and love.

From this perspective there are aspects of the Christian message that are already inherent in the non-Christian culture and need not only to be revealed, but also to serve as a challenge and a corrective to other elements in the non-Christian culture in question. In this model, the Christian and non-Christian cultures are not completely different but have elements in common that reveal the workings of the Holy Spirit. It is not enough, however, simply to pick out the common elements and discard the rest. According to Shorter,

> A common form of disrespect for culture is to refuse to take it seriously as a coherent and whole system of images and values. Instead, an eclectic, "pick and mix" approach is adopted, whereby cultural elements are lifted from the culture and inserted incongruously into otherwise culturally foreign contexts. This happens, for example, when African cultural elements are incorporated in a liturgical celebration that is otherwise entirely western in character. This is acculturation, or the borrowing of disparate elements, but it is not inculturation.

In terms of translation, Lamine Sanneh proposes a dialectical relationship between the biblical message and a new language similar to that of Shorter. According to Sanneh, translation of the Christian message—the very essence of Christian mission—renews that message itself while bringing to life key religious and philosophical concepts in the new language.

Not surprisingly, such a two-way dialectic can lead to a concern for maintaining the Christian identity in the midst of this cultural give and take. According to Shorter,

> Inculturation . . . is the transformation of a culture by faith and the cultural re-expression of faith by culture. An inculturated Eucharist (or other liturgical rite), therefore, should be a genuine instance of a wider process involving the transformation of the whole culture. It remains recognizably the Christian Eucharist, with its necessary components and structure, but the style, the context, the spirit, is culturally new.

According to Father Francis George, in the exhortation *Catechesi tradendae*, Pope John Paul II writes that:

> [T]he Gospel message cannot be purely and simply isolated from the culture in which it was first inserted, nor, without serious loss, from the cultures in which it has already been expressed down the centuries.... It has always been transmitted by means of an apostolic dialogue which inevitably becomes part of a certain dialogue of cultures." (qtd. in Beall "Translation and Inculturation", adoremus.org)

To assert the rights, as it were, of the Christian cultural dimension the then Cardinal Ratzinger proposed replacing the word "inculturation" with "inter-culturality," so that the Christian culture and the "other" culture stand in a dialectical relationship in which each influences without wiping out the other. (Beall)

The new term of Cardinal Ratzinger (now Pope Emeritus Benedict XVI), implies an acknowledgement that although "inculturation" is defined as a "creative and dynamic relationship between the Christian message and a culture or cultures," it invariably entails a one-way street of adapting the Christian message to the new culture. As Stephen Beall has observed, "inculturation" has tended to be understood in the sense of Eugene Nida's "dynamic equivalence" method, according to which the message is translated in terms of the intended audience. As an example, Beall cites the document *Comme le prévoit* (CLP), which he says "remains the official charter of liturgical translators today" in the Catholic Church.

As he observes,

> Expressions of humility, such as "deign to look upon us" and "we beseech You, O Lord", are stigmatized as peculiar to Byzantine and Roman court language (§13). CLP also stipulates that "the language (of translations)... should be that in common usage," which is defined as that "suited to the greater number of faithful who speak it in everyday use" (§15). For this reason, attempts to preserve the rhetorical figures and poetic diction of the Latin are discouraged (§§ 12, 28, 15).

Such an emphasis does not always yield the same translations. For example in the liturgy, *CLP* principles were invoked to translate *Domine* ("Lord") as "Father," as part of an effort "to level the strata of ancient society and to bring the prayers in line with our own (theoretically) more egalitarian culture" (Beall). Yet, according to Beall, a few years later, the term father was found objectionable by feminists and replaced by the more hierarchically distant "God." As Beall observes, such changes can be profoundly disturbing, "For average Catholics, who nourish their spiritual lives principally through life-long contact with the liturgy, these shifts can be a source of irritation, if not downright confusion."

Not quite as disturbing, perhaps, is the dynamic equivalence revision Eugene Nida cites in the J.B. Phillips rendering of the King James inspired New Revised Standard: "greet one another with a holy kiss" as "give one another a hearty handshake all around" (130). Since men in the English-speaking world generally do not kiss one another as a form of greeting, Phillips has adapted the original Greek to Anglo-Saxon culture.

Cardinal Ratzinger's new term of "inter-culturality" asserts the rights of the original culture of Christianity to bring about a change in the target culture of the new language. Thus the New American Bible for Catholics keeps the older "kiss." Words such as "Father" and "Lord" also remain in place.

Nevertheless, even with a new term to insist on a dialectical two-way give and take, in terms of language ecology the problem of the relationship between the one and the many remains. Since language ecology posits the place of a language in the mind of bi- or multilingual speakers as well as the social relations between different cultural groups, one cannot regard biblical translation as a matter of the relation between a simple "self" and a simple "other." Language ecology calls us to understand that the original Greek and Hebrew as well as Wolof are inscribed in a multitude of sociological and psychological relations.

The concept of language ecology teaches us to move beyond an understanding of inter-culturality as the relationship between a monolithic Christian source culture and a monolithic target culture. Rather the concept of language ecology brings us to the realization that both the source and target languages constitute multi-faceted sites of interculturality.

Looking at the concept of language ecology sociologically, we see that Wolof bible translation in Senegal exists in a very complex terrain of inter-culturality, in which the religious communities, Islam, Christianity and local religions have a long history of co-existence and dialogue. According to Lamine Sanneh,

> A significant aspect of Muslim-Christian relations in Africa is that the two communities have been immersed in a rich and long tradition of sharing and thus stand revealed to each other in their differences as much as in their similarities. Yet the impressive literature and discussion on interreligious dialogue that has appeared in the West has not paid much attention to this fact . . . (7)

Sanneh adds:

> in the common ground between Islam and Christianity where differences disappear there is what Kenneth Cragg has called "a conflict of jealousies," in Islam a jealousy for the Oneness of God as reiterated in the Muslim creed, and in Christianity a jealousy for the Oneness of God as affirmed in the doctrine of the Incarnation [89]. Thus the agreement of the two traditions on the importance of "One" in regard to God does not remove contention or hostility. (7)

Furthermore, he states, "It is because we are all copying each other that we are all cursing each other" (7).

Thus, in the complex interaction between Christians and Muslims there is both rivalry and recognition of similarities. In Senegal, this relationship is further complicated by a third member in the equation: local religions that predate Islam and Christianity. Although, local religions account for only 1% of the population according to the CIA *Factbook*, their influence is pervasive and has, in some sense, altered the face of the two monotheistic religions in Senegal. Any biblical translation is faced with a potential readership that, even being of one religion, is acquainted with the others, and will judge accordingly. The choices the Evangelical translation team makes for key biblical terms and proper names reflect a struggle with this complex relationship of similarity and difference as well as the varying degrees of ignorance and familiarity that members of the different religions have in relation to each other.

I am concentrating in this paper on the Evangelical translation as opposed to the Roman Catholic translation and an older nineteenth-century French Protestant translation by Villeger. The Evangelical translation, which is supported by WorldVenture uses as its point of departure the Wolof that is spoken in what was formerly the kingdom of Kajoor. Kajoor was a kingdom, which extended in a strip along the coast, roughly from the Cape Verde peninsula to St. Louis. This Wolof is generally considered to be the best Wolof in the country, but in terms of language ecology, it is only one of many versions of Wolof. Notably, it is much more complicated than the vehicular Wolof spoken in Dakar, where many people of different origins use it as a vehicular *lingua franca.* The Wolof of Kajoor uses fewer loanwords from French, has a larger vocabulary and a strong sense of the eight classifiers used for nouns. In this latter respect, Dakar Wolof tends to use one of the eight, 'bi.' The missionaries who head this translation team have very strict standards for native speakers. Since so many people who speak Wolof are not "ethnically" Wolof, to qualify as a native speaker to work for the team, a person must have a Wolof grandmother, so that he or she will have grown up hearing Wolof oral tales. The motivation for this approach is to find a pure Wolof as free of the influence not only of French, which pervades the Roman Catholic translation, but also of other Senegalese local languages such as Sereer and Jola. The first translator of the team was the British missionary Eric Church, who learned Wolof in the town of Kelle from Magatte Fall, a descendant of one of the Damels of Kajoor. One of the most distinguished griot families in Senegal has close links with the family of Magatte Fall.[2]

Ironically, for all of their qualifications as "pure" native speakers of Wolof, in terms of language ecology, both father and son were profoundly multicultural and multilingual, linking pre-Islamic local culture, Islam, and Christian European culture. Magatte Fall, a descendant of the Damels, was a Muslim, who never converted to Christianity, but was educated at the French Ecole des Fils des Chefs in St. Louis. Mbeng Fall began as a Muslim, knew Arabic and French, but went to missionary schools, converted to Christianity, and was one certificate short of a degree in physics at the University Cheik Anta Diop, Dakar.

Mbengue Fall also studied at a French Evangelical seminary in Paris, where he earned a Master's Degree in Biblical languages, which brought him to the conclusion that Wolof and Hebrew were related and gave him courage to translate the Bible more literally than the missionaries would have. I never knew Magatte Fall, who died before I began to work on this project, but having lived in Kelle with his children, I know that they continued many pre-Islamic religious practices such as reading the future in cowries, wearing protective gris-gris, and fearing soul-eating witches called "demm," whom, they believed, were the cause of their mother's death as well as that of Mbeng Fall himself, who died later.

The Evangelical translation reflects an effort to inculturate not only Islamic and local religious cultures, but also Catholic and mainline Protestant translation traditions. The resulting give and take is much better explained as an intercultural dialogue rather than a simplistic "incarnation" of the Evangelical truth in African form. The complexity of the result can best be seen in Jean-Baptiste Mende's commentary which I have referred to above. Let me repeat here that I watched in awe Sunday after Sunday as Mende translated the Pastor's sermons, prayers, announcements, and Bible readings as rapidly as any U.N. interpreter, with great ease, humor and a generally wonderful presence. I commissioned a commentary of the Evangelical Wolof New Testament from Mende who finds that the Evangelical translation is not comprehensible to his audience and has told me on many occasions that he has had to adapt the text to the audience as he perceives it. Under the Evangelical team's criteria, Mende would not qualify as a native speaker because he is Sereer and does not have a Wolof grandmother; still, I asked him to write down for me the kinds of changes he made in the translation.

Mende represents a very different language ecology. Unlike the Evangelical team, Mende does not know Greek and in his remarks compares the Wolof translation to *La Bible du Semeur* and to the classic Louis Segond French translations. On a few occasions his objections are overruled on a consultation with the Greek text. Moreover, Mende's grasp of Wolof is not as strong as Mbeng Fall's; consequently, Mende's grammatical explanations are sometimes flawed and he sometimes misunderstands words. As such, he is not the kind of reader the Evangelical missionaries intended for their translation. Since 99% of the ethnic Wolof are Muslim, the ideal reader for the Evangelical missionaries, therefore, is a Muslim, ethnic Wolof reader who has firm roots in the country. The missionaries' ideal Wolof is what they call a "regional" Wolof, which they juxtapose to the fast changing urban Wolof of Dakar. It is important to note that Mende, is not only Sereer, but also Christian.

Like most Senegalese protestant Christians (including the members of the Korean Methodist Church) he is a convert from Catholicism and comes to the text with a Wolof Christian vocabulary that is well-established in both the Catholic and traditional Protestant communities.

Nevertheless, Mende has a feel for the text and for his audience. His commentary is informed by a multicultural point of view that may represent more of the reality in Senegal than that of a hypothetical unicultural Muslim Wolof. There is considerable travelling between town and country in Senegal, and the presence of many Wolof radio stations also breaks down barriers that may have existed when the missionaries began their project. In the words of one native informant I interviewed in Kelle, Wolof is not "clean" (*Wolof du sett).* The commentary I received from Mende was a fascinating and detailed account of his practice and reveals the psychological and sociological intercultural complexity involved in the debate. One of Mende's main criticisms of the text is that it abandons the traditional Catholic and Protestant vocabulary for a new one. Polls the Evangelicals have taken among their intended audience show that the Evangelical translation avoids traditional terms for such key elements of the religion as the "cross," "baptism," and "Passover." Instead of the transliteration from French *kwa* for "cross" the Evangelical translation uses the Wolof word for "wood," *bant,* on the grounds that Muslims think of the *kwa* as a protective amulet. Thus, they are "inculturating" the Catholic concept with a word meant to purify it of local religious influences and renew its meaning. Likewise, the Evangelicals eschew "*Paak*" as a translation of Passover in favor of "Bésu jéggi ba, di maggalu Yawut ya" on the grounds that *Paak* is known to Muslims as a feast celebrated by Christians. Thus, the argument goes, Muslims will think that Jesus at the last supper is celebrating Easter instead of Passover. In this case, the Evangelicals are trying to break through the already existing consensus between Senegalese Muslims and Christians, once again "inculturating" the received Catholic/Protestant expressions, not only narrowing the meaning of the word P*aak* to a specifically Christian feast, but broadening the sense of the word *Maggal,* which is used for Muslim holy nights during which believers sing in honor of a Muslim holy man or historic figure. The Evangelicals want to show that *maggal* has a wider use that dates to pre-Islamic times. Finally, the Evangelical translation substitutes *soob ci ndox* "immerse in water" for *batiser* because the Evangelicals want to underscore that their baptism is unlike that of the Catholics and other Protestants.

Jean Mende offers coherent criticisms of all of these choices, which cannot be simply dismissed and which in some respects recall the yearnings of the "average Catholics" that Beall observes earlier. Mande's criticisms deserve full consideration. Mende is not simply calling for a return to familiar translations because they are familiar. In calling for a transcription of the Greek *baptizdo*, Mende observes that baptism is not limited to being immersed in water. The term also includes baptism of the Holy Spirit and anointing with oil. In this respect, Mende follows the practice of United Bible Society translators such as Eugene Nida, who call for a transcription of the Greek word *baptizdo* rather than a translation, on the grounds that it has evolved into a complexity beyond the simple practice of immersion in water. Take for example, the expression "baptism of the Holy Spirit." For Mende, the Evangelical translation does not "inculturate" Wolof but limits the meanings of the biblical word.

Mende thinks that substituting *bant* for *kwa* is impossible because of the widespread knowledge of the word among Muslims, Christians, and members of local religions. He asks, in effect, "what kind of a game are you playing when we already have a word that better describes the cross than the Wolof word for wood taken alone?" From Mende's perspective, purification of the word from its local religious meaning of gris-gris will have to take some other path. From a linguistic ecological perspective, one could say that he is arguing that the substation will not avoid the multi-faceted associations in the minds of Wolof speakers.

As for the attempt to reach a mono-cultural Wolof devoid of French influence, Mende rightly points out the ultimate failure to which Evangelical attempts are doomed. In answer to the criticism that "batiser" (being as it is derived from the French word "*baptiser*") could be considered "franwolof," Mende observes that the Evangelical translation itself uses French loanwords such as *litar*, *pañe*, and *marse* (in French, *litre*, *panier* and *marché* respectively). In general, Jean Mende is sensitive to the use of French loanwords, and even calls the Evangelical text to task. It should be pointed out, however, that he, too, considers some French loanwords to be Wolof. For example, he proposes substituting *peron* (from the French *perron*) for *weranda* (from the French *véranda*) on the grounds that the former is Wolof and the latter is French. Without judging either the Evangelicals or Mende, we can assert that both point to the complex ecology of the Wolof language in the minds of its speakers.

A special category for Mende is constituted by the use of Muslim terms. In this category, the most universally rejected term is *seriñ bu mag* for the high priest of the temple in Jerusalem. Although the Evangelicals have determined through polls that Wolof speakers in the country understand *seriñ* in a pre-Islamic sense, Mende and other Christian readers I have consulted virtually howl at the use of the term, which conjures up the Muslim religious leader of Dakar. Even a gentle monk such as Brother Simon whom I met at Keur Moussa, and who loves the Evangelical translations, told me that he could not bring himself to use it. In fact, in this case, the Evangelicals have changed the expression: *saraxalkat bu mag* (literally the main person who controls the offering of alms or sacrifices) for high priest.

Mende also rejects the use of the term "*Bésu jéggi ba, di maggalu Yawut ya*" on the grounds that the intended inculturation will not happen. People will think in the narrower sense of a Muslim feast not in the broader sense of a pre-Christian Jewish one. In terms of linguistic ecology, Mende and the Evangelicals presuppose a different sociology to the word. The Evangelicals consider the expression not necessarily to have Islamic associations, but Mende is certain that it does.

Jean Mende also opposes substituting Islamic names for biblical names derived from French: Musaa for Moïse, Yaxya for Jean Baptiste, Dawuda for David, Maryama for Mary and so on. It is interesting to note that Mende avoids such terms according to the same reasoning that the Evangelicals avoid *kwa* or *paq*. Just as the Evangelicals do not want to use *kwa* because of its associations with the gris-gris that surrounds the words, or *paak* because Muslims will think that Passover is a Christian feast, Mende thinks that using Arab proper names will give the impression that Christianity is a form of Islam. Once again, the Evangelicals posit a pre-Islamic Wolof that can be free of its Islamic associations, whereas Mende thinks that the Islamic associations are indelible.

In conclusion, this brief excursion through the biblical text in light of the commentary of Jean-Baptiste Mende reveals that any translation into Wolof implies a complex linguistic ecology in the minds of bi- and multi-lingual speakers, as well as in the multicultural and sociological situations in which speakers of Wolof find themselves. Wolof biblical translators must negotiate a complex path through meanings that words have acquired because of a longstanding multicultural relationship among local Wolof religion, Islam, Roman Catholicism and French Protestantism. Attempts to de-Islamicize terms such as *seriñ* may flatly fail. Similarly, attempts to purify words of local religious meanings may result in an unnecessary narrowing of a word, and attempts to deGallicize words may result in an unintended Islamic meaning. Such complexities amply show that the ecology of Wolof cannot be avoided if one is to reach a sustainable translation.

Notes

1. As this paper was going to press, Marilyn Escher of the Evangelical team informed me that Jean Mende has been recently invited to join forces with the Evangelical team and is now receiving training to read Greek and Hebrew. Although I have not had time to discuss fully the reasons for this development, it seems to me that the Evangelical team has widened its scope due in part to the considerations I discuss in this study.
2. The family griot Bass Mbaye, for example, is one of the main informants for Bassirou Dieng's edition of Wolof epics. Magatte Fall was responsible for the Evangelical translation of the Gospel of Matthew. One of Magatte's sons, Mbeng Fall became the Evangelical team's main translator until his death in 1998.

Works Cited

Beall, Stephen M. Ph.D. "Translation and Inculturation in the Catholic Church" Online Edition - Vol. II, No. 6: October 1996. Web. <www.adoremus.org/1096-Beall.html>

Central Intelligence Agency (CIA). "Senegal." *The World Factbook*. January 29, 2013. Web. <cia.gov/library/publications/the-world-factbook/geos/sg.html>.

Cosic, Miriam. "Princeton Series Proves Religious Texts Can Be Born Again." Rev of *The Tibetan Book of the Dead: A Biography*, by Donald S. Lopez; *Augustine's Confessions: A Biography*, by Garry Wills; and *Dietrich Bonhoeffer's Letters and Papers From Prison: A Biography*, by Martin E. Marty. *The Australian*. Web. June 18, 2011; 12:00 A.M <http://www.theaustralian.com.au/news/arts/princeton-series-proves-religious-texts-can-be-born-again/story-e6frg8nf-1226075753410>.

Creese, A., P. Martin, and N. H. Hornberger (eds). *Encyclopedia of Language and Education*. 2nd Edition, Volume 9: Ecology of Language, 2008. i–vi. Print.

Dieng, Bassirou. *L'Épopée du Kajoor*. Paris : Agence de Cooperation Culturelle et Technique (ACCT); Dakar: Centre Africain d'Animation et d'Echanges Culturels (AEG), 1993.

Eglise Méthodiste de Grand Yoff Jeong-Dong. "Historique." 2010. Web. <semethodistegy.org>

Escher, Marilyn. *Senegal Express*. Email to the author. 11 June, 2011.

Haugen, Einar Ingvald. *The Ecology of Language*, Stanford University Press, Stanford, CA., 1972. Print.

Nida, Eugene. "Principles of Correspondence" in Venuti, Lawrence ed. and Mona Baker advisory ed. *The Translation Studies Reader.* London and New York: Routledge; 2000. Print.

Sanneh, Lamine. *Piety & Power: Muslims and Christians in West Africa.* Orbis Books: Maryknoll, N.Y., 1996. Print.

Shorter, Aylward." Inculturation of African Traditional Religious Values In Christianity - How Far?" n.d. Web. < http://www.afrikaworld.net/afrel/shorter.htm>.

DEATH, LANGUAGE AND SPACE IN SEMBÈNE OUSMANE'S *MOOLAADE*

AISSATA G.SIDIKOU

INTRODUCTION

Celebrated as a *griot* and as one of the leading African filmmakers and writers, Senegalese Sembène Ousmane received critical acclaim for *Moolaadé* (2004), a film that examines the serious and complicated question of excision, class, gender, and hierarchy in a rural West African village. The film unveils the cultural, political, economic, and historical realities in the postcolonial African village of Djerisso that continue to plague women, men, and children in modern-day Africa. These issues, especially those related to the condition of women, are thematic constants that have nourished the writing and filmmaking of Sembène. They also characterize him as a novelist and filmmaker who paints the same predicaments many times, and succeeds each time in destroying conventional definitions of writing and filmmaking. Women definitely have Ousmane's full attention and dedication. While Kenneth Harrow and others have investigated Sembène's cinematic work from a realistic, feminist perspective, Françoise Piaff and Samba Gadjigo, for instance, have analyzed the filmmaker's commitment to African development from a historical and comprehensive perspective. The following essay examines the different mechanisms Djerisso women use to enhance themselves and their society by creating new spaces and discourses that are outside of the everyday dominant discourses.

Some may be intrigued by how the highly controversial subject matter of excision has been dealt with in Sembène's multidimensional film, *Moolaadé,* and it could be argued that what differentiates this work from other exclusively sexualized approaches to excision is its attentiveness to the subtle nuances of erratic human impulse that effect all aspects of power and domination. No passion is left unexamined since each is connected with problems of violence, brutality, and death within a social and familial scene and in the private relationships between women and men, parents and children, at all levels. The story revolves around the concept of "moolaadé," or the right to protection in Fulani, and shows that, though seemingly simple, the concept is anything but that; it has many faces or registers of interpretation that give the narrative a multidimensional voice with which different spectators can identify.

Moolaadé is the story of women and their resistance to the practice of excision and the traditions that they see as dominating their lives. The story focuses on Collé Ardo Sy, a wife and mother who personally experienced excision and suffered its harmful consequences. After a group of six small girls escape the grounds where the excision is to take place, and two throw themselves down the village well in desperation, she invokes the ancient myth of "moolaadé" to protect the four survivors and the village. In the meantime, Ibrahima Dougoutigui, the village chief's son, returns home to Djerisso from an extended stay in France to find a divided and struggling village in search of meaning as it is confronted with the dilemmas of a postcolonial era. While reacquainting himself with those he left behind, he crosses paths with Mercenaire, who is quick to criticize his alienation by calling him Francenabé (the Frenchman). He also accuses Ibrahima and his father of 'pedophilia' since Ibrahima was summoned by his father to take a young girl of eleven for a wife. The village is also divided between, on the one hand, Collé and the younger women, who are fighting the political establishment and on the other, an older generation of women who practice excision. Because Collé refuses to call off the "moolaadé," she is publicly flogged by her husband even as her fellow women encourage her to resist. The situation escalates as the women rebel when the village men burn their radios, their contact to the outside world, and Mercenaire is killed after defending Collé. This mobilization of the women forces the Salindana, the older group of women, to lay down their cutting knives and leads a few of the men—Collé's husband Ciré and Ibrahima—to side with the women.

The very first images of *Moolaadé* hint at the upheaval to come: the film opens with women busying themselves with an array of demanding activities around the village. This demonstrates how, in addition to their maternal and wifely tasks, women are buried in their exhausting and unending work throughout the day. In fact, this same image of women has been developed through literature and critical works such as *Ngambika: Studies of Women in African Literature* (1986). In contrast, whenever the camera focuses on the men, they are idling under a tree, *the arbre à palabre*. The only times the men are shown in action are when Ciré, Collé's husband, goes out for food; when Mercenaire sells cheap goods from his shop; when the men carry their wives' radios to the incineration heap; and finally, when the group of men capture Mercenaire and kill him. The film itself mirrors an initiation process at all levels: the women–and some of the men must undergo a harrowing experience of the upheaval in order to finally, hopefully, ascend as partners in postcolonial Djerisso.

As the film progresses, the conflict over the invocation of the protective power of "moolaade" demonstrates the range and potency of that power, in the words of Nwachukwu F. Ukadike, "to preserve the communality of cultural bonds and historical past" (25). The words of Collé's co-wives, daughter, and husband join with those of the Salindana and the elders of the village, all depicting "moolaadé" as "formidable," "unforgiving," "dangerous," a spirit that "none can transgress." This status of the "moolaadé" seems to override any power that might stifle the village women and children, yet the village men, who epitomize violence, continue to treat the women as inferior beings. The point is that the men do not remember the meaning of "moolaade" as Collé does. In the end, they are the ones who become the claustrophobic "other" within the context of a new world, because they do not hold the "moolaadé" in esteem, their existence circumscribed by controlling women's bodies, maintaining hierarchies, and traumatizing girls physically, emotionally and psychologically.

Body, Violence and Death

The girls in the film are revealed to us through the violence that is inflicted on their frail bodies, and bodies in this film are inscribed with violence and death even before the first actual death, as they are presented as bodies to be preyed on. This appears in the representation of Collé's already-scarred body, after she is raped by her husband and experiences the beastly violence that her husband and society can inflict on her. It is through her own body that she sees those of the children. The danger of excision, the possibility of death informs them that they are condemned, that their death can be explained through the tenacious and quotidian bravado of their mothers, the threatening faces of the *Salindana*, and the invincibility of authority. In this village of Djerisso sexuality, which seems to be controlled by men, can only create a sort of anarchy, which is one of the messages of the film. This village suffers from disorganized practices of sexuality, of the kind suffered by Salimata, the heroine of Kourouma Ahmadou's novel *The Suns of Independence* (1968), who was brutally raped by Chekura, the village fetish-priest and healer.

In *Moolaadé*, when the Salindana put their knives down it means that they are forced to accept a shift in consciousness; the act of putting those knives down, hopefully, represents the death of the tradition of excision and all the myth that surrounds it. But the death of that myth creates a vacuum and something new has to fill that vacuum, because the need of a myth is important even in a modern society. However, it is possible that by standing against some of the myths and traditions of her society, Collé creates another myth, another tradition, one that gives her and the other women an opportunity to choose and to protest.

In *Moolaadé* death seems to undermine and revive the whims and discourse of this society, and of the established order. Therefore, death is an end and a beginning, indicating a cyclical experience, since in death one can also see the power of life. For instance, we see a younger woman (probably her co-wife) giving her baby to Salba, Diatou's mother. This gesture symbolizes the resilience of life and the young women's resilience in the struggle as they later raise the baby and present it to the crowd, especially to the older women and men who opposed their desire for change, thus creating a new text out of the old. Because she is not excised the baby not only represents the restructuring of society, but also society's opening up to the world, the renewal of generations, and the indivisible aspects of life and death.

Death in *Moolaadé* is more potent than dishonor, and thus has the capacity of interrogating not only the practice of excision, but also society and its mechanisms that allow certain customs to prevail while restraining others; death here ultimately provides the women with a life that not only constantly demands the integrity of their bodies and their character, but also offers legitimacy in all senses. Death as a celebration in this film, therefore, becomes a vital component that gives sense to an individual's needs and ambitions.

With Diatou's death, the other mothers are forced to recognize the danger that excision poses to their children, to women, and to the entire society. Obviously, the deaths do not have much impact on the elders, women or men, and thus Diatou's death announces a mutation in behavior between women and men, between mothers and children, between parent and child, between lovers, between wives and husbands, and possibly, between the elders and the younger generation. It also announces a historical shift in the place of excision in the culture, and the kind of rapport the villagers would like among themselves and with the outside world. In this film, death legitimizes human dignity. It will, for example, give Amsatou, Collé's daughter, human dignity by which she is free to choose and accept Ibrahima Dougoutigui as her husband.

Phenomenal Collé

Everything bad that happens to Collé is a direct result of excision and the threat of death. She is portrayed as a beautiful, pleasant, respectful wife, co-wife, and caring mother who stands her ground in a polygenic environment. She opposes disorder and unjustified death and upholds respect for life, truth, and the integrity of the female body. She stands against rules that maim or destroy that body, simply because of a lack of understanding or willful disregard for a body that is not one's own. Collé invokes the "moolaadé" against the tradition of excision and for the seizing of sexual freedom. By doing so, she dethrones the Salindana and the patriarchs from the center of village authority and places the women and children in that very center, as the episode of the women singing and dancing demonstrates.

Collé is well aware of the unspeakable violence that had been inflicted on children and women through this tradition and through a biased interpretation of Islam. She contradicts the assumption that Islam introduced excision to the Djerisso society, highlighting the misrepresentation of the concepts of Islam in a scene during which Sembène skillfully brings out the credulity of the men of Djerisso, with their fanatic suspicions that religion controls people. Collé refuses to see herself in the mirror these men and women hold up, insisting on imposing their way of life on hers. In commenting on this sort of awareness in Ken Bugul's work, Irène Assiba d'Almeida observes that, "many of the events and situations that deeply affect her life are lived through her very body, the female body literally and figuratively bruised, marked physically and emotionally" (47). Although men have shaped Colle's world, she wants to know how she and the future generation can better fit into that world. For Collé, believing in her humanity, even in the face of death and blatant dehumanization, and using her culture to liberate herself while being open to the world and its richness, mean localizing herself and putting in place a stepping stone towards the future liberation of her fellow villagers and generations to come.

Because of the external historical effects of colonialism, the people of Djerisso lose the ties to and structures of ancestral authority and the protection of their moral order. Collé's innovative dedication to their collective internal history shows her as a peaceful and righteous individual, whereas the village men are portrayed as restless and aggressive individuals, who barely stave off the anarchy and cultural deterioration stemming from their own insecurities. Collé is a warrior like many of her predecessors, from the Nigerienne Sarraounia Mangou, Queen of the Daura and Queen Pokou of the Ivory Coast to fictional characters like Penda in Sembène's *God's Bits of Woods*, historical and cultural icons that stood for justice and decency. Collé's act is not a large-scale restructuring of a political system, but the creation of conditions for a decent life for herself and the men, women, and children around her.

Collé is celebrated for preserving and standing up for life, for defying her female opponents, and for confronting danger in the form of the authoritative power of the men and the Salindana, initiators of death. As Sembène said in an interview with Christine Tully Sitchet, "*Une nouvelle Afrique est en train de naître. Avec les femmes. Elles sont épatantes*." (A new Africa is being born with women. They are amazing). But one might wonder whether using a myth such as the "moolaadé" to fight the established powers can lead to the wished for end, the victory of the women and the end of excision. Let us hope that the fantasy of modernity does not blur the mechanisms of an unknowable future that is in the hand of remote governments.

The Language of *Moolaadé*

Collé's firsthand experience of the physical and psychological trauma of excision enables her to interpret the fear and anxiety of the children and to understand their language. It was to her that some of the girls run to the day of the excision. They look to her, and having brought a sense of panic and possible death with them from their families she spends some time and energy consoling and celebrating them through the language of orality. The scene is central to an understanding of the film because it dramatizes the disconnection of the children from their families. Thus, Colle wants to instill in the new generation the idea that the "feminine" is not ugly, but beautiful, and that it must be embraced by children and women. She incites curiosity and a desire in the children to learn more, and she brings this new reality closer not only for the children, but also for the women and the men; indeed, her language, in the scene where she tells stories to the children captures this growth of consciousness; through the discussion of these stories she gives the children a tool to interpret their world.

Language is both a political instrument and proof of power; the most vibrant and central key to identity, it reveals private identity, and either connects with or divorces one from the larger public or collective identity. Collé's language represents the individual and dynamic language of history. She takes risks and makes herself vulnerable by refusing to shy away from the challenges she faces in her society as a woman. However, the Salindana and the men represent the old myths that are collective and barely functional. Because the women live within a tradition of violence and threats, that violence also seeps into their language where every attempt at change by the women is undermined. For instance, when the mothers and the Salindana visit Colle's house, they use insults and threats to coerce the young girls to come back to them. Their speech is a mere translation of the men's language and violence. We see how the women's interaction with the men has fundamentally altered their understanding of their sisters and daughters, so that their language is distorted and threatening through the influence of the powerful male elders. Thus, one can see how words have become treacherous, how they have lost their ability to convey meaning and everyday realities.

When confronted by Collé and later by the group of younger women, the Salindana's language is futile, powerless to convey meaning. The Salindana's ability to express themselves collapses in the face of the young women's dynamism, and that is a symptom of the breakdown of the patriarchal language. Their reaction later is to withdraw into silence, the only response possible when language has failed completely to convey meaning, failed because their experience is no longer comparable to that of the other village women.

Almost all the village men, except Mercenaire and Ibrahima Dougoutigui, speak with the language of violence. In depicting Collé's confrontation with the elders and the Salindana, Sembène draws our attention to an instability of language which threatens the very fabric of family. When one of the Dougoutigui's court men describes excision as "a minor domestic issue," his phrase is chilling to the young women, who do not see the practice as minor in any way. The effect is similar in the language of Amath Bathily, Collé's brother-in-law, who has no kind words for her. Everything that comes out of his mouth is tainted with violence against women. There can be no communication between him and Collé, because the language of each is threatening to the other, and Collé invokes the principle of the "moolaadé," because the language of violence is incapable of articulating her sense of self. She becomes a threat to the men, no longer a familiar and reassuring face, but one that is ready to challenge their core beliefs.

Sembène draws the spectator into the temporality of the moment, the pain and the sorrow of the people of Djerisso, through the songs of the women. The women's lives (other than the Salindana) are not presented as a spectacle; rather, the women are active, not passive objects under the mastering gaze of the filmmaker or the spectators. The identities of the women and the girls, dead or alive, are explicitly intermingled through their songs, their struggles, pain, and death. This interconnection breaks down fixed borders around their respective identities and allows these identities to overlap. The songs in general are a linguistic indicator of an intertextuality between life and death, between this narrative and other past, present, and future narratives of the Djerisso women.

The women's song when grieving over the death of little Diatou and the nameless two girls gives voice to the group, brings them to life and nurtures their imagination. The song allows the women to reclaim the story of Diatou and the two dead girls, as well as the girls who were excised. The wailing song thus makes the situation real to the women. The concern of the voice is no longer with telling any particular story, but with who is narrating the narrative and whose narrative is being narrated. This also confirms Sembène's need to create a complex hybridization of film and orality, of fiction and reality, of character and narrator. The insertion of orality into his cinematic or written works allows the filmmaker to emphasize the importance of the oral tradition. He includes those genres where women are the subjects as well as artists who can influence one another and their communities. The song, for instance, shows how women can create and improvise and sometimes expose or control a situation. The spectator realizes that the voice of the female singer is amplified in the film, hinting at how women could affect themselves and their society by their creativity. The songs, stories, and repetitions serve as a way for the women to reclaim the girls in their memory and keep them alive. Orality overcomes death, as the girls who escape excision and the women who survive it relate to the experience and share the memory that is to be incorporated into songs or revived in future occasions for storytelling and other ceremonies.

This point is brought to the attention of the spectator at the end of the film, when we hear and see Salba, Diatou's mother, mourning the death of her child. Her voice dominates and overwhelms the last segment of the film. It also serves to remind us of the undeniable truth that the voices of the Djerisso women, in particular, and of "African women," in general, cannot and must not continue to be silent. Women are custodians of history; as such, Collé transmits those myths and histories and thus is capable of using the "moolaadé" to rescue her society.

Mercenaire as Articulator of Human Dignity

The name Mercenaire (mercenary) is symbolic. He is a defiant soldier who fought in the Gulf War, and he is motivated by the desire to amass money by selling different kinds of commodities to the villagers. He can establish himself among them because the new geographical limits of the village have been blurred by colonialism and the new world order of globalization, and in a way, he also serves as their connection to that world beyond the village. The only time the villagers acknowledge him is when he sells cheap items that are important to them, or when the griotte (represented as a lower-class individual in this film) flirts with him. The men are already intolerant and suspicious of him, because he enjoys closeness with the women that the other men seem unable to comprehend. His space is well defined, since he is confined to the premises of his shop, but he is not on the fringe of the village, as his shop is well positioned almost in the village center, in view of the *arbre à palabre* and the mosque. This position speaks to the importance of Mercenaire, his shop, and his experience. Although a womanizer, he subverts tradition by offering Amsatou, Collé's uncut daughter, three times the official bride price, a gesture by which she is rendered pure rather than "impure," as he restores her ability to take pride in her uncut body. Mercenaire's interaction with women can also be interpreted as the natural pattern of day-to-day, back and forth teasing that exists in many West African societies between the sexes, whether married or not. It is a traditional way of relieving sexual tension, and whether sex is taboo or not, this kind of behavior is tolerated for women and men who are divorced or unmarried, and between young girls and young boys as well. Thus Mercenaire's behavior presents a positive view of sexuality that has nothing to do with being oversexed; rather, it is recognition of a traditional social attitude through which one reads the relevancy of women to his life.

Mercenaire brings an economic dynamic to the village as well as a different take on what is going on in and outside the village. He embodies the opportunity through which the villagers are open to new visions and different identities, and, like Collé, he becomes a threat to the men of the village since he is the only one who launches an attack on Ibrahima, his father, and the society at large. Eventually this situation leads to his murder.

A deep and profound egotism, the defiance of male ownership, fear, and hatred of self are at the core of Mercenaire's assassination. He is well aware of the relationship that women or men have with power, and knows well how that power can be misused to dominate and weaken. His experience in the army is evidence of his recognition of the misuse of power, and he is the one who names the "pedophiles" and abusers of women. His position as an outsider makes him an easy prey; when he interrupts Collé's beating he risks the possibility of being killed. This act of protecting Collé highlights Mercenaire's sympathy for women and his arresting wisdom and poise. Even though Mercenaire exploits the villagers by selling them dried stale bread and cheap goods, and even though he is slow in deciding to save Collé, he still has standards and principles that the other men lack.

However, Mercenaire's influence remains after his death via the "strange" voices that come through the radios and the television, and are also threatening to the elders of Djerisso. Thus, the elders' destruction of the women's radios amounts to eliminating Mercenaire a second time, and without Mercenaire and the voices of the radio, the men will continue to force the women to submit to their ideologies and their world vision, convincing the women that the men's projects are the women's as well. Radios are a means of nourishing ideas for change, and the women are eager to draw nourishment not only from their traditions, but also from outside traditions. Destroying the radios is an attempt to cut off the women from outside influences brought by technology and the new world order. The futile but serious decision by the men may seem to be exaggerated, but the point Sembène makes in the film is that these Djerisso women, who are under blatant domination of all kinds must be free to connect to knowledge from all corners of the world, if they are to be the sole definers and preservers of their own interests. In other words, one can be rooted in one's culture and still be open to the outside world, and the women in this film seem more open to accepting the outside world than the men, though Collé's husband Ciré, later comes to an awakening. There is hope at the end of the film because the young co-wife gives her infant child to Diatou's mother; so, the death of the two children and of Mercenaire becomes a condition for preservation and furthering of life for the women. *Moolaadé,* thus, encourages the death of traditions such as the hierarchical relations that give unrestricted power to older brothers over younger ones, sons over mothers and sisters, fathers over children, older women over younger women, first wives over other wives, traditions over choice, men over women, and so on.

The new identities Collé and the women seek are vital because by revealing the society to itself, they acquire another power for birthing and maintaining life. For Sembène, portraying the daily lives of women alerts the community, the society, Africa, and the world to events witnessed or experienced, and the witnessing of this struggle defines a political position that leads to practical solutions. For the women in his film, the "moolaadé" as a paradigm of reaffirmation is not only something to believe in, but also a form of activism, of showing compassion for victims—both men and women. This changes not only Collé's view of herself, but also her view of everyone in the village, because she can identify with the same pain that the children and some of the women endure.

There are limitations in Sembène's portrayal of Djerisso. Mercenaire and Collé win not by violence, but by eschewing violence. One can easily say that there are many assertive Mercenaires and Collés in Africa, a gigantic and paradoxical continent, and there are a multitude of ways of life for Africans. Some women may be totally submissive to their husbands, their in-laws, and the male figures of their own families, while others are revered agents of their own desires and imbued with many powers. Many African women do not live in a constant state of victimization, but have acted within or outside of the continent, in political situations they engaged with on their own terms, successfully or not. Films like *Moolaadé,* however, can blur these paradoxes. By presenting the problems that plague the village of Djerisso as a matter of conflicts between men and women or between the old and the young, Sembène seems to ignore the fact that sex roles are colored by an underlying back-and-forth dialogue and compromise between women and men and between generations. As Jude G. Akudinobi so pertinently suggests in his article "Durable Dreams...:" "...the everyday is not a terminus or depot but multiple points of departure for social inquiries... the everyday is a site of subversive possibilities given the discrete elements that constitute it and the crosscurrents that, paradoxically, move it along" (181-82).

Expressing Identity through Space

The environment of Sembène's film is a pertinent tool to think and rethink the theme of center and periphery and of spatial representations of power. One of these spaces is the *arbre à palabre* in Moolaadé. It is the site of social aggression, a space where indolent, audacious, and vindictive men organize the assassination of their own children and of strangers. Situating this site in the center of the village, adjacent to the mosque and close to the sanctuary of the "moolaadé," says much about the men's power and domination. This juxtaposition is meaningful, especially when the camera takes us by the newly built pump, which seems to be on the women's village square, at the periphery of what is the space of the men, the primordial space of oppression since most decisions are uncritically taken there.

The *arbre à palabre,* which confronts women with their vulnerability, also underscores the division within the village. It is a place of fear and hesitation. It is in this space that all transgressions occur, and it represents the most brutal form of the decadence of power, because its language and actions threaten the physical body, whether male or female. It is a place of death and violence where the women and any man who does not abide by the rules are the "other" who must stand on the periphery, like Mercenaire, who at first watches Collé's beating from outside the *arbre à palabre*. However, it is also in this space that we see Collé's husband defeating his brother and the group of men who are his supporters; it is in this space that Ibrahima Dougoutigui stands his ground against his father, who slaps him. It is also in this space that Mercenaire finally challenges the villagers and saves Collé; so, Sembène in the end shows it becoming an area of contestation.

Whereas the children and women cannot freely use the men's space, since it is a world of illusion and illogical behavior, the Salindana can infiltrate the *arbre à palabre,* because they too symbolize violence and death. But, even the Salindana, who seem to be allied with the men, dare not sit in the center with them. Although most African societies still revere and validate old age, the Salindana are presented as used and manipulated by the men, and almost scorned by the younger women. They are not supportive of the young women, and are only used by the men to enforce their politics of destabilization and domination. So, the Salindana seem lost in a world that no longer understands who they are. Although the space of the Salindana seems to constitute an intimate place for the young girls, it is not a neutral space since it is an extension of the violence and torture the children experience.

Even though the other women are the only inhabitants of their working space, it is not really theirs. Still, it is a large space with multiple dimensions: lively, varied, tolerant, dynamic, and by making it so expansive, Sembène makes us aware of its powers. The camera shows that in this particular place, a tool for centrality, women are not worried about "recreating" men, and their lives are not entirely dependent on the men. This space in which women and girls evolve is where the work is done by women, while the space of men is associated with idleness. And, even in this space, although the women control many different daily tasks, they are burdened by the demands of the men. Finally both spaces strip women of essential components of their identity: their humanity, femininity, and sexuality.

Sembène is forthright in his representation of the violence inflicted on the women of Djerisso. For example, the public flogging of Collé can be compared to a stoning. Although Sembène empowers the female protagonists as a way to disarticulate the cultural construction of traditional categories that hinder society, one can argue that he characteristically reproduces a few unwarranted stereotypes, and this constitutes an irony in the filmmaker's project.

The representation of the Salindana as witches who are ready to pounce on and harm the children could be seen as farfetched outside the historical and social context of Djerisso, because in some places the excising authority is an aunt or someone with whom the children identify. One segment of the film shows the Salindana wearing fearful masks during one of their visits to Collé's house where the children are hiding. The viewer understands that it is this representation that the children retain in their imagination. One could say that the old women's appearance must be fearful because excision not only threatens the girls' existence; it produces anxiety for people, since it concerns an operation on an important part of the anatomy. But, one also wonders if the filmmaker's treatment of the practitioner of excision as a cruel, exotic, ancient performer who dwells outside the confines of the village, deep in the heart of the forest, does not further cultural exhibitionism?

Sembène's representation of the old women raises the question of how to approach the issue of excision and how it affects other women who believe the practice to be important to their femininity, to their social, political, and economic welfare in society. Not only does the film remind one in this specific case of older films such as *Finzan*, (1989) or *Warrior Marks* (1993), which imposed their sexist or imperialistic view on nameless women, especially older women who practiced excision, but it also distorts the images of those women who still practice excision. One can also come away from the film with the idea that all "African women" are beaten and violated on a daily basis and that children are terrorized and uncared for.

Even the male *griot* is revealed to us as an opportunistic artist, whose views are colored by his gender, since the power which he manipulates follows its own logic, benefiting him, logic which crushes anyone who strays away from its scriptures. The filmmaker's sympathy obviously lies with the *griotte*, Sanata, whose social origin does not disqualify her from being the ideal model who teams up with Collé at the end of the film to incite the women to sing the song of victory. This depiction of Sanata reminds us of Penda, the prostitute and heroine of Sembène's novel, *God's Bits of Wood*. Through this gesture the filmmaker also repositions the *griotte* into the place from which she was removed. In Sembène's view all the women can become their own *griottes* who can praise themselves. He also insists that everyone can be a storyteller. We notice this when Collé tells the children and Amsatou stories about excision and other issues pertaining to their education and well-being as girls, as individuals and as human beings in their own society. The girls will later transmit those stories to their children and grandchildren. Collé refers to each one of the children and women by their name, as individuals, not as a group like the men and the Salindana do.

Even though it ends idealistically, *Moolaadé* as a myth and as a film emphasizes hope for the eventual end of excision. It exposes the dogma and the fallacy not only of excision, but also of the different degrees of supremacy that exist between brothers, co-wives, wives and husbands, children, fathers, mothers, daughters and sons, natives and foreigners, generations, class and gender. Sembène is fully aware, and makes evident he understands, that not all myths must be abandoned, but by beginning his story with the death of the children, Sembène insists on the futility and danger of excision. By naming the dead, he takes them out of anonymity, and reminds his audience of the need for considerable social and legal changes. In this film, as in most of his work, women are clearly the answer. For Sembène, recalling and re-centering the existence of women is a way of saying that women must no longer be placed at the periphery of African issues. And as Colle's husband said toward the end of the film, "le pantalon a lui seul ne fait pas l'homme." (Pants alone do not make a man).

Works Cited

Akudinobi, Jude G. "Durable Dreams: Dissent, Critique, and Creativity in *Faat Kiné* and *Moolaadé*. *Meridians: feminism, race, transnationalism* 2006, vol. 6, no. 2, pp. 177-194. Print.

Boyce Davies, Carol and Anne Adams Graves, *NGambika: Studies of Women in African Literature*. Trenton: Africa World Press, 1987. Print.

D'Almeida, Irène Assiba. *Francophone African Women Writers: Destroying the Emptiness of Silence*. Gainesville: University Press of Florida, 1994. Print.

Gadjigo, Samba. *Sembène Ousmane: The Making of a Militant Artist*. Bloomington: Indiana University Press, 2010. Print.

Harrow, Kenneth. *African Cinema: Postcolonial and Feminist Reading*. Trenton: Africa World Press, 1999. Print.

______. *Postcolonial African Cinema: From Political Engagement to Postmodernism*. Bloomington: Indiana University Press, 2007. Print.

Kourouma Ahmadou, *The Suns of Independence*, London: Heinemann, 1968. Print.

Plaff, Françoise. *The Cinema of Sembène Ousmane, a Pioneer of African film*. Greenwood Press, 1984. Print.

Prathiba Parmar, *Warrior Marks*, 1993. New York: Women Make Movies.

Sembène, Ousmane. *Moolaadé*, 2004. Senegal: Filmi Domireew.

______. *God's Bits of Wood*, London: Heinemann, 1960. Print.

Sissoko, Cheick Oumar. *Finzan*. 1989. California Newsreel.

Tully-Sitchet, Christine. "Entretien de Christine Tully Sitchet avec Sembène Ousmane." *Africultures*, 9 Apr. 2009. Web. 2 Feb 2013.

Ukadike, Nwachukwu F. *Black African Cinema*, Berkeley: University of California Press, 1994. Print.

GENDERING THE WAR STORY IN MARJORIE OLUDHE MACGOYE'S *THE PRESENT MOMENT*

JANICE SPLETH

In *The Present Moment*, published originally in Kenya in 1987 and republished later by Feminist Press in 2000, Marjorie Oludhe Macgoye produces a marvelous tapestry of intertwining lives that come together to reveal patterns of Kenya's recent history in all of its cultural diversity. The story takes place in the Refuge, a shelter for older women in Nairobi managed by a Christian charity, and the "present moment" is sometime in the eighties. The principal protagonists are seven Kenyan women from various backgrounds born between 1905 and 1925 who reflect on their past experiences and, in the process, provide a wealth of insights into the transition between the colonial period and the present in a narrative that privileges women's contributions to the growth of the nation. Central to their herstory are the events surrounding the State of Emergency in the fifties, the armed struggle that is conventionally referred to as the "Mau Mau movement." Macgoye's vision of this period is sharply focused, dealing almost exclusively with women's involvement in the movement and with the sacrifices of those women whose lives were touched by it. The purpose of this study will be to analyze the way that the traditionally masculine war story is regendered in the narrative by looking at how women characters participate actively in the insurgency, how the events of the war destabilize the lives of other Kenyan women, and how Macgoye's critique of the destruction and divisiveness implicit in civil conflict reflects feminist theories about war and gender.

Inger Skjelsbæk, writing on the contributions of feminist theory to conflict resolution, tells us that "the scholarly literature on women and war is limited. Leafing through historical accounts of war, you are not likely to find the word *women* in the index" (48). In his work on *War and Gender*, Joshua S. Goldstein likewise points out the conspicuous absence of research on women and war by male historians and political scientists and emphasizes that "most political science studies of gender roles in war come from a feminist perspective and most are written by women" (36). He goes on to observe that "feminist arguments provide sometimes contradictory explanations and prescriptions." Despite this general lack of consensus on the subject of war, "most feminist approaches share a belief that gender matters in understanding war"(38). He addresses feminist approaches to war chronologically, beginning with the liberal feminist contention that since women are equal to men and have the same rights as men, the masculinization of the military is ultimately another form of sexism and that women should not be excluded from warfare. Difference feminists, however, emphasize the ways that women's experiences are generally distinguished from men's and argue that "women, because of their greater experience with nurturing and human relations, are generally more effective than men in conflict resolution and group decision-making, and less effective than men in combat" (41). As corollaries, such feminists maintain that "men are relatively violent and women relatively peaceful" and "men are more autonomous and women more connected in their social relationships" (42). Finally, postmodern feminism rejects the essentialism of difference feminism, and challenges the validity of binary oppositions. It views "gender itself, and gender roles in war, as fairly fluid, contextual, and arbitrary" (49). The author adds: "Because they see this diversity as important, postmodern feminists also delve into the connections among gender, race, ethnicity, nation, class, and other aspects of identity" (50). This elegant synthesis of feminist approaches to gender and war serves as a useful frame of reference for situating various aspects of MacGoye's narrative with respect to feminist theories in general.

Goldstein explores the role of gender throughout the history of war but does not substantially address the more recent developments in war as it has been played out on various world stages, but particularly in Africa where revolutionary wars and postcolonial conflict zones defy the conventional opposition between soldier and civilian and between the battlefront and home front. UNICEF's report on *The State of the World's Children 1992* described the global transformation of war since the beginning of the twentieth century and the consequences of these changes for civilians: "Only 5% of the casualties of the First World War were civilians. By the Second World War the proportion had risen to

50%. And, as the century ends, the civilian share is normally about 80%--most of them women and children" (qtd. in Vickers 37). Women who survive the violence often bear enormous hardships. Works by feminist scholars in the social sciences have sought to draw attention to the significance of gender in such wars and their overwhelming consequences for civilians. Meredeth Turshen, the co-editor of *What Women Do in Wartime: Gender and Conflict in Africa,* describes the greater role that women are now playing in war and how such conflicts have brought the traditional images about war and gender into question:

> The binary stereotype of active males/passive females also breaks down as the type of war changes. . . . As more and more civilians are drawn into conflicts, the conventional separation of male belligerents and female inhabitants no longer prevails. In modern forms of war, especially civil wars and wars of liberation, women are also combatants, women resist and fight back; they take sides, spy, and fight among themselves; and even when they don't see active service, they often support war efforts in multiple ways, willingly or unwillingly. (1)

In "The Continuum of Violence: A Gender Perspective on War and Peace," sociologist Cynthia Cockburn, writing specifically about these new wars, asserts that "a gender perspective on the successive moments in the flux of peace and war is not an optional extra but a stark necessity" (24). Because violence itself has a gendered component, those who study violence must necessarily take gender into consideration. Her essay includes explanations for the prevalence of rape in war. These scholars and others provide an additional wealth of feminist research to enrich our reading of the place of women in civil conflicts.

This new type of war has also given rise to a body of literature, both fiction and non-fiction, that reflects its singularities. As civilians have come to be increasingly implicated in the events of war, feminist writers and literary critics have developed an interest in how women's stories of war are represented. Miriam Cooke, whose *Women and the War Story* examines women's writing from various conflicts in the Middle East, has been especially effective in analyzing the war story, both as it has been told traditionally and as women's voices have been transforming it. Historically, Cooke tells us, the war story has been a man's story. She maintains that "more than most human activities, war has been considered the literary purview of those few who have experienced combat. Those who had not been at the front had no authority to speak of the dead and dying. Women, therefore had no right to speak" (3). Nancy Huston claims that "it is much less significant that men's History is made of wars than that men's wars are made up of stories" (271). She then characterizes the master narrative that has both rationalized and given shape to war:

> Specifically in order that human violence not be reducible to animal violence, it is imperative for men to establish a narrative sequence; to show how a given series of incidents resulted in the outbreak of armed conflict, to show how in the course of confrontation certain individuals or groups were distinguished by their courage while others were dishonored by their cowardice; to show what spectacular reversals took place in the positions of the protagonists; to show what curve was described by the escalation of aggressions, up to and including the obligatory *dénouement* consisting of peace treaties, calculation of losses, and 'definitive' distribution of the terms Conqueror and Conquered. (271-72)

The waging of war in the second half of the twentieth century has increasingly challenged this traditional narrative in that events have implicated women more profoundly in the experience of war and thereby legitimized women's contributions to the War Story. Drawing on the work of political philosophers, including that of Klaus Theweleit, Cooke has shown how the inclusion of women's perspectives in the way that the experience of war is depicted has the potential to change how we view war and to subvert the masculine paradigm:

> It is by putting women into the war stories that we can begin to recognize the strangeness of the unchanging meta-narrative that the War Story has always been. If we render transparent the process whereby the War Story not only legitimizes but also necessitates what in peacetime is considered criminal behavior, we make it a little harder for governments and gangs to sally off to war. (43)

As Huston, frames it: "War imitates war narrative imitates war" (273). Cooke and Houston are thus among those scholars who believe that feminist theory has the potential to effect the same kind of transformation in the war story that it has produced for other forms of literature--questioning the dominant narratives, adding women's voices, and ultimately revising reality.

The Mau Mau movement as described in history books was a confrontation between the British army, white settlers, and the Kenyan loyalists on the one hand, and rebel guerilla forces on the other, but the engagement had, in fact, relatively few British casualties. By one report, thirty-two settlers were killed along with fewer than two hundred British soldiers. The number of Kenyan casualties has been difficult to estimate, but official figures, considered to be extremely conservative, give the number of insurgent deaths as 11, 503 (Miller 23). This tally fails to take into account approximately fifty thousand excess deaths during the period as indicated by census records, of which approximately seven thousand would have been women and half would have been children, malnutrition having been one of the consequences of "the social and economic dislocation engendered by the Emergency" (Blacker 226). Despite the obvious effect of the violence on women's lives and the recorded participation of women in the events of the rebellion, historians did not immediately explore the nature and extent of women's roles in Mau Mau. In an article published at about the same time as Macgoye's novel, Cora Ann Presley observes that "scholars still exclude from consideration women's contributions to the rebellion and to Kenyan nationalism in general" and that consequently "analyses continue to project a view that Mau Mau was a conflict among males" (503). By reconstructing the war almost exclusively from the viewpoint of women, Macgoye offers a counter-narrative both to the commonly accepted historical account of the Mau Mau revolt and to the conventional generic War Story, a narrative in which the dominant paradigm has historically been gendered as masculine. Although the revolt against British colonial policies in the years before Kenyan independence is, more often than not, depicted in terms of soldiers and resistance fighters, there is ample documentation to show that it also had serious implications for the civilian population, implications that Macgoye dramatizes through the memories of the elderly women in the Nairobi shelter.

Early in the story, the matron in charge of the Refuge explains to a donor's representative that "in England . . . people will take their old folks to a home, even if they have to pay quite heavily for it" (36). In Kenya, however, people prefer to take care of their older relations at home, "so those we get here are really problem cases" (36). The vicar corrects her: "They are people with problems. They are not problems themselves" (37). As the women are introduced and share their stories, the reader comes to understand the unusual circumstances that have left each one without the support system that would be expected in their society. In narrating their personal histories, they also shed light on national history, including their common experience of the Emergency, a time that has relevance for all, but for some led to critical changes in their lives that explain their current circumstances. The subject comes up so frequently in their discussions that one character complains: "Can't we leave it alone? . . . The Emergency finished twenty years ago and more. We are free now. Let us not keep chewing over it." To which another responds: "Some of us had losses. . . . You may not like to be made to remember it, but it's true. We cannot get away from it." "And look where that got us," another retorts somewhat cynically, "Sharing a house with twenty-eight other old busybodies who praise peace and talk war, without a man in sight except the Reverend coming to tell us to mind our women's business" (34-35). Their subsequent revelations attest to a reality in which war is indeed women's business.

Among the characters, at least two participated directly in the Emergency by supporting the insurgents. Wairimu, the oldest of those sheltered by the Refuge, belongs to the Gikuyu, the ethnic group most directly involved in the Mau Mau movement. Those herders, whose territory had increasingly been appropriated by the British, were motivated in their rebellion by the loss of land needed to support their cattle and, by extension, their very way of life. In addition to the fact that her own people's tangible hardships made her intimately aware of the economic realities arising from colonial practices, Wairimu, a truly extraordinary woman for her time, had accumulated other experiences that allowed her an unusually lucid grasp of the political issues behind the movement. She had left her family as a young woman to work on the coffee plantations and, lured by dreams of the city, had ultimately spent a good deal of time in Nairobi in her youth, participating on the fringe of some of the early anti-colonial demonstrations. She had become aware of the efforts of activist Harry Thuku to create legislation eliminating the crews of women pressed into service to build Kenya's roads, and even in her later years, she could still sing the songs that had been composed to celebrate his efforts. She knew, too, that women had been among those who died when soldiers fired on demonstrators. Through Wairimu's memories, Macgoye shows the centrality of the Gikuyu in events leading up to the insurgency both in the countryside and in the capital, but she shows the extent to which women were active in that part of the story as well.

When the Emergency was declared, Wairimu, like many Gikuyu, sided with the rebels, even serving as a courier. Historical accounts show that guerillas often relied on women in this capacity so that "the women more than the men were the main conduit between the forest and the Reserve" (Machuria and Kanyua 23). Wairimu tells us that she had first-hand knowledge of life in the forest where the rebel army hid from the British and organized. Her memories of the past include "banana arches and rings of hide, the silent garotte and the evening roadblock" (Macgoye 45), but she does not claim to have been personally involved in the fighting, although we know that some women "were in actual combat with the enemy" (Machuria and Kanyua 24). Rather, her most noteworthy contribution was in organizing the circumcision of women, an act of civil disobedience that expressed opposition to the British and solidarity with the rebels. Western missionaries had been appalled by what they perceived as a mutilation of women's bodies and had done their utmost to outlaw the practice. In the period prior to independence, however, the circumcision rites were performed in defiance of the British government for both boys and girls as an affirmation of indigenous culture in the face of the imposed Christian values of the outsider. Circumcision, particularly that of girls, had been accorded a privileged place in the rhetoric of Kenyan nationalism. In his anthropological treatise, *Facing Mount Kenya*, Jomo Kenyatta assigned the ritual particular importance in Gikuyu culture: "The real argument lies not in the defence of a surgical operation or its details, but in the understanding of a very important fact in the psychology of Gikuyu—namely that this operation is still regarded as the very essence of an institution, which has enormous educational, social, moral, and religious implications" (133). Laden with symbolism, the practice was thus employed by the Mau Mau as a means of allowing a younger generation to identify with the pre-colonial past. Because she remembered such rites from her youth, Wairimu had been able "to instruct the women in the traditional age-group greetings that were being revived" and became involved in the clandestine circumcision of young women (Macgoye 112). In this way, women, as well as men, showed their support for the insurgency. Wairimu remembers, too, that some of the procedures were not done correctly and would have caused considerable suffering later in life, a reminder that Kenyan women, like the militant male rebels who engaged the enemy, also bore lasting, physical wounds to commemorate their participation in the rebellion.

While most of those who supported the insurgency were Gikuyu, the anti-colonial impetus for the movement attracted others as well. As historian Wunyabari O. Maloba relates: "The racial problem, essentially the African reaction against white racism and discrimination in Kenya, also became a factor in the general grievances that gave rise to the revolt" (17). To illustrate this aspect of the struggle, Macgoye introduces the character of Mimi Paul, also known as Mama Chungu or Mother Pain. Mama Chungu is a French-speaking Seychelloise who moved from Mombasa to Kamiti with her employer, a British officer assigned to the prison there at the time of the Emergency. The conjunction of race and gender during the colonial period had made women vulnerable in ways that men were not, as Mama Chungu's story shows. Exploited as the unrecognized mistress of the white soldier who employed her, she had born him a sickly son who would never have been acknowledged even if the child had lived. There are suggestions, too, that the father may have infected her with a sexually transmitted disease, but for whatever reason, childbirth was always difficult for her, and ultimately, she had been left unable to bear more children. When a friend offered her the opportunity to get involved in the rebellion and "to make things better," she seized it. In a gesture of defiance that resoundingly rejects her victimhood, Mama Chungu chooses to support the opposition, quietly meeting with couriers in the movement and passing messages and parcels to prisoners under the very nose of her British employer: "Of course she did not refuse or even think of refusing. She knew very well what it was about, and suddenly she knew too her need to feed the hatred that was growing in her" (123). Her plight helps the reader understand the potential for racism that was inherent in colonial rule, and her suffering provides at least one demonstrable motive for women's participation in the violence that would serve as a prelude to independence.

Only two of the residents at the Refuge were themselves engaged in the activities of the rebel movement, but others were in some way casualties of the insurgency or suffered personal losses because of the conflict. Daniel Branch is in the forefront of scholars who have recognized that the violence preceding independence in Kenya, in addition to being an anti-colonial war, was also a civil war, chiefly among the Gikuyu people themselves: "Loyalists and Mau Mau originated from the same families, neighborhoods, and villages as one another" (20). Like Wairimu, Priscilla was also a Gikuyu from Nyeri. As a faithful member of the domestic staff on a white farm, however, she had witnessed firsthand the violence of the Mau Mau against colonial settlers. When guerillas attacked the house with pangas, she had lost not only her employer and one of his children, but also her own father. Employed as a cook in the household, he had bravely sought to defend himself and the white family for whom he worked, just one of the many fatalities among the Kenyans who supported the British. In addition to the loss of her father, Priscilla also had a brother maimed in the war. Macgoye does not make it clear exactly what his engagement was, only that he was imprisoned and cruelly tortured as a result of his activities. Priscilla continued to work for the white family, staying with her mistress long after the children were grown. Virtually without family herself, she formed a bond with the farmer's widow that in some ways helped both women to compensate for the losses that each had endured during the insurgency. It is only after the death of her employer that Priscilla, finding herself alone and unable to work because of her health, becomes a candidate for the Refuge.

While the Gikuyu who supported the British were subjected to violence at the hands of the rebels, non-combatants who might potentially provide aid for the insurgents were similarly made to suffer by the British. In order to reduce civilian support for the rebels and to control the population more effectively, the colonial administration moved entire communities—men, women, and children—into villages that were hardly more than concentration camps. Such dislocation is another way in which women's lives have historically been disrupted by civil war. Despite their uprootedness, however, women in such situations continue to be responsible for locating provisions, preparing meals, and caring for both the very young and the very old. According to the Women's Refugee Commission, eighty percent of the world's refugees and internally displaced people are women, children, and young people; women and girls in refugee camps have little security and are constantly at risk for exploitation and rape. Macgoye personalizes this experience as it might have played out in the Kenyan conflict through the story of Bessie, a woman with limited mental abilities who was further traumatized by the war. Bessie's family had been scheduled for relocation, but because of her slowness, the army set fire to the compound before Bessie could get her family members to safety, and they were presumably burned to death. She was transferred from a displacement camp to the prison at Kamiti where she was raped by one of the guards, although the child she ultimately bore became a source of joy and meaning in her life: "She did not know how to say that from even the ugliest and unkindest guard a child like Leonard could come" (129). The masculine war story conventionally feminizes the enemy, and rape in war was once considered the prerogative of the victor. It has since been labeled a war crime and is, in principle, subject to prosecution.

The other elderly inhabitants of the Refuge represent other ethnic communities in Kenya. They have their stories, too, and further illustrate the ways that war stories can also be women's stories. Nekessa, who belongs to the Luyia ethnic group, preferred to leave the country prior to the onset of violence, surviving the period as a refugee and supporting herself through prostitution in Kampala. Her brother, a soldier, was killed in a mutiny, and when she returned to Nairobi, she no longer had family ties. Rahel, a Luo, was the wife of a soldier and had a son who fought with the British against the insurgents. She encouraged him to do his duty, but the young man was reluctant, "feeling that he was taking it out on his own people" (35). In the period after independence, after helping to put down a mutiny, he deserted and disappeared, leaving his mother with no recourse but to accept charity in her declining years, another victim of violence and its consequences. Sophie, a coastal Swahili, lost her husband when his participation in a strike caused him to be sent to prison. Too ashamed to return home, he served the rebel movement as a courier unbeknownst to his wife and was ultimately arrested again for his activities. Left to fend for herself, Sophie proved to be extraordinarily resilient, demonstrating one of the paradoxes of civil war for women: in the social upheaval that characterizes periods of violence, patriarchal structures are often challenged. The absence or loss of men in combat creates a vacuum in the decision-making process from heads of households to positions of leadership at every level from the community to the nation: "While men are away fighting, or have been killed in action, women may grieve or suffer loss, but they also step into functions from which they were previously barred" (Turshen 20). Bereft of the financial support normally provided by her husband, Sophie uses her dressmaking skill to develop a thriving business, actually hiring a man to work for her when she cannot handle all of the orders on her own. Her ingenuity enables her to care for herself and her two children and even to become somewhat prosperous. Her success as a widow and single mother does not, however, obscure the pain and deprivation caused by the loss of a spouse. The woman's war story is often that of widows and orphans left to rebuild their lives in the aftermath of hostilities.

Macgoye's narrative regenders the story of the Mau Mau revolt, describing it from the perspective of the nation's women, those who, without necessarily being combatants, participated in the struggle and supported the guerillas. Unlike the masculine paradigm, Macgoye's variation on the War Story also includes those who suffered in other ways from the civil disruption and violence. By introducing the voices and experiences of women, the narrative challenges the tradition that represents war exclusively from the privileged perspective of the male soldier. Macgoye revises the masculine narrative in other ways as well;

by refusing, for example, to restrict the perspective to any one faction or ethnic group, the author manages to offer a woman's perspective on war while at the same time emphasizing that this perspective is fragmented and consequently multiple. In his analysis of the way various writers of fiction have narrated this moment in Kenyan history, Tirop Simatei singles Macgoye out for her "representation of historical experience as heterogeneous, a strategy that allows for the objectification of those subaltern voices and stories, mainly of women, suppressed in nationalist fictions and political discourses of nation building, both of which tend toward homogenization of the past" (93). Simatei thus recognizes the importance of women in Macgoye's narrative of the Mau Mau, but he also applauds the way in which the writer's expanded focus on women from a variety of cultural backgrounds subverts the conventional bias of most fictions of war that tend to privilege one side or another, with historical novels about Kenya generally giving credence to the settlers over the natives. By showing us the war from a variety of different perspectives, Macgoye provides an alternative to the polarization inherent in the conventional War Story that, as Cooke's work has shown, exists to declare a victor: "Even though uncontestable victory is rarely possible, wars usually end with one side declared the victor, the other the vanquished. Wars are decisive not because they are so in fact but because they are said to be decisive" (90). She goes on to suggest that this very notion of winning or losing contains the seeds of future wars, referring to the author of *Male Fantasies*: "Klaus Theweleit is of course right to note that all wars, but particularly lost wars, need other wars so as to recuperate any notion of loss" (94). Macgoye's version of events not only inserts women as actors and agents into the narrative, but by representing competing perspectives on an equal footing throughout the narrative and by explicitly refusing to privilege the victor over the vanquished, it also denies the war story access to the discursive fuel that feeds the male fantasy of revenge and retaliation and encourages violence to be perpetuated.

While past conflict lies at the heart of the novel, it is countered structurally by the present relationships among the women. Certainly the insurgency created factions among Kenyans themselves and not merely between Kenyans and settlers, exacerbating ethnic and other differences that have impeded the nation's progress since independence. But the characters in *The Present Moment* offer an alternative to the continued divisiveness that often tends to prevail in the post-conflict period. Throughout the story, Macgoye shows the women at the Refuge supporting and nurturing each other despite their differences; moreover shealso shows that, without their fully realizing it, their personal stories are all interrelated. This construction of a woman's history of Kenya is facilitated by the sharing of memories. As each of the women recalls her past life, we see the responses of her sisters, either in the form of dialogue or unexpressed thoughts, and as the novel advances, both the reader and the characters gradually become aware that there were times in the past where their lives had touched. Despite their different backgrounds, they are, in effect, linked to each other in various ways. One woman, for example, holds the secret to the disappearance of another woman's husband, a trail of clues eventually uncovers a mother's missing son, and Mama Chungu comes to realize that she had seen Bessie in detention at Kamiti. This repeated recognition of various connections continues to inform the women's current relationships with one another. While one of the reviewers of the novel was dismayed by the proliferation of coincidences and called them "melodrama" (Gurnah 978), it seems preferable to read these explicit relationships as a confirmation of the more subtle ties that bind the women of Kenya through their mutual suffering, sacrifice, and perseverance. In the aftermath of a violent and divisive struggle for nationhood, the newfound camaraderie created across ethnic and religious differences by the residents of the Refuge as they reconstruct a pivotal moment in Kenyan history serves as a model for what might be reproduced on a national level. By emphasizing the importance of human connections and interdependence, Macgoye's version of the war story further rejects the masculine idea of civil war as a competition in which there are clearly defined winners and losers, dramatizing instead a vision of Kenya as one nation in which collective violence has lasting repercussions for all that must be confronted. This theme of unity arising out of diversity and conflict is confirmed in the text by a recurring dream in which one of the women in the novel is visited by an uncle perpetually braiding the many strands of a sisal rope. Intentionally or not, Macgoye's narrative affirms the connectedness that difference feminism ascribes to women and considers fundamental to their potential role as peacemakers in society.

This reading of *The Present Moment* has been tailored to show the many ways in which Macgoye's narrative rewrites the traditional war story to include the roles that women play. In some respects, issues of gender are specific to Kenya and its history, including, for example, the symbolism accorded to female circumcision in the nationalist rhetoric. The civil conflict arising out of the Mau Mau movement, however, was merely one of the earliest examples of the intrastate violence in Africa that began with various struggles for independence but continues to take a toll today. As such, it already contained many of the gender themes that have been echoed throughout the continent in the new wars that are in so many ways women's wars. Macgoye has depicted women as active supporters of insurgency as well as victims of violence and loss. She has reminded us of the statistics that recognize women and children as the predominant category among refugees and displaced persons. On the other hand, at least one of her protagonists benefited from the opportunity that war sometimes gives to women by shaking up the patriarchal order. In addition to inserting women as actors in the war story, the woman writer substantially changes the story itself, allowing other voices to participate in the telling and denying the soldier the right to construct the truth with which he is most comfortable or, ultimately, to declare unqualified victory. Where the conventional war story sets the stage for the next war, Macgoye provides a narrative of reconstruction and reconciliation. By regendering the war and giving voice to participants whose experiences and perspectives are usually suppressed, the writer not only changes the way war is represented but also may, in fact, alter the realities that can provoke conflict.

Works Cited

Blacker, John. "The Demography of Mau Mau: Fertility and Mortality in Kenya in the 1950s: A Demographer's Viewpoint." *African Affairs* 106.423 (2007): 205-27. Web. 1 July 2011.

Branch, Daniel. *Defeating Mau Mau and Creating Kenya: Counterinsurgency, Civil War, and Decolonization*. Cambridge: Cambridge UP, 2009. Print.

Cockburn, Cynthia. "The Continuum of Violence: A Gender Perspective on War and Peace." *Sites of Violence: Women in Conflict Zones*. Ed. Wenona Giles and Jennifer Hyndman. Berkely: U of California P, 2004. 24-44. Print.

Cooke, Miriam. *Women and the War Story.* Berkeley: U of California P, 1996. Print.

Goldstein, Joshua S. *War and Gender: How Gender Shapes the War System and Vice Versa.* Cambridge: Cambridge UP, 2001. Print.

Gurnah, Abdulrazak. "Suffering with Stoicism: Kenyan Histories." *Third World Quarterly* 10.2 (1988): 973-78. Print.

Huston, Nancy. "Tales of War and Tears of Women." Oxford: Pergamon, 1983. 271-82. Print.

Kenyatta, Jomo. *Facing Mount Kenya.* 1938. Nairobi: East African Educational Publications, 1992. Print.

Kibera, Valerie. "Afterward." *The Present Moment.* New York: Feminist P, 2000. 157-85. Print.

Macgoye, Marjorie. *The Present Moment.* New York: Feminist P, 2000. Print.

Macharia, Kinuthia, and Muigai Kanyua. *The Social Context of the Mau Mau Movement in Kenya (1952-1960).* New York: UP of America, 1984. Print.

Maloba, Wunyabari O. *Mau Mau and Kenya: Analysis of a Peasant Revolt.* Bloomington: Indiana UP, 1998. Print.

Miller, Norman M. *Kenya: The Quest for Prosperity.* Boulder: Westview P, 1984. Print.

Presley, Cora Ann. "The Mau Mau Rebellion, Kikuyu Women, and Social Change." *Canadian Journal of African Studies* 22.3 (1988): 502-27. *JSTOR.* Web. 29 June 2011.

Simatei, Tirop. "Colonial Violence, Postcolonial Violations: Violence, Landscape, and Memory in Kenyan Fiction." *Research in African Literatures* 36.2 (2005): 85-94. Print.

Skjelsbæk, Inger. "Is Femininity Inherently Peaceful? The Construction of Femininity in War." *Gender, Peace and Conflict.* Ed. Inger Skjelsbæk and Dan Smith. London: Sage, 2001. 47-67. Print.

Theweleit, Klaus. *Male Fantasies: Women, Floods, Bodies, History.* Trans. Stephen Conway. Minneapolis: U of Minnesota P, 1987. Print.

Turshen, Meredeth. "Women's War Stories." *What Women Do in Wartime: Gender and Conflict in Africa.* London: Zed, 1998. 1-26. Print.

Vickers, Jeanne. *Women and War.* London: Zed, 1993. Print.

Women's Refugee Commission. *Fact Sheet.* womensrefugeecommission.org. WRC. 1 Oct. 2009. Web. 17 Dec. 2010.

CONTRIBUTORS

Elizabeth Applegate holds a Ph.D. in French literature from New York University. Her research focuses on literary and theatrical representations of the 1994 genocide in Rwanda. She currently teaches French and Francophone Studies at St. Mary's College of Maryland. Her work has appeared in *Research in African Literatures* and in *The Contemporary Francophone African Intellectual,* forthcoming in Cambridge Scholars Publishing.

Olubunmi O. Ashaolu received her PhD in French/Francophone Studies at the University of California, Davis. Her PhD focuses on the cultural encounter between the French and Africans in metropolitan French novel and film. Thus, she traces the emerging paradigm shift in French works (about Africa) after the Cold War. She teaches French and Francophone literature, cinema and culture at Illinois College, in Jacksonville, IL. She writes about the postcolonial image of Africans in literature and cinema.

Ada Uzoamaka Azodo holds a B.A from the University of Ife, a diplôme en Études Supérieures de Français (DES) from Université de Dakar, and an M. A. and a Ph. D from the University of Lagos. She is currently affiliated with Indiana University Northwest and Purdue University Calumet, and has research and teaching interests in African, French, and Francophone Studies, Women's and Gender Studies, and Diversity and Cultural Studies. Book-length publications include studies on Camara Laye, Ama Ata Aidoo, Mariama Bâ, Aminata Sow Fall, Ken Bugul, and a ground-breaking work, *Gender and Sexuality in African Literature and Film* (African World Press, 2009).

Yvette Balana teaches francophone African literatures at the Université de Douala in Cameroun. She holds a PhD with a dissertation on

Werewere Liking. Her postdoctoral work focuses on North African Writers including Assia Djebar, Tahar Ben Jelloun and Albert Memmi. Her areas of research center on the problematic of linguistics as it relates to *langue, langage* and literary text. She also deals with questions of knowledge in African literatures (orality, history, pedagogy, initiation...). Yvette Balana is also a poet. She is the author of *La femme fleurie,* Paris, L'Harmattan (coll. Poètes des cinq continents/Espace expérimental), 2006.

Tanella Boni was born in 1954, Tanella Boni is a prominent writer from Côte d'Ivoire. She is known first and foremost as a poet and it is through this medium that she entered the literary world in 1984. Since then, she has published six outstanding collections of poems. Boni is also a fine novelist, having produced four novels to-date. In addition, Boni has written five books for children, including *La Fugue d'Ozone* [Ozone's flight] (1992) that aptly introduces children to environmental issues. Boni is also an important essayist and critic. She has written numerous short essays in scholarly journals such as *Diogène* and *Cultures Sud* (*Notre Librairie).* Starting with her doctoral dissertation on Plato (1979)—for she was trained in philosophy—Boni has not stopped expanding her fictional work with various essays: literary, political, social, and philosophical. She has a repertoire of more than 50 such essays. Her most recent book is *Que vivent les femmes d'Afrique?* (Paris, Panama, 2008), a long essay in which Boni shows how political, social, religious and cultural mores affect women's lives. Boni is also a regular contributor to electronic publications such as *Mots Pluriels* and *Africultures* where she writes book and film reviews and publishes interviews with other writers and artists. http://tanellaboni.net

Obrillant Damus was born in Haiti. He has a Bachelor of Arts in Second Language Acquisition. In 2007, he obtained a Masters in Educational Studies from the Université des Antilles et de la Guyane and, in 2008, a second Masters in Continuing Education from Paris VIII. He received an award for his Master's thesis in June 2008 from the Cancéropôle Île-de-France. On March 2008, he won a literary prize from the OIF (Organisation Internationale de la Francophonie/ International Francophone Organization). Obrillant Damus holds a Doctorate in Sociology from University of Paris 8 (UP8). He is currently professor and the scientific coordinator of the action-research program at the Université Quisqueya (UniQ),College of Education.

Rita B. Dandridge is Professor of English in the Department of Languages and Literature at Virginia State University, where she teaches courses in Women's Studies and African American Literature. She is a recipient of the TIAA-CREF Virginia Outstanding Faculty Award 2004 from the State Council of Higher Education for Virginia. Her books include *Ann Allen Shockley: A Primary and Secondary Bibliography* (Greenwood, 1987), *Black Women's Blues: A Literary Anthology,* 1934-1988 (G.K. Hall, 1992), and *Black Women's Activism: Reading African American Women's Historical Romances* (Peter Lang, 2004). Her articles have appeared in College Language Association Journal, Black American Literature Forum, The Oxford Companion to African American Literature, Black Women in America, and The Greenwood Encyclopedia of African American Literature.

Ernest Cole, a native of Sierra Leone, graduated from Fourah Bay College, University of Sierra Leone, where he taught African literature for several years. He has also taught English at the Gambia College, Brikama, and later the University of The Gambia. He has published articles and reviews in the *Journal of the African Literature Association* (JALA). He received his PhD from the University of Connecticut where he worked on the Interregnum as Motif of Disillusionment in the Post-Apartheid South African novel. He currently teaches Post-Colonial literature at Hope College, Holland, Michigan, where he is Assistant professor of English.

Sule E. Egya is a lecturer in Department of English and Literary Studies, University of Abuja, Abuja, Nigeria. Until recently, he was an Alexander von Humboldt Fellow and a visiting scholar at Humboldt University, Berlin, Germany.

Eve Eisenberg received a BA in Literature from Duke University and an MA in English from SUNY Binghamton, and after working in documentary filmmaking and as an English teacher in public schools, she is now working on her dissertation about intertextuality in African Anglophone literature in the English Department at Indiana University-Bloomington. She particularly focuses on Chimamanda Adichie, Sefi Atta, and Yvonne Vera, though her project touches on many more authors, such as Amos Tutuola, J.M. Coetzee, and Ngugi wa Thiong'o.

She currently studies isiZulu and teaches a course on representations of wilderness in literature, film and pop culture.

Raymond G. Hounfodji is a *licencié es lettres* from *l'Université nationale du Bénin* and holds a PhD from the University of Arizona. He is a specialist of African and francophone literatures. His main research interest is politics; he investigates the impact of political discourse on other forms of discourse in narrative works. His secondary research interests are new trends and thematic paradigms in contemporary African and diasporan literatures. He also is interested in Oral literature, theater, cinema, poetry and creative writing.

George Joseph is a Professor of French and Francophone Studies at Hobart and William Smith Colleges and Director of the Headquarters of the African Literature Association. He writes on Francophone African Fiction, Wolof oral poetry, and biblical translation into Wolof. His interests include translation theory and the relation between literature and religion. He has also written on French Renaissance literature.

Brandy N. Kelly holds a PhD from Texas A&M University with a dissertation on how ethnic and gender identity affect the development of adolescent girls from the African Diaspora. Brandy has a major interest in hope and resilience theories in the performance of everyday life. Brandy's interdisciplinary qualitative work incorporates narrative, visual, and performance analysis of communities that shape youth identity using ecofeminist and womanist approaches.

James McCorkle is a Visiting Assistant Professor in the First Year Seminar and Africana Studies Programs at Hobart and William Smith Colleges. He is the author of a study of postmodern poetry, *The Still Performance* (University Press of Virginia), the editor of *Conversant Essays: Contemporary Poets on Poetry* (Wayne State University Press), and an associate editor of the five-volume Greenwood *Encyclopedia of American Poets and Poetry*. A recipient of a National Endowment for the Arts fellowship, his first collection of poetry, *Evidences*, received the 2003 Honickman / American Poetry Review award.

Judith G. Miller is currently Dean of Arts and Humanities at New York University Abu Dhabi. A specialist in French and Francophone drama, she has published widely on questions of textuality and production. She has also translated some twenty plays, including most recently, *Me and The Red Ruins of the Century* by Quebecois playwright, Olivier Kemeid and *Masquerade for the Wounded* by Ivoirian Koffi Kwahulé. She will be bringing out an edited anthology of plays by Kwahaulé translated by Chantal Bilodeau.

Marie Chantale Mofin Noussi holds a Ph.D. from the University of New Mexico. She is currently Assistant Professor of French and Francophone Studies at Linfield College. Her research focuses on ecocriticism, postcolonial literatures and cultures of Africa and the African Diaspora.

Jean-Gilles Quenum was born in France on July 14, 1961 from a French mother and the Beninese writer Olympe Bhêly-Quenum. He is a multi-talented artist whose work encompasses sculpture, photography, music and writing. This combination of various art forms is at the core of his identity. His work is in symbiosis with nature. His sculptures are made from various materials, including wood, bronze, and recycled materials. About his experience sculpting wood, Jean-Gilles Quenum Speaks about "meeting" with Tree, "listening" to its story and giving it back a life through sculptures. His sculptures are made from various materials, including wood, bronze, and recycled materials. His photography captures nature, city scenes, light, and movement. More recently, he started to paint and write with his left hand (although he is right-handed) in order to "better understand himself by learning from his unappreciated hand." His first set of paintings explores the "jungle of the soul." Quenum offers sculpture workshops in nature and has exhibited his work in several venues in Europe. For more information see his website at: http://www.jigeku.com

Aissata G. Sidikou obtained her Ph.D. from the Department of Comparative Literature at the Pennsylvania State University. She currently teaches as an assistant professor in the Department of Languages and Cultures at the U.S. Naval Academy. She is the author of *Recreating Words, Reshaping Worlds: The verbal Art of Women from Niger, Mali and Senegal* (2001). Her publications include critical studies of African and Francophone authors. Her research centers on issues of gender, language, and postcoloniality in oral and written texts. She is currently coediting an anthology project on women's songs from West Africa with Thomas Hale.

Janice Spleth is Armand E. and Mary W. Singer Professor in the Humanities at West Virginia University where she is on the faculty of the Department of World Languages, Literatures, and Linguistics. She is also a Faculty Associate in Africana Studies and holds adjunct status in the Center for Women's Studies. She has served as President of the African Literature Association and as Chair of the Executive Committee of the African Literature Division of the MLA. Her publications include two books and several articles on the Senegalese poet-statesman Léopold Sédar Senghor. From 1977-78, she was a Fulbright lecturer at UNAZA in Lubumbashi, Zaire, and her scholarship on Central African literature appears in the *French Literature Series, The Literary Griot, Matatu, Mots Pluriels, Research in African Literatures,* and *Studies in Twentieth Century Literature.* She is also co-editor of *Interdisciplinary Dimensions of African Literature.*

Mthatiwa Syned received his BA and MA degrees from the University of Malawi where he is also a lecturer in the Department of English at Chancellor College. He holds a PhD in Literature from the University of the Witwatersrand, Johannesburg, South Africa. His dissertation examines the ways in which animals, in particular, and nature in general, are represented in Southern African poetry in English. His research interests include ecocriticism, or ecophilosophy more generally, postcolonial literary and cultural studies, oral literature, and literary theory. He has published several articles on African literature.

Uchenna P. Vasser is an associate professor of Spanish at Winston-Salem State University in North Carolina. Her scholarship has focused on the comparisons between certain writers in Latin America, and others from West Africa. These comparisons highlight commonalities of histories and cultural expressions, grounded in the rhetoric of New Historicism, and in some cases she explores narrative styles vis-à-vis magic realism, decolonization, and post-colonialism. Her current research and publications are studies of the Afro-Colombian writer Manuel Zapata Olivella (1920-2004) whose literary trajectory touts the ideology of Africanidad as a framework for understanding the Black presence and contributions in the Americas.

EDITORS

SERIES EDITOR

Maureen N. Eke is currently a Professor of English at Central Michigan University, where she teaches courses in African Diaspora literatures, postcolonial literatures/theory, World Literature, as well as Women Writers. She has also served as the Associate Vice President for Diversity and International Education at Central Michigan University. She is a Past President of the African Literature Association (ALA) and current editor of the ALA's Series. Her publications include four co-edited volumes: Cross-Rhythms; *African Images: Recent Studies and Texts in Cinema* (2000); *Gender and Sexuality in African Literature and Film* (2007); *Emerging Perspectives on Nawal El Saadawi* (2010); and *Literature, the Visual Arts and globalization in Africa and its Diaspora* (2011). She serves on the editorial boards of several international publications, including *Critical Arts*; *Journal of African Cinema*; and *Africa Literature Today*.

BOOK EDITORS

Irène Assiba d'Almeida is a Professor of Francophone Studies and French at the University of Arizona in Tucson. Her expertise and research interests include African literatures and cultures, French language, literary theory, translation and women studies. Since the early publication of her first major co- translation of Chinua Achebe's *Arrow of God* into French as *La flèche de Dieu* (with Olga Mahougbé Simpson in 1978), she has authored of a considerable number of articles and books. D'Almeida has also written, edited or co-edited the following books: *Francophone African Women Writers: Destroying the Emptiness of Silence* (1994); *Femmes africaines en poésie* (2001); *A Rain of Words: A*

Bilingual anthology of Women's Poetry in Francophone Africa [with Janis A. Mayes] (2009), *and "The Original Explosion That Created Worlds" Essays on Werewere Liking's Art and Writings* [with John Conteh-Morgan] (2010). She has served as President of the African Literature Association and was a founding member of the ALA Women's Caucus.

Lucie Viakinnou-Brinson is Associate Professor of French and Francophone Literatures at Kennesaw State University. Her area of research and interests include Second Language Acquisition, African and Caribbean Literatures with special attention to Foreign Language Pedagogy and Literacy. She has written several articles on Foreign Language Pedagogy, the latest being "A Student-Centered Pedagogical Approach to Demystify Africa as the Heart of Darkness" in *Teaching Africa A Guide for the 21st-Century Classroom,* edited by Brandon D. Lundy and Solomon Negash, (2013). She is also the founder of "Seeds of Knowledge, Inc.," a non-profit organization committed to improving literacy in Africa.

Thelma Pinto is a Professor and Co-Director of the Africana Studies Program of Hobart & William Smith (HWS) Colleges in Geneva New York. She is a Scholar in Residence at HWS and a Past President of the African Literature Association. She is one of the Founding members of the Women's Caucus of the African Literature Association. Pinto has published and Co-edited books, book chapters and articles. Her co-edited books are: *The Growth of African Literature,* (1998) and *Africa of the Cusp of the 21st Century,* Ed. (1999); *De Derde Spreker Serie* published by Novib and Het Wereldvenster, (1978 -1997). She also co-edited the *Series Thamyris* from 1997 to 2001. Two of her book chapters are: "South African Women: Narratives of Struggle and Exile" in *Women and Globalization* edited by Delia D. Aguilar and Anne E. Lacsama, (2004); "Claiming Sarah Baartman: Black Womanhood in the Global Imaginary" in *American Multicultural Studies: Diversity of Race, Ethnicity, Gender and Sexuality* edited by Sherrow Pinder, (2013).

INDEX